KB151310

CINEMA THERAPY

영화치료의 기초

이해와 활용 제2판

영화활용가이드 수록

김은하 · 김은지 · 방미나 · 배정우
소희정 · 이승수 · 이혜경 · 조원국 · 주순희

박영story

머리말

영상영화심리상담사 기초 교육을 위해 2016년 출간한 『영화치료의 기초』가 햇수로 벌써 5년이 되었네요. 그동안 많은 분들의 꾸준한 관심과 사랑으로 영화치료의 기초 개정판을 출판하게 됨을 기쁘게 생각하면서 동시에 더 나은 책으로 보답해야 한다는 부담감이 느껴집니다. 영화치료 입문서로서 초판에 충분히 담지 못했던 영화치료의 매력을 보다 효과적으로 담아내고자 집필진을 보강하고 모든 저자들이 다시 의기투합하여 마음을 모았습니다.

개정판에서는 초판 총 3부 10개의 장으로 구성되었던 것을 총 3부 11장으로 재편하였습니다. 1부는 영상영화치료의 기본 이해로, 영화치료(1장) 및 사진치료(2장)의 개요와 주요 상담이론(3장)으로 구성하고, 영화치료에 필요한 기초 지식을 보다 충실하게 전달할 수 있도록 보완하였습니다. 2부는 영상영화치료의 접근법으로, 초판의 기본틀을 유지하여 지시적 접근(4장), 정화적 접근(5장), 연상적 접근(6장)으로 구성하되, 최신 영화들을 보강하여 실제 영화치료를 경험할 수 있는 사례와 활동들을 보다 풍성하게 담았습니다. 마지막으로 3부 영상영화치료의 실제에서는 영화치료의 과정(7장)과 사진치료의 과정(8장)에 대해 안내하고, 이후 장에서 대표적인 상담영역별로 아동·청소년상담(9장), 여성·가족 상담(10장), 노인상담(11장)의 실제 적용사례들을 소개하는 것으로 편성하였습니다. 또한 이번 개정판에서는 각 장에서 언급된 주요 영화들의 활용가이드를 부록으로 수록하였습니다. 부록에 수록된 총 30편의 영화 활용가이드는 영화치료를 처음 접하는 예비 영상영화심리상담사뿐만 아니라 현장에서 영화치료를 적용하고자 하는 상담사들께 실질적인 도움이 될 것으로 기대합니다.

더 나은 교재를 만들고자 노력하였지만 여전히 아쉽고 부족한 점이 많습니다. 다양한 전문가들로 구성된 집필진 모두의 열정을 한 권의 책안에 충분히 담아내기 어려웠고, 각 장별 저자들의 자율성을 존중하다 보니 장별 내용과 체제의 통일성이 다소 떨어질 수밖에 없었음을 인정합니다. 그럼에도 불구하고 영화치료에 대한 관심과 애정

만큼은 모두가 진심이었음을 고백합니다.

영화는 우리 곁에 가장 친밀한 매체이자 빠른 속도로 변화하고 발전하는 매체이기도 합니다. 상담과 교육이 변화하는 시대의 문화적 가치를 담아 내야 한다면 영화치료는 전문가의 민감성을 훈련하는 데 더 없이 좋은 교재가 될 것입니다. 『영화치료의 기초』가 더 많은 사람들에게 읽혀지고 더 많은 이야기로 확장되어서 함께 살아가는 오늘을 이야기하는 계기가 되었으면 합니다. 영화를 사랑하고 영화치료에 관심이 있는 모든 예비 영상영화심리상담사들의 삶이 더 풍성해지고 행복해지는 데 이 책이 작은 보탬이 될 수 있기를 희망합니다. 감사합니다.

2021년 4월

저자 대표 김은하 올림

 차례

제1부

영상영화치료의 기본 이해

영화치료

제1장

김은하

1. 영화치료의 태동과 발전

좋은 영화든 나쁜 영화든, 유쾌한 캐릭터든 유쾌하지 않은 캐릭터든,
유쾌한 결말이든 우울한 결말이든, 치료적 가치를 얻을 수 있습니다.
중요한 것은 영화의 미학이 아니라,
영화가 얼마나 우리 삶의 고통과 공명하는가!입니다.
-비르기트 볼츠-

1895년 뤼미에르 형제가 영화를 발명한 이래 100여 년 동안 영화산업은 눈부신 발전을 이루었고, 영화산업의 성장과 함께 현대 영상 테크놀로지의 발달에 힘입어 영화를 포함한 영상자료가 갖는 치유적 힘을 자신에게 또는 내담자에게 적용하는 특별한 과정인 영화치료가 심리치료의 한 분야로 서서히 자리 잡을 수 있게 되었다.

영화치료(Cinematherapy)는 상담과 심리치료에 영화 및 영상 매체를 활용하는 모든 방법을 지칭하는 것으로(심영섭, 2011), 상담자가 내담자에게 치료적인 효과를 촉진할 수 있는 매체로 영화를 선택하고 상담자-내담자-영화 간의 상호작용을 통해 자신의 문제를 깨닫고 대안적인 해결방법을 습득하거나 자신과 타인에 대한 정서적 통찰을 깨우치도록 하는 과정이다. 개인의 성장과 치유를 위해 영화를 활용하는 것은 구어체가 시작되면서 유래한 이야기하기와 자기 반영 사이의 오랜 연관성의 연장선에 있다(비르기트 볼츠, 2005). 이야기를 하고 듣는 행위가 변화와 치유의 힘을 가진다는 인식은 인간의 오랜 역사를 통해 다양한 문화에서 이루어져 왔지만, 영화치료는 정신에 대한 통찰을 얻기 위해 약속된 읽을거리를 직접적으로 사용하는 독서치료에 그 뿌리를 두고 있다고 볼 수 있다(Kuriansky et al., 2010). 20세기 초 정신분석이 널리 확산되면서 정신분석가들은 환자에 따라 특정한 읽을거리로 소설에 주목하기 시작했고, 1916년 독서치료라는 용어가 심리학에서 처음으로 쓰이게 되었다. 이후 1920~1930년대에는 정서적 어려움을 겪는 내담자들에게 책을 읽도록 하고 치료적으로 활용하는 것이 활발하게 이루어졌다(Marsick, 2009). 한 권의 책을 통해 새로운 정보나 문제의 재구성, 자아의 확장 등을 경험하듯 '텍스트로서의 영화' 속 이야기와 등장인물은 인간의 다양한 심리내적인 문제와 결합하여 치유와 성장을 유도한다. 또한 책 한 권을 읽는 것보다 영화 한 편을 보는 시간이 짧고, 아이들이나 청소년들은 특히 책보다는 영화나 TV와 같은 영상물을 더 선호하는 경향에 따라, 최근에는 상담에서 영화를 활용하는 영화치료가 더 활발해지고 있다.

누가 최초로 상담에 영화를 사용했는지는 알 수 없지만 영화를 상담에 사용한 것에 대한 최초의 연구는 Katz(1945)의 연구로, 그는 미국 보훈부[1] 소속 정신과 의사들에게 상담에 시청각 자료를 활용하는 것에 대한 설문을 바탕으로, 영화가 전쟁 후 외상 후 스트레스를 겪는 환자들의 치료뿐만 아니라, 정신과 의사, 심리학자, 사회복지사의 교육에서도 유용하다고 설명했다(Powell & Newgent, 2010). 영화치료라는 용어는 1990년에 버그-크로스(Berg-Cross) 등에 의해 처음으로 사용되었는데, 버그-크로스는 영화치료가 영화가 갖고 있는 무한한 가능성의 하나인 '꿈, 기억, 환상' 등을 통하여 인간 내면의 특수한 마음 상태를 발견하고 숨겨진 자아를 찾아 재현해 내는 능력을 갖고 있다고 보았다(Smiezek, 2019). 비디오기기가 보급되기 시작한 1990년대 초, 극장에 방문하지 않아도 가정에서 쉽게 영화를 관람할 수 있게 되었고 그 후 급속도로 발전한 산업과 전파의 발달로 인해 영화는 '손안의 영화관'이라 불릴 만큼 친숙한 문화 콘텐츠로 자리 잡았다. 이러한 현실 덕분에 관람자가 애초에 의도했던 오락적 동기를 넘어 영화가 각색한 이슈들을 심리치료에 도움이 되도록 사용하는 것이 더욱 활발해지기 시작했고, 지금까지 많은 사람들이 다양한 이슈들을 임상적으로 다루는 데 유용한 영화를 추천하고(예: Berg-Cross et al., 1990; Hesley & Hesley, 2001; Solomon, 2001; www.cinematherapy.com), 그 효과를 확인해 오면서, 오늘날 자기자각(self-awareness)과 자기향상(self-improvement) 과정에 대한 영

---

1 재향군인들에 대한 복지와 관련된 업무를 하는 미국 정부의 행정기관.

화의 가치는 학자와 일반인 모두에게 매우 높게 평가되고 있다(비르기트 볼츠, 2005).

우리나라의 경우, 정신분석적 영화 보기를 통한 상담 가능성을 검토한 박성영(1997)의 연구를 시작으로 영화치료의 효과를 확인하는 연구들이 지속적으로 이루어져 왔다(예: 김수지, 2005, 2013; 김준형, 2004, 2010; 이혜경, 2002). 2004년, 심영섭(한국영상영화치료학회 초대 회장 역임)을 중심으로 영화치료에 관심이 있는 몇몇 사람들이 모인 소그룹 스터디 모임에서 영화치료의 이론적 토대를 마련하여 영화치료 워크숍을 시작하면서 영화치료가 대중적으로 알려지기 시작했다. 이후 영화치료는 다양한 영화치료 관련 기관과 단체를 통해 확산되었고, 2008년 〈한국영상영화치료학회〉를 설립하여 학술적·임상적 기반을 확고히 하고 영화치료 전문가 자격검정 과정을 운영하는 등 영화치료의 보급에 박차를 가하기 시작했다. 영화치료가 국내에 보급된 지 10여 년이 지나면서 이제 영화치료는 상담 및 심리치료의 한 분야로 자리매김을 해 나가고 있다.

2. 영화치료의 치료적 요인

1 **(영상)영화매체의 치유적 힘**

> "영화는 20세기 가장 위대한 예술양식으로 함께 이야기하는 경험을 제공해 주고
> 추억과 세계관을 확립해 준다. 책 읽기를 권하듯 좋은 영화 보기를 권해야 한다."
> – 비벤키드론 –

영국의 영화제작자 비벤키드론은 TED 강연에서 '공유하는 영화의 놀라움'이란 주제로 〈필름클럽〉을 소개했다.[2] 학교에서 매주 영화를 보고 토론을 조직하는 필름클럽 운동은 '이야기'를 통해서 세대 간 경험과 가치를 공유하고자 시작되었다. 2006년에 25개의 클럽에서 9개월간 진행된 이 운동은 2012년 7,000개의 클럽 250,000명의 학생들이 지속적으로 참여하고 있었다. 한국에서도 아이들에게 좋은 영화를 보여 주기 위해 수백 편의 영화를 아이들과 함께 보고 토의를 이끌어 가며 인터넷 카페 '초등영화교실(http://cafe.naver.com/chasm98)'을 통해 영화수업에 대한 노하우를 공유하는 차승민 선생님을 필두로 영화를 공유하는 모임들이 전국 도처에 있다. 중요한 것은 공유하는 영화가 이끌어 낸 변화다. 학교에 잘 나오지 않던 학생들이 필름클럽에 참여하기 위해 자발적 등교를 시작했고, 매회 영화를 선정하는 회의에서부터 건강한 토론문화가 시작되었다. 영화를 본 후 선생님, 부모님, 친구들과 다양한 이야기가 오고 갔고, 영화수업이 계속될수록 아이들은 자신의 감정에 솔직해지기 시작했으며 타인의 감정에 귀 기

---

2   TED, 2012.7.2. '공유하는 영화의 놀라움', www.ted.com.

울이는 방법을 터득해 나갔고, 아이와 교사가 영화라는 매개체를 통해 서로의 성찰을 돕는 기회가 되었다(차승민, 2016).

이렇듯 대중과 함께 끊임없는 변화를 거듭한 영화가 다른 형태의 예술보다 영향력이 크다는 것은 분명하다. 영화의 영향력은 연령, 성별, 국적, 문화 및 시대를 초월한다. 우리 사회에서 영화는 이미 너무나 보편적인 것이 되어버렸기 때문에 영화가 미치는 심오한 영향에 대하여 인식하지 못할 수도 있지만, 사실 영화는 변화된 정신 상태나 마음속의 심리적 상태를 묘사하는 데 특히 적합하다. 영상, 음악, 대화, 조명, 카메라 앵글, 특수효과 등의 시너지로 영화는 보는 사람들로 하여금 정서적, 물리적, 인지적으로 반응을 일으킨다(Tyson, Foster, & Jones, 2000). 스크린에서 나오는 빛과 색채 및 음향은 스크린에서 일어나는 것을 실제로 우리가 경험하는 것처럼 믿게 만든다. 영화는 시각적 이미지를 통해 보고 음악과 다른 소리를 통해 듣는 것처럼, 우리의 감각을 자극해 정서를 이끌어 낸다. 감독은 관객의 정서를 특정 방향으로 촉진해 그들의 인식을 확장하고자 시각적 효과, 공간적 관계, 타이밍, 음향효과, 음악을 모두 동원한다. 이를 통해 우리를 다른 세계로 데려다주는 영화의 힘은 거대한 부분을 차지하게 되었음을 부인할 수 없다.

이렇게 압축적으로 표현된 영화는 영화매체 그 자체로 몇 가지 심리치료적 특성을 갖는다.

첫째, 영화는 **놀이적인 속성**을 갖고 있다. 현실과 달리 놀이는 시간과 장소, 인과론의 법칙을 허무는 즐거움이 있다. 영화를 보거나 만들 때 우리는 외부 현실과 자신의 주관성 사이의 중간 영역으로의 여행을 하게 된다. 영화를 통해 주어진 이 잠정공간에서 현실에서 내가 경험한 세계와 조우할 수 있을 뿐만 아니라 과거의 나를 만나기도 하고 미래의 나를 경험하는 상상적 체험을 한다. 정신분석에서 인간은 훔쳐보기의 기본적 욕구(scopophilia)를 가지고 있다고 가정하면서, 보는 사람의 주관적인 특성, 즉 주관성(subjectivity)을 설명하고 있다. 주관성이란 비논리적으로 자기(self)와 세상을 이해함을 뜻한다. 영상은 이러한 주관성에 초점을 두기 좋은 자료이다. 이미지를 보는 사람은 이미지에 어떤 주관성을 부여하여 이미지를 이해하며, 이 주관성은 항상 변화의 과정에 있기 때문이다. 영상은 보는 사람으로 하여금 어떤 반응을 이끌어 내는데, 이것은 의식 차원뿐만이 아니라 때때로 무의식 차원에서 나오기도 한다(Rose, 2005). 상상은 모든 담론에 자기(self)를 투입하도록 한다. 이는 우리가 이미지를 볼 때마다 상상을 통해 어떤 수준에서는 자기를 포함한다는 것을 의미한다. 영화의 놀이적 속성은 영화적 상상을 통해 우리가 안전하게 자신을 볼 수 있도록 한다.

둘째, 영화는 **핍진성**(*verisimlitude*)과 **편재성**(*ubiquity*)의 힘을 갖는다(비르기트 볼츠, 2005). 핍진성이란 수용자가 텍스트를 그럴듯하고 있음직한 이야기로 받아들이는 정도로 진실에 가까움, 있을 듯함, 사실 같은 이야기를 말하며, 편재성이란 어디에나 있음을 뜻한다. 영화는 청각과 시각, 문자언어 등을 모두 동원하는 다감각 매체로서 다른 어떤 매체보다도 우리가 '인간의 조건'이라고 부르는 보편적인 욕망, 아이디어, 고통, 자긍심과 웃음, 상징, 이미지를 풍부하게 표현한다. 이러한 보편성의 힘으로 영화는 다른 매체보다 상당히 큰 힘을 가지고 사람들의 마음을 움직여, 그들이 세계를 보는 방식과 자신을 보는 방식을 변화시킨다. 영화가 상담의 도구가 되는 이유는 문화, 계층, 성별, 권력, 성적 지향과 같은 주제들을 탐색하는 이러한 보편적 호소력과 다양성에 있다 (Dermer & Hutchings, 2000). 이러한 강점을 잘 활용한다면 영화는 내담자의 인지적·정서적 통찰에 큰 영향력을 미칠 수 있다.

셋째, 영화는 중요한 심리적 **은유와 상징**을 담고 있다. 영화의 등장인물들과 시나리오는 상징을 통해 자기반성과 논의를 이끌어 낸다. 영화가 담고 있는 은유와 상징은 관객이 부인(denial)하는 감정에 도전한다. 다른 방식으로 상황을 지각하고, 태도를 수용하며, 통찰을 촉진한다. Moore(1998)는 시각적 은유의 사용이 내담자로 하여금 더 영적인 수준에서 인생의 의미를 발견하고 인생을 더 가치 있고 의미 있는 것으로 경험하게 만든다고 주장하였다. 또한 은유의 사용이 다른 방식으로 상황을 지각하게 하고, 서로 다른 태도를 받아들이고 선택의 기회를 갖게 함으로써 변화의 계기를 제공한다고 하였다. 예를 들어, 영화 〈빈집(3-Iron, 2004)〉의 경우, 대사가 절제된 대신 집, 물, 고장 난 물건, 골프채 등 다양한 은유와 상징이 영화의 주제를 전달한다. 가정폭력 피해자 여성의 삶을 표현하는 데 있어 살림의 흔적이 없는 집안의 세간이나 고장 난 물건들은 그 자체로 공허함과 외로움을 드러낸다. 영화 속에서 폭력을 상징하는 '골프채'와 정화, 생명의 상징적 의미로 해석되는 '물'의 이미지가 반복적으로 표현되어 주인공의 회복과 변화의 과정을 전달하고 있다. 이렇게 은유는 내담자들에게 그들이 경험한 사건들로부터 심리적 거리를 두는 기회를 제공함으로써 안전하게 자신을 만날 수 있도록 돕는다. 즉, 은유는 변화를 원하는 마음의 부분과 변화를 원치 않는 또 다른 부분 사이의 안전한 다리 역할을 하고, 그들이 통찰과 새로운 방향을 성취할 때까지 잠재적인 해결책을 연습하는 것을 가능하게 한다(이윤주, 양정국, 2007). 결국 시각적 은유(visual metaphor)를 통해 내담자는 삶의 의미를 회복하고 자신의 행동을 변화하고 통찰을 촉진시키며, 개인적 이해를 심화할 수 있다.

2 영화치료의 장점

영화는 영화 그 자체로도 심리치유적 가치를 지니지만, 이후 상담에서 치유적 반성과 논의가 이어질 때 그 진가를 발휘할 수 있다(Portadin, 2006). 영화를 상담에 활용하는 경우 갖게 되는 장점을 정리하면 다음과 같다.

첫째, 영화의 놀이적인 특성으로 인해 대부분의 사람들이 영화를 좋아하기 때문에 좀 더 쉽게 내담자의 관여도를 높일 수 있다. 다양한 감각을 자극하는 영화를 사용함으로써 다른 매체보다 더 쉽고 효과적으로 사람들에게 영향을 줄 수 있어, 상담에서도 각계각층의 다양한 내담자들에게 쉽고 편하게 접근할 수 있는 유용한 도구로 활용할 수 있다. 예를 들어, 비자발적인 청소년 내담자의 경우 영화를 강화제로 활용하여 상담참여를 유도할 수 있고, 독서치료가 어렵거나 지능이 낮은 사람에게도 적용 가능하다. 또한 이러한 수용성으로 인해 영화를 보는 것은 개인, 집단, 가족 등 다양한 대상과 어떤 치료적 접근법에도 쉽게 통합될 수 있을 뿐만 아니라 상담에서 교육 및 연수까지 그 활용 가능성이 광범위하다.

둘째, 영화는 상담자와 내담자가 영화를 보는 경험을 공유함으로써 공감대를 형성하고 치료적 관계를 견고하게 하도록 돕는다(Berg-Cross et al., 1990). 영화관람은 치료자와 내담자에게 공통의 화젯거리를 제공하고, 치료자와 심리적으로 연결되어 있다는 유대감을 느끼게 해 준다. 따라서 초기 상담 시 함께 상담 목표와 계획을 수립하고 라포를 형성하는 데 많은 도움을 준다. 특히 집단 상담이나 교육에 영화를 활용할 경우 집단응집력을 높일 뿐 아니라 대인관계의 측면에서 많은 효과를 지니게 된다. 영화는 매체 특성상 10여 명 이상의 다수의 대인 간에도 짧은 시간 동안에 메시지를 압축적·상징적으로 보여 줄 수 있고, 어느 한 주인공을 중심축으로 주변 사람들의 다양한 반응을 보여 줌으로써 대인관계의 상대성과 왜곡을 한눈에 조망할 수 있는 특징이 있다.

셋째, 영화의 핍진성과 편재성은 내담자의 인지적·정서적 통찰 촉진에 강력한 영향을 준다. 특히, 정서적 경험을 촉진하는 영화를 활용함으로써 정서적 통찰에 좀 더 쉽게 다가갈 수 있다. 영화치료에서 영화는 내담자가 어려움을 겪을 수도 있는 정서적 문제를 영화의 등장인물을 통해 보다 쉽게 친숙해지도록 하는 데 사용한다(Rizza, 1997; Kuriansky, Ortman, DelBuono, & Vallarelli, 2010, 재인용). 영화를 보면서 내담자는 정서적 정화를 경험하고 자신의 정서를 그 어느 때보다도 극대화시킨다. 이러한 특성은 치료에 있어 내담자들이 노출하기 꺼려하는 주제에 대해 개방적으로 이야기할 수 있는 촉매제로 기능할 수 있다. 상담자는 내담자가 영화를 봄으로써 안전한 거리 안에서 위협적이지 않은 방식으로 보다 객관적으로 자신의 문제를 드러내고 다룰 수 있도록 안내할 수 있다.

마지막으로, 영화가 갖는 보편적 호소력과 다양성으로 인해 영화 자체가 또 하나의 조력자로서 내담자에게 위로와 지지가 된다. 누군가가 자신의 마음을 깊이 이해해 주는 것은 커다란 위안이자 감동이다. 더구나 고통스러운 경험 속에서 외롭고 힘들게 살아가는 사람의 마음을 정확하게 이해하고 깊이 공감해 주는 것은 강력한 치료적 효과를 지닌다. 내담자들은 때로는 영화를 보는 것만으로도 공감과 위로를 받으며, 영화를 같이 본 사람들이 영화의 주제에 대해 토론하고 내담자의 삶에 적용할 수 있게 만듦으로써, 내담자는 자신만이 그 문제를 안고 있는 것이 아님을 알게 되기도 한다. 또한 역경을 극복하는 주인공을 자신과 비교함으로써 심리적 자원을 파악하고 더 나은 미래에 대한 희망과 용기 그리고 심리적 위로를 받게 된다.

3 영화치료의 심리기제

영화가 정확히 어떤 메커니즘을 통해 치료적 효과를 이끌어 내는지에 대해서는 아직 명확히 알려진 바가 없지만, 영화와 상담은 인간행동을 분석하고 재구조화하는 치료적 효과를 이끌어 낸다는 점에서는 분명 공통점을 갖고 있다(Hass, 1995). 정신분석학자들은 영화를 보고 내담자들이 치유경험을 하는 것에는 어떤 정신역동적 심리기제가 들어가 있기 때문이라고 주장하는데, 이 장에서는 영화치료에서 주요하게 작동하는 투사, 동일시, 정화, 관찰학습을 대표적으로 기술하고 각 개념을 이해할 수 있는 영화치료 사례를 제시하고자 한다.

1 투사

투사(projection)는 스크린으로 이미지를 비추어 영화를 상영하는 것을 의미하기도 하고, 자신의 무의식적이거나 바람직하지 않은 특성을 다른 사람이나 사물에 돌리는 것을 뜻하는 방어기제를 뜻하기도 한다. 영화치료에서 영화는 이미지의 투사를 통해 안전한 심리적 투사 도구로서 기능한다. 관객들은 영화를 보면서 영상 텍스트 맥락에서 심리적으로 안전한 거리를 유지하면서 영화의 등장인물들에게 여러 가지 다양한 자신의 감정과 생각을 투사한다. 이를 통해 방어기제를 완화하고 자신에게 일어나는 신체적 느낌, 감정 변화, 통찰 등을 알아차리면서 자신과 이야기할 수 있는 기회를 가질 수 있다.

영화 속 등장인물에 대한 반응은 우리가 어떤 사람인지를 알 수 있게 해 준다. 등장인물을 좋아하든 싫어하든 모든 것은 주로 우리가 자신을 좋아하고 싫어하는 것과 같을 가능성이 높다. 만일 영화 속의 어떤 등장인물이나 그 행동을 아주 싫어한다면, 이는 자신이 의식하지 못한 단점을 투사한 것일 수 있고, 등장인물의 행동에서 발견하는 부정적 특징은 자신의 억압된 그림자 자아일 수 있다. 이와 반대로 등장인물과 그 행동에 감탄하는 것은 자신이 의식적으로 자각하지 못한 내면의 감춰진 자신의 긍정적 특징 또는 이상적 자기의 모습을 보여 줄 수 있다. 따라서 자신이 투사하는 부분을 의식적으로 알아가는 것은 미처 몰랐던 영혼의 한 부분에 다가가도록 해 주며, 자신의 긍정적인 성격 특징을 인식하기 위해서는 등장인물의 바람직한 성격 중 자신의 이미지에 맞지 않는 것에 대한 투사를 탐구하는 것이 유용할 수 있다(김준형, 2010).

영화를 관람하면서 투사의 과정을 명료화하기 위해서 비르기트 볼츠(2005)는 다음 〈표 1-1〉과 같은 투사의 단계를 제안했다.

표 1-1 ● 투사의 단계

등장인물이나 그 행동에 동일시할 때 나타나는 투사의 단계
1. 영화 안에서 자기 외부의 인물 관찰하기
2. 인물, 장면 등과 동일시하기: "나는 주인공처럼 느낀다." 또는 "나는 그가 하는 일이 싫다."
3. 인물이나 장면에서 보이는 내 안에 있었던 특징을 자각하고 발전시키기: "이것은 내 인생과 정말 똑같다."
4. 처음엔 '나 자신과 별개이고 영화에서나 있던 것'이었지만 지금은 자신의 것처럼 인식되는 긍정적인 특성과 부정적인 특성을 확인하고 작업하기
용납되지 않는 자신의 일부에 대한 투사의 단계
1. 영화 안에서 자기 외부의 인물 관찰하기
2. 자기 안에서 인식되지 않는 등장인물의 성격, 행동 또는 어떤 속성을 좋아하거나 싫어하기
3. 성격, 행동 또는 속성이 자신이 아직 완전히 인식하지 못한 장점이나 억압된 '그림자 자아'의 일부가 아닌지 살펴보기

위의 투사 단계를 거쳐 획득된 '자기인식'은 수용하기 힘들었던 내면의 자기를 만나게 한다. 좋아하지 않는 자신의 어떤 특성에 대한 저항과 비난은 변화를 만드는 에너지와 동기를 훔쳐갈 수 있다. 따라서 자기혐오나 자기거부를 떨쳐버리는 것은 자기에 대한 수용과 이해를 촉진시킨다.

〈사례 1-1〉 똥파리(Breathless, 2008)

직장에서 상사에 대한 분노감정이 언제 폭발할지 몰라서 불안한 30대 초반 남성 내담자는 영화 〈똥파리(Breathless, 2008)〉를 관람하면서 자기의 내면에 아버지에 대한 분노감정을 오랜 시간 억압해 왔음을 알아차렸다. 주인공 '상훈'이 친부에게 가하는 폭력 장면이 처음에는 불편했지만 차츰 통쾌함과 후련함을 느끼게 되었다. 내담자의 아버지는 권위적이고 폭력적이었지만 아버지를 처벌하는 것은 비도덕적인 행동이므로 무의식 안에 '혐오스러운 또는 용인할 수 없는 행동'으로 저장해 버렸다. 영화 속 주인공이 하는 행동은 분명 비도덕적인 것이지만 내담자의 것은 아니다. 그러나 주인공의 혐오스러운 행동에 통쾌함을 경험한 것은 내담자 자신이고, 이는 투사 과정을 통해 자신에게 그림자처럼 감추어져 있던 분노감정을 만나게 했으며, 이러한 감정은 현재 직장상사와의 관계에서도 재현되고 있음을 알아차렸다. 영화의 종반에 이르러 주인공이 눈물을 흘리며 "아버지한테 잘해라"라고 말할 때 내담자 역시 울음을 토해 냈다. 아버지와의 화해를 상징하는 주인공의 눈물은 자신에게도 아버지를 용서하고 싶은 긍정적 특성이 있음을 발견하게 하였다.

〈사례 1-1〉과 같이 불안 수준이 높은 내담자들은 자신의 무의식에 억압되어 있는 불안을 스크린에 안전하게 투사함으로써 자신의 문제가 무엇인지, 금기된 욕망과 그 이면의 긍정적 소망이 무엇인지를 파악할 수 있는 기회를 갖게 된다.

2 동일시

동일시(identification)는 다른 사람의 특징을 자신의 것으로 여기면서 불안과 같은 부정적인 감정을 감소시키는 방어기제의 하나다. 예를 들어 강력한 힘을 지닌 아버지의 행동을 일부 따라하면서 마치 자신이 아버지처럼 강력한 힘을 지닌 것으로 느끼는 어린아이의 경우가 동일시에 속한다(권석만, 2014).

동일시는 크게 네 가지로 해석될 수 있는데(김준형, 2010), 이 네 가지는 다음과 같다.

첫째, 타인과의 관계에서 타인의 반응경향을 받아들이는 경우로서, 예를 들면, 학생이 스승을 어머니처럼 여기고 따르는 것과 비슷하다. 둘째, 타인을 자기를 대신한 사람이라고 보는 경우로서, 자기를 문학작품이나 연극 속의 인물처럼 느끼거나 어머니가 스스로 이루지 못했던 소원을 자식을 통해서 이루려고 하는 것과 비슷하다. 셋째, 타인이나 집단과 밀접한 관계를 맺는 경우로서, 타인의 목적이나 가치를 마치 자기의 가치나 목적인 것처럼 받아들이는 것이다. 넷째, 중요한 점이 유사하다고 인지하는 경우로서 분류학에서 말하는 종(種), 유(類)라는 것이다.

영화치료 과정에서 흔히 일어나는 등장인물과의 동일시는 위 네 가지 동일시 유형 중에서 두 번째에 해당한다. 영화를 보는 동안 감정이입이 촉진되어, 일시적으로 자신이 영화의 주체로 재구성되고 영화의 등장인물과 동일시되는 과정을 통하여 자신의 내면적 욕구의 해소가 일어나도록 돕는 심리적 기제로 볼 수 있다. 우리는 영화 속 주인공의 불행과 고통, 기쁨과 환희를 자신의 것으로 느끼고, 울고 웃고 조바심을 내고 자신이 직면한 상황과 영화 속의 현실을 동일시함으로써 해결방안을 강구하게 된다(이경남, 2013).

영화치료에서는 특히 이러한 동일시가 긍정적으로 작동할 수 있도록 내담자와 비슷한 문제를 가진 주인공이 등장하는 영화를 상담에 활용할 수 있다. 이 경우 내담자가 영화 속 주인공을 자신과 동일시하게 되면 내담자의 정서는 증대하고 방어수준은 감소함으로써 자연스레 상호 간의 의사소통이 활발해지고 라포 형성이 용이해진다. 또한 내담자가 영화 속의 주인공을 자신과 동일시하게 되면 몰입감과 동시에 정서 및 무의식에 접촉함으로써 자신의 문제와 관련된(무의식 속에 묻혀 있거나 억압되어 있던) 과거의 외상을 기억하여 문제의 원인을 발견할 수 있다. 동일시로 인한 감동 그 자체로써 희망과 용기를 얻을 수 있으며, 영화 속 주인공의 문제해결 방식을 모델링함으로써 변화를 위한 대안을 스스로 발견하여 적용할 수 있다.

〈사례 1-2〉 월 플라워(The Perks of Being a Wallflower, 2013)

초등학교 때부터 친구들로부터 반복적인 따돌림을 경험하면서 또래관계의 어려움 때문에 학업중단을 호소하는 남자 고등학생 내담자는 고등학교 입학 직후 교내 야영에 참여하지 않겠다고 했다. 새로운 친구들과 부딪히는 것에 대한 두려움이 컸고 아예 학교를 그만두겠다고 선언했다. 내담자는 평소 무기력한 모습을 보여 왔고 함께 어울리는 친구들이 없었으며 새로운 학습 단계에 대한 기대가 없었다. 혼자서 영화 보기가 취미인 내담자에게 〈월 플라워〉를 볼 것을 제안했다. 주인공 '찰리'는 내담자와 같은 학년, 같은 성별로 내향적인 성격과 고등학교 입학에 대한 두려움을 갖고 있다는 점이 유사했다. 내담자는 찰리의 행동(혼자 급식 먹기, 친구들과 눈 마주치지 않기 등)에 동일시를 경험했고 주인공에게 깊이 몰입했다. 그리고 주인공이 선택하고 실행에 옮기는 새로운 대안 행동(예: 용기내서 말 걸기)에 동참하기 시작했다. 그것은 교내 야영에 참여하는 행동으로 나타났고, 같은 조에 있는 친구들을 관찰하면서 그들의 재미있는 행동 특성을 발견하기도 했다. 또한 상담 과정에서 영화 속 주인공과 주변 등장인물에 대한 호기심을 적극적으로 표현했고 학업뿐 아니라 또래의 관심사, 이성문제, 특이한 친구에 대한 감정 등에 대해 자유롭게 이야기했다. 내담자보다 더 힘든 과거 경험을 가지고 있었으나 자신을 포기하지 않으려는 의지로 조금씩 용기 있는 행동을 했던 주인공을 보면서 내담자는 긍정적 동일시를 통해 스스로 변화를 일으킬만한 대안을 마련하고 실행해 나갈 수 있었다.

3 ▶ 정화

정화(catharsis)란 억압된 감정이나 놀란 감정을 방출하는 것을 말한다(심영섭, 2011). 정화는 전통적으로 내담자의 억압된 정서에 접근하여 그것을 방출할 수 있도록 도와주는 기능을 한다. 고통스러운 정서는 마음의 고통을 줄 뿐만 아니라 우리 몸에서 스트레스 물질을 만들어 내는데, 정화를 통해 억압했던 감정이 방출되고 스트레스에 맞설 수 있는 힘과 용기를 얻게 된다(비르기트 볼츠, 2005).

많은 영화가 인지적 사고보다는 정서적 통찰을 촉진하기 때문에, 우리는 영화 속의 특정 캐릭터나 그들의 고난과 감정에 동일시하고, 이를 통해 웃음과 울음, 분노, 두려움 등의 다양한 감정을 경험하고 억압된 감정을 방출함으로써 감정적인 정화와 정서적 고양상태를 경험할 수 있다.

〈사례 1-3〉 미라클 벨리에(The Belier Family, 2014)

장애(지적장애 2급)를 지닌 15살 딸을 양육하고 있는 한 내담자는 장애를 지닌 등장인물이 나오는 이 영화를 보는 내내 마음이 불편했다. 영화가 마지막으로 흘러가는 지점에서 주체할 수 없는 울음이 터져 나왔는데 주인공 '폴라'가 청각장애를 갖고 있는 부모 앞에서 수어로 노래하는 오디션 장면이었다. 폴라가 부르는 '비상'이라는 노래는 부모를 떠나겠다는 일종의 선언과도 같은 내용이었는데 마치 15살 딸이 엄마인 자신에게 하는 말 같아서 감정이 복잡해졌다. 울음은 화(anger)에 가까운 심정이었고 자신이 그동안 쏟아부었던 노력에 대한 서글픔까지 더해졌다. 그러나 가족이 이별하는 장면에서 더 큰 울음이 올라온 건 딸에 대한 미안함 때문이었다. 그동안 딸의 생각을 한 번도 궁금해하지 않았고, 딸이 장애라는 것을 인정하고 싶지 않아서 더 가혹하게 몰아 댔던 모든 순간이 떠올랐다. 딸이 여덟 살 무렵, 피아노학원에 가지 않겠다고 길바닥에 드러누웠을 때 호되게 매질을 했었다(그때는 피아노를 잘 치면 장애가 아닌 걸 증명할 수 있다고 믿었다). 아이가 이상하다며 병원에 가보라는 친구들과는 아예 인연을 끊었고 자신의 불안과 화를 남편에 대한 악다구니로 풀었던 순간… 딸에 대한 미안함은 이후 후련함으로 변했다. "장애는 나의 정체성이다"라고 말하던 폴라 아빠의 말에 어쩌면 내 딸도 자신의 의지대로 자기 앞에 놓인 삶을 살고 싶어 할지 모른다고 생각했다. 불편하고 화나는 감정에서 미안함과 슬픔으로 변하는 과정에서 딸을 독립적인 한 사람으로 생각하게 되었다. 북받치는 울음은 기분 좋은 후련함마저 느끼게 해 주었다.

때때로 눈물은 실제 삶에서가 아니라 슬픈 영화를 보며 흘러나온다. 아리스토텔레스는 "비극적인 연극은 영혼을 정화해 합리적인 사고로 중재할 수 없는 삶의 어떤 측면을 직면하는 데 도움을 준다"라고 주장하면서, 비극이 왜곡된 감정을 씻어내고 심리적 외상을 치유한다고 보았다. 또한 대니 웨딩은 용기, 호기심, 사랑 등 긍정적 정서를 촉진하는 영화를 감상할 때 영화적 고양(cinematic elevation) 상태, 즉 등과 목, 머리에 온기와 떨림 같은 신체적 감각을 느끼면서 스스로 좀 더 가치 있는 윤리적 선택을 하게 되고 자신을 좀 더 나은 사람으로 느끼게 되는 정신적 상태를 경험한다고 주장했다. 이렇게 내담자는 영화를 통해 울고 웃음으로써 감정을 억압하려는 본능을 잠시 내려놓고 정서적 방출을 촉진할 수 있다.

▶ 4 관찰학습

관찰학습(observational learning)은 '모방학습(modeling)', '대리학습(vacarious learning)'과 함께 사회학습이론의 한 유형이다. 모방학습이 인지적 요인의 개입 없이 자동적으로 다른 사람의 행동을 그대로 따라하는 학습 방법이고, 대리학습이 다른 사람이 새로운 행동을 시도할 때 어떤 결과가 나타나는지를 관찰함으로써 자신에게 초래될 결과를 예상하는 학습이라면, 관찰학습은 다른 사람의 행동을 관찰해 두었다가 유사한 행동을 나타내는 학습 과정을 의미한다. 관찰학습에는 아래와 같이 네 가지 인지과정이 개입된다.

주의 과정		저장 과정		동기화 과정		운동재생 과정
모델의 행동에 관심을 갖고 주의를 기울이는 과정	⇒	모델이 하는 행동을 유심히 관찰하여 그 내용을 기억하는 과정	⇒	특정한 상황에서 행동하기로 결정하는 과정	⇒	관찰한 행동을 동작으로 재생하는 과정

[그림 1-1] **관찰학습의 네 가지 인지 과정(Bandura, 1977)**

영화는 내담자에게 다른 태도와 행동을 선택하는 것을 관찰하고 배울 수 있는 강력한 수단을 제공한다. 영화는 사람들에게 구체적이거나 상징적인 행동 모델과 개인적인 의견에 관한 표현을 할 수 있게 하며, 사람들은 영화를 통해 자신을 표현하는 새로운 방법을 배우거나 모방하게 된다. 이렇게 영화의 등장인물은 성장을 위한 씨를 뿌리고, 문제를 재구조화하고, 건강한 문제해결 방법을 제시하고(Newton, 1995), 내담자는 그들의 삶에 이를 적용할 수 있다. 영화의 등장인물이 묘사하는 행동과 결정을 근거로 하여 자신의 대안적인 해석을 경험하게 되며, 등장인물과 상황을 사실적으로 관찰하면서 자신의 긍정적인 변화를 촉진하게 된다(김준형, 2010). 영화치료의 세 가지 방법 중 '지시적 접근'의 이론적 토대가 되는 관찰학습이론은 의식적으로 또는 무의식적으로 관람자의 행동, 태도, 인식에 큰 영향을 끼치고 있는 영화를 개인의 성장과 치유를 위한 구체적인 과정으로 안내한다.

〈사례 1-4〉 블라인드사이드(The Blind Side, 2009)

영화의 주인공 '리앤'은 입양한 '마이클'이 막내아들을 태우고 장난감을 사러가다가 교통사고를 내고 두려움에 떨고 있는 현장에서 "이건 사고야. 사고는 누구에게든 일어날 수 있어"라고 말한다. 집단상담에서 영화를 함께 본 후 이어진 다음 회기에서 한 내담자는 며칠 전에 있었던 자신의 이야기를 나누었다. 자신이 아끼는 물건을 학교에 가져갔다가 잃어버리고 온 초등학교 2학년 아들에게 영화 속 주인공처럼 "그건 사고지. 네가 잃어버리고 싶었겠어?"라고 말했다는 것이다. 내담자는 너무 화가 나서 단단히 혼을 내주려던 찰나에 혼날까 봐 위축되어 있던 아이가 영화 속 마이클과 겹쳐 보였고, 자신도 영화 속 주인공처럼 아이를 안심을 시켜 주고 싶은 생각이 들었다. 일부러 한 행동이 아니라면 그건 '사고'라고 생각하니 화가 가라앉았고 오히려 아이의 두려움에 공감할 수 있었다. 엄마를 끌어안고 펑펑 울면서 미안하다고 이야기하는 아이를 보며 자신이 참 좋은 말을 한 것 같아 기분이 좋아졌다고 한다.

〈사례 1-4〉는 영화를 관람하면서 등장인물의 바람직한 행동을 저장해 두었다가 자신이 유사한 상황에 처했을 때 긍정적인 행동으로 동기화되고 재생된 관찰학습의 예로 볼 수 있다.

3. 영화치료의 종류와 방법

영화치료의 종류는 영화를 사용하는 방식에 따라, 내담자의 영화관람 형태에 따라 달라지는데, 크게 감상영화치료와 표현영화치료로 나누어 볼 수 있다. 전자는 주어진 영화를 감상하고 그것을 심리치료에 응용하여 자신의 문제를 깨닫고 대안적 문제해결 방식을 습득하는 치료 방법이고, 후자는 개인의 신체·정서·인지를 통합하기 위해 여러 예술 매체를 사용함으로써 표현예술과 심리치료를 통합하여 일상적으로 억압되었던 심리적인 문제를 표출하고, 정서적 고통을 치유하며 일상을 넘어선 경험의 적극적인 변화를 꾀한다.

표 1-2 ● 영화치료의 종류

감상영화치료		표현영화치료
자기조력적 영화치료		비디오 테라피
상호작용적 영화치료	지시적 접근	
	연상적 접근	영화 만들기 치료
	정화적 접근	

(출처: 심영섭, 2011)

1 자기조력적 영화치료

영화를 보고 펑펑 울어본 적이 있는가? 그렇다면 이미 자기조력적 영화치료를 한 것으로 볼 수 있다. 이렇게 우리 삶에서 스스로를 돕기 위해 영화를 활용하는 것을 자기조력적 영화치료라고 한다(Solomon, 1995). 영화를 보면서 우리는 감동을 받거나, 감정적 정화(catharsis)를 느끼거나 또는 인생의 중대한 결심을 할 수 있고, 이는 의식하지 않은 사이 영화를 통해 자신의 변화와 성장을 촉진하는 셈이다.

2 상호작용적 영화치료

상호작용적 영화치료는 영화와 상담자, 내담자 간의 상호작용을 통해 내담자의 변화를 돕는 것을 말한다. 때로는 자기조력적 영화치료만으로도 충분히 도움이 되지만, 삶에서 혼자 해결하기 어려운 문제에 봉착한 내담자의 경우라면 자기조력을 넘어서 전문적인 도움이 필요하다. 이러한 경우 상담자가 영화를 보조적 도구로 삼아 상호작용적 영화치료를 실시할 수 있다. 상호작용적 영화치료에서 상담자는 내담자가 영화를 어떻게 바라보고 있는지 영화와 내담자 간의 중요한 상호작용을 잘 알아차리고 치료적으로 활용할 수 있어야 한다. 상호작용적 영화치료에서 영화를 활용하는 방법은 지시적 접근, 연상적 접근, 정화적 접근의 세 가지로 나눌 수 있는데 이는 4~6장에서 더욱 상세히 다루기로 한다.

3 표현영화치료

표현영화치료는 수동적으로 영화를 감상하는 데 그치지 않고 내담자가 보다 주체적으로 영상이라는 매체를 통해 자신을 표현하는 과정에서 자신을 이해하고 변화하는 적극적인 방식이다. 표현영화치료는 크게 비디오 테라피(video therapy)와 영화 만들기 치료

(cinema work)로 나눌 수 있는데, 비디오 테라피는 영상편지, 비디오 다이어리, 자전적 다큐멘터리, 디지털 스토리텔링 등을 포함하며, 영화 만들기 치료는 애니메이션 제작, 셀프 CF, 극영화 만들기 등을 포함한다(심영섭, 2011). 모레노(Moreno)는 일찍이 치유적 영화를 만드는 것은 사이코드라마와 유사하여 치료적 효과가 있을 것으로 보고, 치유적 영화의 목적은 제작 과정이 아니라 관람자의 치료에 있다고 역설한 바 있다(Marsick, 2009).

비디오로 촬영한 사적 다큐멘터리의 경우 내담자-감독의 일상을 대상으로 하기 때문에 필연적으로 내담자-감독, 즉 주체의 입장이 다큐멘터리의 대상과 동일화된다. 또한 사적 다큐멘터리는 찍는 순간부터 가족 서로 간의 애정과 원망, 숨겨 두었던 셀프 이미지, 자신이 보지 못했던 심리적 맹점 등이 적나라하게 드러나고, 내담자는 그것을 스크린상에서 바라보면서 또 다른 자신을 만나는 새로운 경험과 동시에 '자신이 자신을 관찰하는' 소중한 순간을 맞이하게 된다. 비디오 다이어리의 대표적 예로서 김진아 감독의 작품 〈김진아의 비디오 일기(2002)〉를 들 수 있는데, 당시 29살의 여성 감독은 셀프 다큐멘터리인 이 영화에서 미국 유학 당시 발생한 심한 거식증의 문제를 비디오 일기를 통해 치유해 나가는 과정을 보여 주었다. 이렇게 표현영화치료는 더욱 적극적이고 직접적으로 강력하게 내담자의 변화를 촉진한다.

영화치료 시 주의할 점

1. 다음과 같은 내담자는 영화치료가 효과적이지 않을 수 있다.
   ▶ 영화를 좋아하지 않는 내담자: 영화치료에 대해 부담을 갖거나 부정적인 시각을 가짐
   ▶ 특정 망상이 있거나 심한 정신적 장애가 있는 내담자: 영화가 망상을 자극하거나 취약한 부분을 촉발시켜 상태를 악화시킬 위험이 있음
   ▶ 외상 후 스트레스 장애를 지닌 내담자: 외상을 재경험할 가능성이 있음

2. 첫 번째 영화를 결정할 때는 내담자가 이미 본 영화부터, 영화의 선택권을 내담자에게 주거나 내담자가 본 영화들과 유사한 영화를 제안하는 것이 좋다.

3. 영화를 보다가 감정반응이 격렬하게 일어나거나 보고 싶지 않다면 언제든지 관람을 그만 둘 수 있음을 미리 알린다.

연습활동 1-1. 영화와 나

◎ 다음 질문에 답하면서, 영화에 대한 나의 기억을 통해 영화와 자신을 연결시켜 보자.

1. 생애 최초의 영화 경험은 무엇인가? 그 영화는 어떻게 기억되고 있으며, 내 삶에 어떤 영향을 주었는가?

2. 내 인생의 영화 세 편을 꼽아본다면 어떤 영화를 선택하겠는가? 그 이유는 무엇인가? 오늘날 내가 나 자신을 바라보고 세상을 조망하는 방식에 영향을 주었던 영화가 있다면 어떤 영화인가?

3. 가장 좋아하는 배우 또는 감독은 누구인가? 그 이유는 무엇인가?

4. 영화를 찍는다면 어떤 영화를 찍고 싶은가? 영화에서 나는 어떤 역할을 하고 싶은가?

연습활동 1-2. 치유적 관람

◎ 좋아하는 영화 한 편을 선택하고, 다음 질문을 생각하면서 치유적 관람을 연습해 보자.

1. 어떤 캐릭터에 가장 많이 동일시되는가?

2-1. 가장 마음에 드는 등장인물은 누구인가? 특별히 따라하고 싶은 행동이 있는가?

2-2. 마음에 들지 않는 인물은 누구인가? 그 이유는 무엇인가?

3. 오락적 관점에서 영화를 볼 때와 치유적 관점으로 영화를 볼 때 차이점은 무엇인가?

연습활동 1-3. 필름 매트릭스

◎ 영화 〈날아라 펭귄〉 중 에피소드 2(상영시간 28분)를 관람하면서 '필름 매트릭스'를 작성해 보자.

1. 영화를 보는 동안 경험한 것을 아래 제시된 필름 매트릭스 빈칸에 적어 넣는다.
2. 모둠별로 자신이 적은 내용을 공유하면서, 등장인물에 대해 자신이 경험한 바가 다른 사람들과 어느 부분에서 비슷하고 어느 부분에서 다른지 비교한다.
3. 영화 속 등장인물을 통해서 자신이나 타인의 어떤 특성에 대해 새로운 발견이나 이해가 일어났는지 생각하고 나눈다.

[필름 매트릭스]

인물	가장 좋아하는	가장 싫어하는
완전히 또는 어느 정도 동일시되는		
전혀 또는 거의 동일시되지 않는		

◎ **영화정보**

★ 제목: 날아라 펭귄(Fly, Penguin)
★ 제작국가: 한국
★ 제작연도: 2009년
★ 관람등급: 전체 관람가
★ 상영시간: 102분
★ 감독: 임순례
★ 출연: 최규환, 조진웅 외

◎ **줄거리:** 9살 승윤의 교육을 위해 최선을 다하고 싶은 승윤 엄마, 채식인에 술은 입에도 못 대는 신입사원 주훈, 아이들과 아내 없는 일상이 서글프지만 그들을 위해 쓸쓸히 빈집을 지키는 기러기 아빠 권 과장, 늦은 나이 큰 용기를 가지고 운전면허를 따온 날, 차를 팔아버린 남편을 보며 더 이상 권위적이기만 한 남편을 받아들일 수 없다고 결심한 송 여사. 우리 주위에서 쉽게 볼 수 있는 인물들의 이야기가 펼쳐진다.

◎ **관람 포인트:** 〈에피소드 2〉: 채식주의자 주훈은 자신의 개인적 취향이 직장 내에서 따돌림과 공격의 대상이 되는 궁지에 몰리게 된다. 성실하고 적극적인 주훈은 매 순간 최선을 다해 조직생활에 적응하려고 노력하지만 반복적인 따돌림에 극단적인 방식으로 문제를 해결하려고 한다. '다름'이 '틀림'으로 여겨지는 그릇된 문화에서 불편한 동거를 할 수밖에 없는 힘없는 말단사원의 입장에 공감해 본다.

사진치료

제2장

소희정

1. 사진과 사진치료

1 사진과 사진치료의 의미

사진을 통한 치유는 카메라 셔터를 누르는 순간 시작된다. 셔터를 누르는 사람은 바로 나 자신이기에 사진치료는 자신을 만나는 직접적인 행위라 할 수 있다. 보조적인 도구 없이 자신의 이야기를 곧장 할 수 있으면 좋지만, 그렇지 못한 경우에는 단 한 장의 사진이 자신의 이야기를 자연스럽게 꺼내게 할 수 있다. 심리전문가의 안내를 받는다면 더욱 깊이 내면을 탐색하고, 이해하는 과정을 접할 수 있다. 그 과정에서 무의식에 잠겨 있던 기억이나 정서들이 수면 위로 올라오며 자신을 조금 더 객관적으로 바라볼 수 있는 힘이 생긴다.

사진이라는 이미지를 통해 우리는 자신을 언어적 또는 비언어적으로 대면하게 된다. 내가 찍거나 모은 사진, 프로필 사진 등 디지털 시대에 자기노출용으로 사용되는 모든 사진은 자신과 마주하는 과정을 일상적이면서도 자연스럽게 가능하게 한다. 예쁘고 멋진 사진 속에 나도 나이지만, 마음에 들지 않는 사진, 삭제하고 싶은 사진 속의 나도 나다. 마음에 들지 않는 나도 있는 그대로 수용하면서 온전히 자신을 만나는 것이다. 사진을 통해 자신과 온전히 만나는 여행인 사진치료에 대해 구체적으로 살펴보자.

2 ‖ 사진의 정의

사진, 즉 포토그래피(photography)라는 용어의 어원은 그리스어 'photos(빛)'와 'gra-phos(그리다)'의 합성어로서(https://www.etymonline.com/search?q=photograph), '빛으로 그림을 그리다' 또는 '빛으로 그린 그림'이라는 뜻이다. 포토그래피라는 용어는 1839년 영국의 천문학자이자 수학자인 존 허셸(John Herschel)에 의해 처음으로 사용되기 시작했다(박종한, 이여신, 2017). 다양한 방면에서 업적을 남긴 허셸은 사진연구도 병행했는데, 1843년에 청사진(cyanotype)을 발명한 사람이기도 하다(장-클로드 르마니 외, 2003).

포토그래피가 우리나라에 전래되어 처음으로 '사진'이라는 용어를 쓰기 시작한 때는 1863년이다. 중국에 사신으로 갔던 이의익은 러시아인 사진관에서 초상사진을 촬영한 후 이것을 사진이라 지칭했고, 이것이 우리가 포토그래피를 사진이라고 한 최초의 경우이다(최인진, 1999). 사진(寫眞)이라는 말속에 담긴 '참된 것, 진실한 것을 본떠 옮긴다'라는 뜻에서도 볼 수 있듯이, 사진은 회화와 달리 그 제작과정에서부터 대상을 왜곡하거나 미화하는 방법이 아예 차단되는, 결코 대상을 왜곡하거나 미화할 수 없는, 실물의 상(象)을 있는 그대로 재현한 것이다. 붓으로 그리는 게 아니라 빛으로 그리고, 그 대상은 상상 속의 산물이 아니라 실재하는 것이기 때문이다.

특정한 개념의 정의를 살펴보는 일은 그것이 가지고 있는 본래적인 속성과 기능을 미리 탐색하는 데 유용하다. 우리가 사진의 정의를 살펴본 이유 또한 그러하다. 사진이라는 말의 정의에서부터 기인하는 '기록성', '사실성'이라는 사진의 존재론적인 특성은 심리치료에서 주요한 치료적 기제로 사용된다. 이 점은 사진치료의 치료적 요인에서 다시 구체적으로 살펴볼 것이다.

3 사진치료의 정의

사진치료란 심리치료 장면에서 내담자가 의식 수준에서 꺼내기 어려운 문제들을 사진을 매개로 자신의 마음을 직접적이거나 상징적으로 표현하고 말할 수 있도록 돕는 활동이다. 치료 과정에서 사진은 무의식과 의식을 이어 주는 가교의 기능을 한다. 사진치료의 정의는 학파나 접근 방법에 따라 다양한 내용이 제시될 수 있다. 그중 대표적인 사진이론의 창시자들이 표명한 사진치료의 정의를 소개하겠다.

미국의 심리학 교수이자 사진치료를 발달시킨 초기 연구자인 더글라스 스튜어트(Douglas Stewart)는 사진치료를 "전문적인 심리치료사들이 내담자를 치료하는 데 있어서 사진 촬영이나 현상, 인화 등의 사진 창작활동 등을 시행함으로써 심리적인 장애를 경감시키고 심리적 성장과 치료상의 변화를 가능케 하는 것"이라고 말한다(박소현, 2004). 상담심리학자이자 사진작가인 데이비드 크라우스는(David Krauss)는 사진치료를 "사진의 창작 과정을 조직적으로 응용하여 내담자의 생각과 행동에 긍정적인 변화를 추구하는 것"(박소현, 2004)이라고 정의한다. 사진치료 센터(https://phototherapy-centre.com/)의 설립자인 주디 와이저(Judy Weiser)는 저서 『사진치료의 기법들: 개인적인 스냅사진과 가족 앨범의 비밀탐구(PhotoTherapy: Exploring the secrets of Personal Snapshots and Family albums)』에서 "사진치료에서 개인 스냅 사진과 가족사진(감정, 기억, 생각, 정보)은 의사소통을 위한 촉매제"라고 말하며 치료적 도구로서의 사진의 기능을 설명하고 있다. 또한 사진치료에서의 사진은 예술작품으로서의 사진이 아닌 비언어적이고 상징적인 커뮤니케이션의 도구로 통찰을 제공한다는 점을 강조한다.

4 사진치료에서의 사진과 치료적 사진

울라 할콜라(Ulla Halkola)[1]는 사진의 특성을 네 가지 범주로 나누었다. 예술로서의 사진, 취미생활로서의 사진, 치료적 사진, 사진치료 작업에서의 사진이다.

이 중 사진치료(phototheraphy)에서의 사진은 치료적 목적으로 활용되면서, 타인(내담자)의 치유적 부분이 더 강조되고, 사진의 미학적 요소에 대한 고려가 적은 사진을 일컫는다. 이때는 전문적인 수련 과정을 거친 훈련받은 치료사가 심리치료 과정에서 내담자에게 활용하는 사진이다. 내담자의 주호소 문제의 증상을 감소시키거나 완화하며, 심리적 성장을 위해 쓰인다.

반면 치료적(치유적) 사진(therapeutic photo)이란, 치료적인 요소는 공존하지만 그 제작 과정에서 타인이 아닌 자기 치유를 목표로 삼고, 사진의 미학적 부분이 더 고려되는 사진을 일컫는다(한국영상응용연구소, 2010). 치료적 사진은 상담의 영역에서 벗어나 사용자 스스로 수행을 통해 얻어지는 사진이다. 사진을 찍는 행위를 통해 카타르시스를 경험할 수 있으며, 자기탐색 및 자기이해를 가능하게 하여 개인의 성장을 이끌 수 있다.

사진치료에서의 사진과 치료적 사진의 차이점에 대해 살펴보았지만, 사진치료와 치료적 사진은 판이하게 다른 양상이라고는 볼 수 없다. 두 가지 범주 모두 언어로 표현하기 어려운 감정이나 무의식적으로 억압해 놓은 마음의 다양한 형태들을 내담자가 스스로 말할 수 있도록 도움을 주기 때문이다. 즉, 사진치료에서의 사진과 치료적 사진은 모두 무의식을 의식화하는 통로가 될 수 있다.

---

1 핀란드 사진치료학회 초대 회장 역임, 외상치료전문가이자 핀란드 투르크 대학 심리치료분과 교수.

2. 사진치료의 기원과 발전

1 사진치료의 기원

1839년 사진이 발명된 이후, 19세기 중반부터 사진은 임상병리학적인 기록물로 활용되기 시작했다. 정신과 의사인 토마스 스토리 커크브라이드(Thomas Story Kirkbride)는 1844년 정신질환자들에게 교육과 오락의 수단으로 'magic lantern'이라는 사진 슬라이드를 사용하였다. 영국의 정신과 의사이자 사진가인 휴 웰치 다이아몬드(Hugh Welch Diamond)는 환자들의 얼굴을 통해 정신질환자들을 진단할 수 있다고 제안하며, 환자들의 정신착란의 외적 증상을 기록하기 위해 사진을 이용하였다. 서리 카운티 정신병원(Surrey County Asylum)에 근무하면서 정신질환이 있는 여성들의 사진을 찍어 진단에 이용하고, 1856년 『광기의 얼굴(The Face of madness)』이란 책을 출판하였다(그림 2-1 참고). 이 책은 사진을 진단에 이용한 최초의 시도이자 사진술의 유용함을 입증한 책이다. 또한 환자들의 초상 사진을 유형학적인 목적과 관상학적인 관점에서 보존하여, 1858년 〈존 코놀리의 정신착란의 관상학〉의 도판으로도 사용하였다(캉탱 바작 저, 송기형 역, 2004).

(출처: https://www.amazon.com/Face-Madness-Diamond-Psychiatric-Photography/dp/1626549230)

[그림 2-1] 휴 웰치 다이아몬드(Hugh Welch Diamond)의 광기의 얼굴

프랑스 살페트리에르(Salpêtrière) 병원의 원장인 장 마르텡 샤르코(Jean Baptiste Etienne August Charcot)는 1876년 사진가이자 의사인 폴 레냐르(Paul Rè gnard)와 함께 의학 사진집 『살페트리에르 사진도판(conographie photographique de la Salpètrière)』을 출판했다. 이후 1882년에는 사진작가인 알베르 롱드(Albert Londe)[2]가 샤르코 원장과 함께 살페트리에르 환자 사진을 중심으로 분석한 최초의 의학 사진집인 『의학과 생리학의 응용』을 저술했다. 샤르코 원장은 히스테리 발작을 동작사진 촬영(그림 2-2 참고)을 통해 전조시기, 간질시기, 광대시기, 감정적 태동시기의 네 개 시기로 환자들의 발작을 분석함으로써 히스테리의 규칙적인 메커니즘을 연구하여 히스테리 유형학을 시각적으로 입증하려 노력했다(박상우, 2011).

---

2 사진작가이며 살페트리에르(Salpêtrière) 병원 원장인 장 마르탱 샤르코와 함께 의학사진집을 발간.

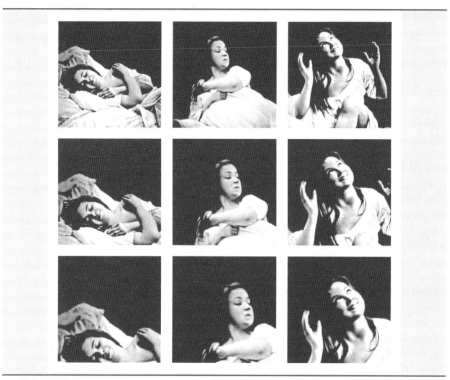

(출처: https://emotionsblog.history.qmul.ac.uk/2015/03/jean-martin-charcot-and-the-pathologization-of-ecstasy/)

[그림 2-2] 샤르코 원장의 히스테리 발작 동작사진

2 사진치료의 발전

사진이 심리치료 분야에 전문적으로 적용되기 시작한 것은 1970년대부터이다. 이는 과학기술의 발달에 힘입어 사진의 대중화가 이루어졌기 때문에 가능한 일이었다. 사진이 대중화가 되었다는 의미는 사진 인화물과 카메라를 소유하는 비용이 저렴해졌다는 뜻이다. 이 시기는 이미 다양한 종류의 35미리 소형 카메라가 대중화되었고, 특히 1950년대에는 폴라로이드 카메라까지 시판되면서 사진과 카메라는 대중에게 중요한 기념일을 담아낼 수 있는 필수품이자 흥미로운 취미용품이 되었다. 사진이 이렇게 대중화되면서 심리치료 분야에도 사진의 활용이 본격화되었다.

사진치료라는 용어를 처음으로 사용한 심리치료사는 주디 와이저로 1973년 선천성 청각장애 아동을 상담할 때 사진을 사용하였고, 1975년 아티클에 사진치료 기법을 사용하였다. 1975년에는 콜럼비아 대학에 재직하면서 사진과 정신분석을 접목시키는 데 많은 공헌을 한 로버트 애커렛(Robert U. Akeret)[3]이 사진 속에 나타난 관계나 신체 언어(body language) 표현을 읽을 수 있는 책 『사진 분석(Photo analysis)』을 출간하여 사진을 보는 방법을 제시했다.

사진치료는 주로 영국, 프랑스, 미국에서 진행되었다. 1977년 심리학 잡지인 『오늘의 심리학(Psychology Today)』에서 다양한 상담 분야에 있는 전문가들에 사진을 사용하는 사람이 있는지 알려 달라고 요청하였고, 이에 200명에게 답신을 받게 되었다. 그 결과 처음으로 『사진치료 회보(PhotoTherapy Quarterly Newsletter)』가 창간되었고, 이때부터 사진치료가 공식적으로 시작되었다고 볼 수 있다.

1979년 일리노이 주 디캘브(Dekalb)에서 최초로 사진치료 국제회의가 열렸다. 이곳에서 알란 엔틴(Alan D. Entin), 제리 프라이리어(Jerry Fryrear), 데이비드 크라우스(David Krauss), 주디 와이저(Judy Weiser), 조엘 워커(Joel Walker), 더그 스튜어트(D. Stewart) 등 100여 명의 초창기 사진치료사들이 모여 본격적인 다양한 사진치료의 기법과 이론들에 대해 논의하였다. 이후 활발한 사진치료 활동들이 이어져 1981년에는 국제 사진치료협회가 설립되었고, 『Photo Therapy』라는 공식 잡지가 창간되었다. 사진작가이자 정신분석학자인 조엘 워커[4]와 주디 와이저가 주축이 되어 1984년 캐나다 토론토에서 열린 제4회 국제 학술대회는 사진치료이론을 세계적으로 공유하는 데 기여하였다.

2004년 2월 4일에는 핀란드에 심리학자들과 사진작가들을 주축으로 하는 사진치료학회가 재결성되었다. 그 이후 20여 년 동안 중단되었다가 2008년에 핀란드에서 제5회 세계사진치료학회가 개최되었다. 활발히 활동하고 있는 마크 휠러(Mark Wheeler), 울라 할콜라(Ulla Halkola), 아빌레스 구띠 에레즈(Aviles Gutièrrèz), 카민 파렐라(Carmine Parrella),

---

3 정신분석가. 콜럼비아 대학에 재직하면서 사진과 정신분석을 접목시키는 데 많은 공헌을 함.
4 토론토의 정신분석가이자 사진작가. 워커 비주얼(Walker Visuals) 개발.

로리 마네르마(Lauri Mannermaa), 파비오 피치니(Fabio Piccini), 브릿지 아노(Brigitte Anor) 등이 참석했다(https://phototherapy-centre.com/). 2011년 2월 핀란드 투르크에서는 사진을 통한 학습과 치유 심포지엄으로 유럽 내의 사회적 배제를 줄이고 웰빙을 위한 사진치료 프로그램의 연구에 초점을 둔 심포지엄이 개최되었다(www.salto-youth.net). 미국의 엘렌 피셔 터크(Ellen Fisher-Turk)는 강간, 근친상간, 섭식장애, 암 또는 그냥 평범한 생활로 인한 부정적인 신체 이미지로 고통받는 여성들에게 이미지 사진(still) 또는 동영상(video)을 사용하여 내담자를 돕고 있다(그림 2-3 참고).

북아메리카와 캐나다에 있는 대학원에서는 임상심리학과와 예술치료학과의 전공자들이 선택과목으로 사진치료를 채택할 수 있을 정도로 교육제도 안에서 자리 잡혀 가고 있다. 우리나라에서는 2012년 출범된 '한국사진치료학회'가 활발히 활동하며 국내 사진치료 분야 발전에 기여하고 있으며, 석, 박사 학위논문이나 사진치료에 관한 저술이 증가하고 있는 추세이다.

Jennifer, 29. (폭식증을 앓았던 내담자)
그녀의 첫 반응은 "나는 나의 모든 것을 보고 싶지 않습니다. 너무 추합니다." 그러나 3분 후 자신의 사진을 보며 "나는 인간으로서 나 자신을 보기 시작했어요"라고 말했다.

| Ellen Fisher-Turk | 폭식증을 앓았던 내담자의 사진과 사례 |

(출처: http://photographytherapy.com/pressGlamour.htm)

[그림 2-3] 엘렌 피셔 터크와 폭식증 관련 사례

3. 사진치료의 치료적 요인

1 사진치료의 치료적 요인

① 사진 매체가 갖고 있는 사실성, 기록성, 전달성의 속성

누군가에 의해 설정된 사진이라 할지라도 사진 안에는 그 당시 '그것이 분명히 거기에 존재했다'는 사실성을 담고 있다. 그리고 그 사실은 '박제된 시간'으로 기록된다. 이렇게 기록된 사진은 자신을 의식적, 무의식적으로 표현할 수 있는 매체로서의 전달성의 속성이 있다.

② 매체의 접근성과 친숙함을 통한 내담자의 심리적 저항의 감소

디지털 시대에 사진은 남녀노소 누구나 쉽게 접할 수 있는 매체이다. 수용과 돌봄의 결핍 등으로 힘들어하는 내담자에게 사진은 큰 부담이나 거부감 없이 임파워링(empowering) 경험을 촉진시킬 수 있는 매개체가 되고, 내담자의 저항을 완화시키는 데 도움이 된다. 언어 표현이 어려운 내담자, 감정 표현이 서툴거나 억압하는 경우에도 사진은 효과적이다.

③ 자기이해 및 타인이해의 속성

사진은 자기이해 및 타인들의 역동을 이해하는 단초가 되기도 한다. 앨범 속 또는 내담자가 가지고 오는 사진들을 보게 되면 어떤 종류의 사진(여행사진, 졸업사진, 행사사진, 특정 행사사진 등)인지와 사진 속에 인물은 누구인지, 사진 속 포즈는 어떠한지, 사진을 찍은 사람은 누구인지, 시기 등을 살펴보며 자신을 탐색하고 타인과의 관계의 역동성도 알 수 있다.

④ 객관적 거리두기를 통한 성찰의 가능성

사진을 찍고 인화하는 과정부터 사진을 감상할 때까지, 카메라라는 또 다른 시각을 가진 타자를 통해 우리는 외부인의 관점에서 자신을 바라볼 수 있게 된다. 사진을 찍는 순간 내면에 갇혀 있던 우리의 시각과 생각은 거리를 두고 관찰할 수 있는 것이 되기 때문이다. 사실 우리가 흡수하는 일상생활의 정보 대부분이 뇌에 입력될 때 꼭 언어적으로 부호화되는 것은 아니다. 그리고 언어적으로 부호화되지 않은 것은 언어적으로 표현되기도 힘들다. 즉 언어적으로 부호화 되지 않은, 보이지 않고 들을 수 없는 우리 마음속의 다양한 기억과 정서들을 사진을 통해 시각적이면서도 객관적으로 보려는 것이다. 자신을 객관적으로 볼 수 있어야 자신의 문제가 무엇인지 깨닫고, 이에 관한 적절한 문제 해결책과 통찰을 얻을 수 있다. 내담자는 사진을 통해 자기직면과 성찰을 하면서 자기존재에 대한 정당성을 확보하게 되고 이는 효과적인 상담을 가능하게 한다.

2 사진치료의 확장성

사진은 내담자를 돕는 모든 예술치료 방법과 쉽게 통합될 수 있다는 장점이 있다. 예를 들어, '빈 의자 기법'을 시행할 때 의자 위에 사진 한 장을 올려 놓고, 내담자에게 사진과 대화를 할 수 있다고 제안하면, 평소 자기표현에 익숙하지 않은 내담자도 어렵지 않게 사진 그 자체나 사진 속의 인물과 이야기를 나누며 자신의 생각과 감정을 표현할 수 있게 된다. 또는 몇 장의 사진을 직접 찍어 시적 이미지를 만들어 보면서 마음을 시화(詩化)할 수도 있다. 이렇듯 사진은 내담자의 특별한 욕구에 맞추어 치료적 보조도구로도 쓰이거나, 때로는 사진활동 그 자체가 예술적·미학적으로 기능하면서 치유의 힘을 발휘하게 한다.

사진치료가 다른 예술치료에 비해 대중적으로 확충될 수 있는 중요한 요인은 카메라라는 매체를 활용한다는 데 있다. 현대인의 일상에 스마트폰 카메라가 필수품으로 자리 잡은 지는 이미 오래이며, 심지어 하루 대부분의 시간 동안 카메라를 손에 쥐고 있다고 해도 과언이 아니다. 친근하고 사용하기 어렵지 않은 스마트폰 카메라의 활용은 초등학생부터 노년에 이르기까지 다양한 교육, 상담, 연수 등에서 흥미롭고 의미 있는 프로그램의 기획을 가능하게 한다. '나를 상징하는 물건 찾아 찍기', '내 마음의 풍경' 등의 주제를 선정해 사진을 찍고, 다시 보고, 상담자와 이야기를 나누는 시간을 갖다 보면 자연스럽게 자기이해의 폭이 깊어지고 자존감이 향상될 수 있다.

연습활동 2-1. 자화상 탐색

◎ 자신의 얼굴이 나와 있는 신분증(예: 주민등록증, 운전면허증, 여권) 등을 꺼내고, 다음
질문에 대한 답을 작성하면서 자신의 내면을 탐색하고 이해해 보자.

1. 언제 찍은 사진인가?

2. 지금 보고 있는 사진 속 자신의 모습이 마음에 드는가? 또는 마음에 들지 않는가?

3. 사진을 찍을 당시에 자신이 가장 중요하게 여겼던 것은 어떤 것들이 있는가?

4. 사진 속에 있는 자신에게 말을 한다면 어떤 말을 해 주고 싶은가?

연습활동 2-2. SNS 프로필 탐색

◎ 자신이 이용하고 있는 SNS상의 프로필 사진을 떠올려 보고 다음 질문에 대한 대한 답
을 작성하면서 자신을 이해해 보자.

1. 현재 프로필 사진은 어떤 사진인가? (예: 자신의 모습, 풍경사진, 여행사진, 아무 표정
도 없는 사진)

2. 여러 사진들 중에서 이 사진을 프로필 사진으로 선택한 이유는 무엇인가?

3. 프로필 사진에는 사진만 올라가 있는가? 또는 내용(단어, 문장, 음악 등)도 추가되어
있는가?

4. 프로필 사진은 언제 바꾸는가? (예: 여행 다녀온 후, 잘 나왔을 때, 의미 있는 경우, 심
리적 변화가 있을 때 등)

주요 상담이론

제3장

방미나 · 배정우 · 이혜경

영화치료가 영화라는 매체를 효과적인 보조치료 도구로 활용하는 상담 과정이라는 점에서 영화치료를 이해하기 위해 상담 및 심리치료의 기초 이론을 숙지하는 것은 필수적이다. 본 장에서는 다양한 상담 및 심리치료 이론 중 대표적인 세 이론-정신분석치료, 인간중심치료, 인지행동치료-에 대해 학습한다.

1. 정신분석치료

1 인간관

창시자인 지그문트 프로이트(Sigmund Freud, 1856~1939)는 인간을 생물학적 존재로 보면서 인간의 모든 행동, 사고, 감정은 무의식적인 성적 본능과 공격적 본능에 의해 결정된다고 주장하였다. 그는 인간의 자유의지를 인정하지 않고, 인간을 결정론적 존재로 보았다. 즉 인간의 성격은 생후 6년 동안의 비합리적인 힘, 무의식적인 동기, 생물적이고 본능적인 충동 그리고 인간의 심성적 발달에 의해 결정된다고 하였다. 그러므로 현재를 바꾸기 위해서는 과거를 변화시켜야 한다고 보았다. 그러기 위해서 개인의 기본 성격구조를 변화시키고자 하였으며, 그중에서도 초기 아동기의 경험을 재구성하는 것이 필수적이라고 보았다.

2 주요 개념

1 본능이론

본능(instinct)은 순수한 생물학적인 욕구를 가리킨다. 이것은 환경에 의해 변할 수 없으며, 유전된 생물학적 욕구를 맹목적으로 쫓아간다. 인간의 본능은 순수한 욕구 외에도 고통스러운 외부 자극에 대처하기 위해 새로운 정신조직을 분화시켜 유동적인 에너지를 만들어 낸다. 이런 인간의 본능은 동물의 것과 구분되며 추동(推動, drive) 또는 충동(衝動)이라고 부른다.

본능은 성격의 기본 요소로서 행동을 추진하고 방향을 결정짓는 동기이기도 하다. 프로이트는 본능을 에너지 형태로 보고 그것이 신체적 욕구와 정신적 소망을 연결한다고 보았다. 그는 본능을 크게 성적 본능(libido, 삶의 본능)과 공격적 본능(thanatos, 죽음의 본능)으로 구분했다. 성적 본능은 인간의 생존을 위한 식욕, 성욕과 같은 생물학적 욕구를 충족시키는 데 기여하며, 인간을 창조적으로 성장·발달하게 하는 원동력이다. 공격적 본능은 자신과 타인을 해치거나 죽이려는 무의식적인 소망적 에너지이다. 인간의 발달은 본능적인 추동을 현실에 맞게 조정해 나가는 방법을 체득하는 과정이다. 그리고 추동은 긴장과 흥분을 불러일으키며, 이것이 정신적 활동이나 외적 활동을 하도록 자극하여 그 활동을 통해 긴장과 흥분을 가라앉게 된다(셀리그만, 2006).

2 의식 구조

프로이트는 인간의 자각 수준을 의식(意識, consciousness), 전의식(前意識, preconsciousness), 무의식(無意識, unconsciousness)의 세 가지로 구분하였다. 의식은 한 개인이 각성하고 있는 순간의 기억, 감정, 공상, 관념, 경험, 연상 등을 아는 것, 즉 현재 자각하고 있는 생각이다. 전의식은 특정한 순간에는 인식하지 못하나 조금만 주의를 집중하면 기억되는 것, 즉 현재는 의식의 영역 밖에 있지만 노력하면 쉽게 의식의 영역으로 가져올 수 있는 것이다. 무의식은 인간 정신의 심층에 잠재해 있어 전혀 의식되지 않는 것으로서 행동을 결정하는 데 매우 큰 영향력을 미친다. 개인 내에는 무의식이 의식되거나 행동으로 직접 표현되는 것을 막는 강한 저항(resistance)이 존재한다. 무의식은 꿈, 말의 실수, 망각, 자유연상 등 여러 증거에 의해 추론할 수 있다.

영화는 꿈과 같은 주관적인 상태를 객관적으로 묘사하는 데 자주 이용되어 왔다. 이에 대한 가장 훌륭한 예는 〈망각의 여로(Spellbound, 1944)〉에서 히치콕과 살바도르 달리가 함께 작업한 꿈 장면일 것이다.

영화는 환상과 현실을 연결시키는 데도 사용되는데, 어떤 감독은 의도적으로 영화와 현실을 표현하고 있는지 아니면 주인공의 무의식적 환상을 표현하고 있는지 관객이 알 수 없도록 상황을 설정한다. 이러한 기법이 적용된 대표적인 작품은 잉그마르 베르히만의 〈페르소나(Persona, 1966)〉이다(Wedding et al., 2010).

3 성격 구조

프로이트에 따르면, 인간의 성격은 원초아(原初我, id), 자아(自我, ego), 초자아(超自我, superego)의 세 부분으로 구성되어 있다. 이 세 구성 요소들은 개별적으로 작동하는 것이 아니라 원초아는 생물학적 구성 요소로, 자아는 심리적 구성 요소로, 초자아는 사회적 구성 요소로 전체적으로 기능한다. 프로이트는 세 요소 중 어느 한 요소가 통제력을 많이 가지느냐 하는 힘겨루기, 즉 정신역동(精神力動, psychodynamics)에 따라 인간의 행동이 결정된다고 보았다. 원초아는 심리적 에너지의 원천이자 본능이 자리 잡고 있는 곳인데 '쾌락의 원칙'에 따라 본능적 욕구를 충족시키기 위해 비논리적이고 맹목적이고 무의식적으로 작용한다. 자아는 원초아의 본능과 외부 현실세계를 중재하고 통제하는 역할을 하며, '현실의 원칙'에 따라서 현실적이고 논리적인 사고를 하며 환경에 적응한다. 또한 자아는 원초아와 초자아, 그리고 환경 간의 균형 유지를 위해 노력한다. 초자아는 쾌락보다 완전을 추구하고 현실적인 것보다 이상적인 것을 추구한다. 초자아는 한 개인의 도덕적 규범, 부모의 가치관과 전통적인 사회규범 또는 이상을 내면화하여 도덕의 원리에 따라 도덕에 어긋나는 원초아의 충동을 억제하며 자아의 현실적 목표를 도덕적이고 이상적인 목표로 유도하려고 한다. 영화 〈지킬 박사와 하이드 씨(Dr. Jekyll And Mr. Hyde, 1931)〉는 지킬 박사로 대변되는 초자아와 하이드로 대변된 원초아의 갈등을 잘 드러낸 대표적인 작품으로 볼 수 있다.

4 성격 발달

프로이트는 인간의 성격은 성적 에너지 또는 리비도(libido)가 집중되는 신체 부위에 따라 구강기(口腔期, oral stage) － 항문기(肛門期, anal stage) － 남근기(男根期, phallic stage) － 잠복기(潛伏期, latency stage) － 성기기(性器期, genital stage)의 5단계로 발달한다고 설명하였다. 프로이트가 주장한 성격 발달의 5단계와 그 특징은 다음과 같다.

① **구강기**(0~만 1.5세): 이 시기에는 쾌락을 느끼는 신체 부위가 입이다. 즉 빨고 삼키고 깨무는 행위를 통해 쾌감을 느끼는 시기이다. 유아는 입을 통해 엄마와 상호작용하며 만족감과 좌절감을 경험하며 외부 존재에 대한 기초적인 인식을 형성하게 되는데, 이러한 경험들이 성격 형성에 영향을 주게 된다. 욕구가 지나치게 충족되면 의존적이고 자기중심적이며 요구가 많은 성격이 형성될 수 있고, 욕구가 지나치게 좌절되면 입으로 씹고 깨물고 내뱉는 행동을 유발하여 공격적인 성격이 형성되어 빈정거림, 냉소, 논쟁적 행동으로 나타날 수 있다. 반면에 욕구가 알맞게 충족되면 자신감 있고 관대하며 외부세계에 대해 신뢰감을 지니는 안정된 성격이 형성된다.

② **항문기**(만 1.5세~3세): 이 시기에는 쾌락을 추구하는 신체 부위가 항문으로 옮겨져, 아동은 배변을 참거나 배설하면서 긴장감과 배설의 쾌감을 경험한다. 이 시기는 부모가 아동에게 배변훈련(toilet training)을 하는 시기로서 아동은 부모에게 받는 배변훈련을 통해 불안과 수치심을 경험하게 되며, 자율성과 자기통제력을 발달시키게 된다. 이 시기에 욕구가 지나치게 만족되거나 좌절되면, 완벽주의적이고 청결과 질서에 집착하며 인색한 성격이 형성되거나 불결하고 분노를 잘 느끼며 양가감정적인 성격으로 나타날 수 있다. 그러나 알맞은 욕구만족 경험을 하게 되면 독립적이고 자기주장적이며 협동적인 성격을 형성하게 된다.

③ **남근기**(만 3세~6세): 이 시기에는 쾌락을 추구하는 신체 부위가 성기로 바뀐다. 남자 아동은 자신의 남근에 많은 관심을 갖는 반면, 여자 아동은 남근에 해당하는 음핵을

통해 쾌감을 느끼려는 경향이 나타난다. 이 시기는 아동 성기기라고 불리기도 하는데, 아동은 성기에 대한 호기심과 노출행동을 나타내고 소변을 보면서 쾌감을 느낀다. 이 시기의 아동은 부모와의 삼각관계 속에서 복잡한 심리적 갈등을 경험하며 상상 활동이 활발해진다. 남자 아동은 어머니를 독점하려 하지만 경쟁자인 강력한 아버지에 의해 남근이 잘릴지도 모른다는 상상 속에서 거세불안(去勢不安, castration anxiety)을 경험하게 된다. 어머니의 애정을 독점하려는 남자 아동은 아버지에 대한 경쟁심, 적대감, 두려움, 존경심, 애정 등의 복잡한 감정 속에서 갈등을 경험한다. 프로이트는 남자 아동이 어머니의 사랑을 얻기 위해 아버지와 경쟁하는 삼각관계에서 경험하는 복잡한 심리적인 갈등을 오이디푸스 콤플렉스(Oedipus complex)라고 이름 붙였다. 여자 아동의 경우에는 아버지의 애정을 독점하려 하면서 어머니를 경쟁자로 인식하게 되는 유사한 현상이 나타나는데, 이는 엘렉트라 콤플렉스(Electra complex)라 불린다.

④ **잠재기**(만 6세~12세): 이 시기에는 학업과 친구들에 대한 관심이 증가하면서 성적인 욕망의 표출이 뚜렷하게 나타나지 않는다. 성적 욕구가 잠복하는 대신에 학교생활, 친구교제, 운동, 취미활동 등에 관심을 쏟게 된다. 이 시기는 자아가 성숙하고 초자아가 확립되는 시기로서 현실적인 성취와 원만한 대인관계를 위한 적응 능력이 발달하게 된다. 그러나 이 시기에 좌절을 경험하게 되면 열등감이 형성되고 소극적이고 회피적인 성격특성을 나타낼 수 있다.

⑤ **성기기**(만 12세 이후): 이 시기는 사춘기 또는 청소년기 이후의 시기로서 육체적인 성숙과 더불어 성적인 측면에서 성인으로 발전한다. 이 시기의 성 에너지는 이성에게 집중된다. 잠재기에 억압되었던 성 욕구가 현저하게 증가하며 이성과의 연인관계를 통해서 성 욕구를 충족시키고자 한다. 성기기는 급격한 신체적 변화와 더불어 부모로부터의 심리적 독립과 자기정체성의 확립이라는 과중한 발달과제를 안고 있는 시기이기도 하다. 프로이트는 성기기를 통해서 성격형성이 완결된다고 보았다(권석만, 2012).

> **5 불안**

불안은 원인에 대한 명확한 대상 없이 두려움을 느끼는 것이다. 자아가 통제할 수 없을 것 같은 위협자극을 만날 때 불안이 발생한다. 프로이트는 원초아, 자아, 초자아간의 마찰 및 갈등으로 불안이 일어나는 것으로 보았는데 불안을 현실 불안, 신경증적 불안, 도덕적 불안으로 구분하였다. 현실 불안(reality anxiety)은 실제 외부 세계에서 받는 위협, 위험에 대한 현실적 반응이다. 예를 들어, 가파른 내리막길을 걸어갈 때 넘어질 것 같은 불안감이다. 이때의 불안은 자아를 보존하는 데 도움이 된다. 신경증적 불안(neurotic anxiety)은 불안을 느껴야 할 이유가 없음에도 불구하고 자아가 본능적 충동을 통제하지 못해 불상사가 생길 것이라는 위협을 느껴서 불안에 사로잡히는 것이다. 이 불안은 원초아의 본능적인 욕구를 충족시킨 후에 올 것이라고 생각되는 처벌에 대한 두려움에 기원한다. 도덕적 불안(moral anxiety)은 원초아와 초자아 간의 갈등에서 비롯된 불안으로 본질적인 자기 양심에 대한 두려움이다. 자신의 어떤 행동이 초자아의 규범에서 벗어나는 것이라는 경계심과 공포에서 오는 불안이다. 자신의 도덕적 원칙에 위배되는 원초아의 충동을 표현하도록 동기화되면 초자아는 수치와 죄의식을 느끼게 된다. 영화 〈애널라이즈 디스(Analyze This, 1999)〉는 불안에 시달리는 마피아 대부 '폴 비티'가 정신과 의사 '벤 소벨' 박사를 만나 상담을 하면서 일어나는 변화 과정을 그린 작품으로, 주인공이 사용하는 억압과 부인과 같은 대표적인 방어기제를 확인하고, 정신분석을 통해 불안의 기원을 밝혀내는 과정을 엿볼 수 있다.

▶ 6 방어기제

방어기제(defence mechanism)란 자아가 이성적이고 합리적인 방법으로 불안을 통제할 수 없을 때 붕괴의 위기에 처한 자아를 보호하기 위해 작동하는 무의식적인 심리적 기제를 말한다. 방어기제는 병적인 것이 아닌 정상적인 행동이지만 현실적인 삶을 피하려는 삶의 양식이 될 수도 있다. 개인이 사용하는 방어기제는 발달 수준과 불안 정도에 따라 다르다. 대표적인 방어기제의 유형은 다음과 같다.

방어기제

- **억압**(抑壓, repression): 사회적으로 또는 윤리적으로 용납될 수 없다고 생각되는 욕구나 충동, 사고 등을 자신의 무의식 속으로 숨겨버리는 것

- **부인**(否認, denial): 자신의 감각이나 사고 또는 감정을 심하게 왜곡하거나 인식하지 못함으로써 고통스러운 현실을 부정하는 것

- **합리화**(合理化, rationalization): 빈약한 성과나 실패와 같이 자아가 상처받은 불쾌한 상황을 그럴싸한 이유를 만들어 정당화함으로써 불안을 회피하는 것

- **투사**(投射, projection): 스스로 받아들일 수 없는 느낌, 생각, 욕구 등을 다른 사람의 것으로 돌리는 것

- **대치/치환**(代置/置換, displacement): 자신의 감정이나 충동을 위협적인 대상에게 표출하지 못하고 안전한 대상으로 돌려 대리적으로 충족하는 것

- **반동형성**(反動形成, reaction formation): 실제의 부정적인 욕구·충동 등과는 오히려 반대되는 행동을 하는 것

- **퇴행**(退行, regression): 이전의 발달단계로 되돌아감으로써 현재의 불안이나 책임감을 회피하는 것

- **승화**(昇華, sublimation): 사회적으로 수용될 수 없는 성적 충동이나 공격적 충동을 사회적으로 수용되는 건전한 방법으로 발산하는 것

- **동일시**(同一視, identification): 중요한 인물의 태도와 행동을 자기 것으로 여기면서 불안과 열등감 같은 부정적 감정을 방어하고 해소하는 것

- **주지화**(主知化, intellectualization): 정서적인 주제를 이성적인 주제로 전환하여 추상적으로 다룸으로써 불안을 회피하는 것

- **보상**(報償, compensation): 자신의 한계를 만회하기 위해 약점을 숨기거나 긍정적인 특성을 개발하는 것

- **내사**(內射, introjection): 타인의 관점이나 주장 또는 가치관을 깊이 생각해 보지 않고 자신의 것으로 받아들이는 것

3 심리적 문제의 형성 과정

심리적 문제, 즉 증상은 내담자의 내부에 자리 잡고 있던 무의식적 갈등에 대해서 내담자가 스스로 찾아낸 최선의 타협적 해결책이다. 즉, 증상이란 내담자가 자신의 내부 갈등을 해결하려 했던 나름대로의 시도이다. 증상은 아래 그림과 같은 과정을 거쳐 나타난다.

아동기의 외상적 경험 ➜ 방어기제, 망각 ➜ 증상 발현

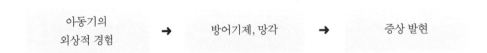

[그림 3-1] **증상의 형성 과정에 관련한 프로이트의 가설(배정우 외, 2006)**

증상은 아래 그림과 같은 과정을 거쳐 제거된다.

자유연상, 꿈 ➜ 망각된 자료의 회복 ➜ 망각된 자료의 인식과 해석 ➜ 증상의 제거

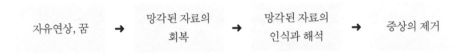

[그림 3-2] **증상의 제거 과정에 관련한 프로이트의 가설(배정우 외, 2006)**

4 상담 과정

정신분석 상담의 목표는 무의식을 의식화함으로써 개인의 성격 구조를 수정하는 것과 본능의 충동에 따르지 않고 현실에 맞게 행동하도록 자아를 더욱 강화시키는 것이다. 정신분석 상담의 과정은 크게 4단계로 나눌 수 있다(정방자, 2001, 재인용). 즉, 상담자와 내담자가 상담관계를 형성하는 초기단계, 내담자가 상담자에 대한 전이 감정을 느끼고 표현하는 전이단계, 전이에 대한 분석이 이루어지는 통찰단계, 그리고 통찰을 현실생활 속에서 계속 유지하기 위해 노력하는 훈습(薰習, working through)단계이다(배정우 외, 2006).

2. 인간중심치료

1 인간관

인간중심치료의 창시자인 칼 로저스(Carl Rogers, 1902~1987)는 인간은 선천적으로 타고난 성장 가능성이 있으며, 이를 실현해 나가는 과정에서 자신의 인생 목표와 방향을 스스로 결정하고 그에 대한 책임을 수용하는 자유로운 존재이며, 자신을 조절하고 통제하는 능력이 있는 존재로 보았다. 인간중심치료는 인간에 대한 믿음을 바탕으로 무의식보다는 의식적인 자기인식을 중시하는 현상학적 입장에 근거하고 있다. 그러므로 상담자의 역할은 내담자의 삶에 대해서 구체적인 방향을 지시하기보다는 내담자의 실현 경향성이 촉진될 수 있는 조건을 제공하는 것이다.

2 주요 개념

1 성격 발달

모든 인간은 자기실현 과정에서 점차 자신과 세계를 구분하기 시작하며 자기개념이 생기고 자아가 발달한다. 이러한 자기개념의 발달에 결정적인 역할을 하는 것이 긍정적 관심을 받고자 하는 욕구이다. 아동이 가진 긍정적 관심에 대한 욕구는 점차 주요한 타인의 자기에 대한 기대와 태도에 영향을 받도록 만든다. 즉 아동에게 타인의 조건적인(conditional) 긍정적 관심이 내면화되어 추후 행동의 기준과 규범이 된다. 어떤 사람도 조건적인 관심을 피할 수는 없지만, 로저스는 조건 없이 수용하는 '무조건적 (unconditional) 긍정적 관심'이 가능하다고 하면서 이것을 주고받을 때 개인은 충분히 기능하는(fully-functioning) 사람으로 성장한다고 하였다.

2 성격 구조

로저스는 인간 성격의 핵심 요소를 유기체(organism), 현상적 장(phenomenal field), 자기(self)라고 하였다. 유기체란 육체와 정신 모두를 포함하는 전체로서의 개별적인 생명체를 뜻한다. 인간은 어떤 자극이 있을 때 육체·정신·정서 전체가 반응한다. 인간 유기체는 환경과 상호작용하며 매 순간 유기체적 경험을 한다. 현상적 장이란 매 순간 개인의 의식에 지각되고 경험되는 모든 것을 뜻한다. 유기체는 끊임없이 변화하는 세계 속에서 살아가는데, 현상적 장은 개인이 변화하는 세계를 지각하고 경험하는 심리적 공간으로서 개인적이고 주관적인 경험세계를 가리킨다. 여기서 중요한 것은 실제적 사실이 아니라 사실에 대한 개인의 지각이다. 현상적 장은 개인에게 실제적인 세계로 여겨지는 내적 참조체계(the internal frame of reference)로서 모든 판단과 행동의 근거가 된다. 따라서 개인의 행동은 어떤 것이든 그의 주관적 현실에서는 적합한 것이다(권석만, 2012). 그러므로 인간중심치료에서는 내담자의 내적인 경험세계를 이해하는 것은 매우 중요하다. 자기는 성격 구조에서 가장 중요한 요소로서 전체적인 현상적 장 또는 지각적 장으로부터 분화된 부분으로 나(I, me)에 대한 일련의 의식과 가치를 말한다. 자기는 유기체의 행동의 일관성을 유지하려고 한다.

3 실현 경향성

로저스는 인간에게 단 하나의 기본적 동기가 있다고 믿었는데, 이를 실현 경향성 (actualizing tendency)이라고 이름 붙였다. 그는 모든 인간은 태어나면서부터 성장과 자기 증진을 위해 끊임없이 노력하며, 생활 속에서 맞닥뜨리는 고통이나 성장 방해 요인을 극복할 수 있는 성장 지향적 유기체라고 보았다. 이러한 자기실현 동기는 성장과 퇴행 중 하나를 선택해야 하는 상황에 처하게 되면 더욱 강하게 작용한다. 로저스는 모든 인간이 퇴행적 동기를 지니고 있지만 그보다는 성장 지향적 동기, 즉 자기실현 욕구가 기본적인 행동 동기라고 보았다.

영화 〈라이온 킹(The Lion King, 1994)〉은 어린 사자 '심바'가 밀림의 왕이 되기까지 벌어지는 이야기를 그리고 있다. 심바는 삼촌 '스카'의 계략으로 아버지의 죽음에 대한 죄책감을 갖게 되고 오랫동안 삶의 터전에 돌아오지 못한다. 그 후 도사 원숭이와 친구들의 도움으로 자신의 내면에 잠재되어 있는 아버지의 모습을 만나게 되고 황폐해진 왕국을 재건하기로 삶의 목표를 수정한다. 죄책감 때문에 도망만 치던 심바가 용기를 얻게 된 계기는 자기내면의 '진정한 왕'과의 만남이었다. 그것은 심바의 성장 지향 동기이자 자기실현의 욕구라 할 수 있다.

4 충분히 기능하는 사람

충분히 기능하는 사람(fully-functioning person)은 인간중심상담의 궁극적 목표다. 충분히 기능하는 사람이란 로저스(Rogers)가 심리적 건강에 도달한 이상적 인간상을 묘사하기 위하여 사용한 개념으로서, 자신을 완전히 지각하고 자신의 능력을 발휘하여 실현 경향성을 끊임없이 추구하며 성장해 가는 사람을 말한다. 충분히 기능하는 사람의 특징은, 경험에 개방적이고, 현재에 충실하게 살아가며, 자신의 유기체적 경험을 판단의 기준으로 삼고 신뢰하며, 창조적이며, 제약이나 억제 없이 선택의 자유를 가지며, 자신의 좋은 감정이나 나쁜 감정도 그대로 받아들이면서 인생에 대처해 간다는 것이다.

영화 〈세 얼간이(3 Idiots, 2009)〉는 인도의 명문 공대를 배경으로 학업에 대한 부담과 진로에 대한 정체성을 소재로 담고 있다. 등장인물 중 '파르한'은 명문대 입학으로 아버지의 자랑이 되었지만 정작 자신은 행복하지 않다. 동물 사진작가가 꿈이기 때문이다. 파르한은 아버지의 기대에 부응하려 하지만 시간이 지날수록 자기와의 불일치 사이에서 갈등한다. 친구 '란초'의 자유로움에 자극을 받게 되고 자기와 경험을 일치시키는 충분히 기능하는 사람으로 변화한다. 급기야 용기를 내어 아버지에게 자신의 소망을 주장하고 (경험에 개방적), 동물 사진 촬영을 좋아했던 어린 시절의 자기경험을 신뢰한다(현재에 충실하기, 자신의 유기체적 경험을 판단의 기준으로 삼고 신뢰하기). 마침내 아버지를 설득하는 일에 용기를 내고 의미 있는 삶에 대한 확신을 보여 준다(창조적, 선택의 자유, 인생에 대처하기).

3 심리적 문제의 형성 과정

인간은 성장 과정에서 자기개념이 형성되는데, 주요한 타인에게 긍정적 관심을 받기 위해 '가치 조건화된 자기개념'을 만든다. 그런데 가치 조건화된 자기개념이 현실과 불일치하게 되면 불안해지고, 자기개념에 맞게 유기체적인 경험을 부정하거나 현실을 왜곡시켜 받아들이는 등 심리적 문제가 발생하게 된다.

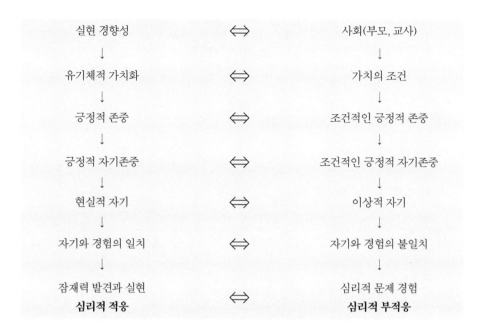

실현 경향성	⟺	사회(부모, 교사)
↓		↓
유기체적 가치화	⟺	가치의 조건
↓		↓
긍정적 존중	⟺	조건적인 긍정적 존중
↓		↓
긍정적 자기존중	⟺	조건적인 긍정적 자기존중
↓		↓
현실적 자기	⟺	이상적 자기
↓		↓
자기와 경험의 일치	⟺	자기와 경험의 불일치
↓		↓
잠재력 발견과 실현	⟺	심리적 문제 경험
심리적 적응		**심리적 부적응**

[그림 3-3] **Rogers의 심리적 적응과 부적응 설명 모델(권석만, 2012)**

4 상담 과정

인간중심상담의 목표는 자기개념과 유기체적 경험 간의 불일치로 말미암은 갈등을 제거하고 방어기제를 해체함으로써 충분히 기능하는 사람으로 성장하도록 돕는 것이다.

인간중심상담에서는 누구나 자신의 문제를 깨닫고 스스로 해결해 나갈 수 있는 능력을 갖고 있다고 믿기 때문에 상담자는 내담자의 내적 자원을 개발하도록 돕는 촉진자의 역할을 통해 내담자가 현재와 미래의 문제를 스스로 잘 다룰 수 있도록 한다. 그러므로 상담자는 진단, 해석, 지시 등 직접적이고 적극적인 개입을 하지 않고 내담자 자체에 초점을 맞춘다. 또한 상담자는 내담자가 상담자에게 보이는 반응을 '전이'로 보지 않고, 어떤 분석도 하지 않고 있는 그대로 받아들인다(배정우 외, 2006). 즉 치료적 관계 통해 내담자가 스스로 문제를 해결할 수 있도록 돕는다. 상담기법은 상담자의 태도와 치료적 관계에 초점을 두고 있으며 진실하려고 노력하기, 적극적 경청하기, 공감적으로 반영하기, '지금 여기'의 즉시성, 자기 노출하기, 치료자의 개성 살리기가 있다.

5 상담자의 태도: 치료의 핵심 조건

로저스는 내담자의 잠재력을 실현하고, 성장을 촉진하기 위한 상담자의 태도를 다음과 같이 세 가지로 제시하였다.

첫째, 진실성(genuineness)이란 상담자가 내담자와의 상담관계에서 전문가의 역할 뒤로 자신을 숨기지 않고 순간순간 경험하는 감정을 꾸밈없이 솔직하게 인정하고 표현하는 것이다. 진실성을 일치성(congruence)라고도 하는데, 진실하기 위해서는 상담자 자신이 자기와 경험을 일치시킬 수 있어야 하기 때문이다. 로저스는 진실성이야말로 내담자의 치료적 성장을 촉진하는 가장 중요한 조건이라고 하였다.

둘째, 무조건적인 긍정적 존중(unconditional positive regard)으로 수용과 양육의 의미를 내포한다. 상담자가 내담자를 하나의 인격체로서 무조건적으로 존중하고 있는 그대로의 모습을 아무런 판단이나 평가 없이 따뜻하게 긍정적으로 수용하는 것이다. 로저스는 모든 인간은 타인으로부터 긍정적 존중을 받고 싶은 욕구가 있으며, 그것에 대한 갈망은 집요하다고 하였다. 대부분의 내담자는 이러한 욕구가 충족되지 않은 상태에서 상담자를 찾아오기 때문에 상담자가 내담자를 있는 그대로 긍정적인 존중을 해 주는 것이 매우 중요하다.

셋째, 공감적 이해(empathetic understanding)란, 상담자가 내담자의 주관적인 경험세계를 정확하고 깊이 있게 이해하는 것이다. 달리 말하면, 내담자가 경험하고 있는 감정들과 개인적인 의미들을 상담자가 정확하게 감지하는 것을 뜻한다. 공감은 상대의 생각과 감정에 동조하거나 상대를 측은히 여기며 동정하고 위로하는 것이 아니다. 공감은 상대의 감정에 빠져들지 않으면서 상대의 감정을 자신의 감정인 것처럼 느끼는 것이다. 그러므로 상담자는 자기정체감이 확립되어 있어야 하며, 민감한 감수성을 지녀야 한다.

3. 인지행동치료

1 인지행동치료의 발전

인간을 과학자로 개념화하여 제시한 인지행동치료는 인간이 가지는 심리적인 문제가 사고에서 온다고 보았고 그 사고를 바꾸기 위해 다양한 방법을 사용하였다. 인지행동치료는 인간의 정서와 행동을 통제하는 인지적 역할을 강조한 고대의 스토아학파 소크라테스(Socrates), 에픽테토스(Epictetus), 마르쿠스 아우렐리우스(Marcus Aurelius) 등의 철학사상에 영향을 받았다. 특히 에픽테토스(Epictetus)의 "사람들은 사물에 의해 방해받는 것이 아니라 사물에 대한 견해에 의해서 방해를 받는다"라는 말은 알버트 엘리스(Albert Ellis)의 합리 정서·행동치료(Rational Emotive Behavior Therapy: REBT) 교리의 초석에 나타내고 있는 문구이다. 또한 실존주의 철학에 영향을 받았으며, 교육철학자 존 듀이(John Dewey)와 언어학자 알프레드 코르지프스키(Alfred Korzybski)의 영향을 받았다. 엘리스는 언어를 통해 자신들을 스스로 제한하는 것을 바꿔야 하는 점을 수용하고 있다(박경애, 1998).

엘리스(Albert Ellis, 1913~2007)에 따르면, 인지치료의 핵심은 내담자가 하는 주관적 경험, 즉 '내담자의 눈'에 비추어진 세상을 이해하는 것이다. 엘리스는 인간을 합리적이며 스스로 올바른 사고를 하는 존재일 뿐만 아니라 왜곡된 사고도 할 수 있는 양면적 존재로 보았다. 인간은 생물학적·문화적 영향을 많이 받는데, 인간이 가지는 왜곡된 사고는 어린 시절에 부모로부터 받은 양육 태도에서 획득된 비논리적인 학습 때문이라고 하였다(Ellis, 1995). 그러나 엘리스는 노력을 통하여 인간은 왜곡된 사고와 비합리적 신념과 행동을 합리적인 것으로 변화시킬 힘이 있다고 보았다. 즉, 인간은 자기와 대화(self-talking)할 수 있으며, 자기를 유지(self-sustaining)할 수 있는 존재로 결론짓고, 인지적 전환을 통해 정서와 행동이 변화되어 심리장애가 치료된다고 보았다(천성문 외, 2015). 여기서는 인지행동치료의 대표적인 두 이론인 엘리스의 합리정서 · 행동치료(Rational Emotive Behavior Therapy: REBT)와 아론 벡의 인지행동치료(Cognitive Behavioral Therapy: CBT)에 대해 알아보고자 한다.

2 인지행동치료의 주요 이론

1 합리정서 · 행동치료

REBT(Rational Emotive Behavioral Therapy)의 주요 개념 중 하나는 사건을 비합리적인 방식으로 지각하고 받아들이는 비합리적 신념(irrational belief)이다. 비합리적 신념이란 보통은 인식할 수 있지 않고, 부정문이나 비교문의 형태를 띠고 있으며, 부정적 정서와 생리적 증상을 불러일으킨다. 일상생활 속에서 발생하는 사고나 사건들은 무엇인가를 결정한 어떤 것의 결과로 볼 수 있으며, 이유 없는 슬픔이나 우울 또는 불안 등의 고통스러운 정서는 대개 현실에 적응하지 못하는 사고의 결과라고 가정하고 있다. 엘리스는 사람들이 가지는 비합리적인 상념으로 사람과의 관계, 세상일과 관계 그리고 운명에서 다음과 같은 열두 가지 비합리적 신념을 제시했다.

1. 알고 있는 중요한 사람들로부터 사랑을 받고, 인정받아야 가치 있는 사람이다. 만약 그렇지 않으면 끔찍하다.
2. 어떤 사람들은 나쁘고 사악하며 반드시 비난받고 처벌받아야만 한다.
3. 일이 뜻대로 진행되지 않는다면 이는 무시무시하고 끔찍한 일이다.

4. 위험과 두려운 일이 일어날 가능성에 대해 늘 생각해야만 한다.

5. 능력이 있고, 사교적이고, 성공해야만 가치 있는 사람이다.

6. 인간의 문제에는 완벽한 해결책이 있고 만약 그 해결책을 발견할 수 없다면 끔찍한 일이다.

7. 나는 항상 고통이 없이 편안해야만 한다. 어려움을 부딪치기보다는 피해 가는 것이 인생에서 편하다.

8. 우리는 다른 사람에게 의지해야만 하고, 의지할 강한 누군가가 있어야만 한다.

9. 세상은 반드시 공평해야 하고 정의는 반드시 승리해야 한다.

10. 나의 과거의 일들이 현재 행동을 결정한다.

11. 타인의 문제나 혼란스러움에 함께 괴로워하고 속상해야 한다.

12. 행복의 결정은 외부사건들에 의해서 되며 우리가 통제할 수 없다.

(출처: 박경애, 1989)

합리정서 · 행동치료(REBT)의 상담과정은 다음 그림과 같이 ABCDE 모형으로 설명할 수 있다.

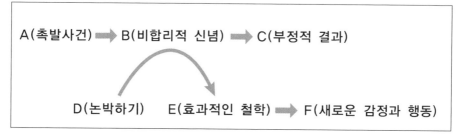

[그림3-4] 엘리스의 ABCDEF 모형(권석만, 2012)

● **선행사건**(A: Antecedent): 선행사건은 두 부분으로 나눌 수 있다. 하나는 일어난 사건이고, 다른 하나는 내담자가 지각한 사건이다. 선행사건을 분명히 하기 위해 구체적인 것들에 관해 묻는 것은 유용하다. 예를 들어, "제 수학 성적은 형편없어요"라고 하는 선행사건은 지각과 평가가 결합되어 있다. 선행사건을 제대로 알아내기 위해 상담자는 "이번 수학시험의 점수는 정확히 몇 점이죠?"라는 구체적인 질문을 할 수 있다.

- **신념**(B: Belief system): 신념에는 두 가지 유형이 존재한다. 하나는 합리적 신념이고, 다른 하나는 비합리적 신념이다. 합리적 신념은 건강한 정서와 행동을 발생시키고 적응적이지만, 비합리적 신념은 지나치게 과장적이고 절대주의적이며, 혼란스러운 정서를 초래하고, 목표를 달성해 나가는 것에 방해가 된다.

- **결과**(C: Consequence): 내담자들은 대개 첫 번째 상담을 결과와 함께 시작한다. 즉, "저는 정말 매우 우울해요"라는 호소로 상담을 시작하는 것이다. 경험이 부족한 상담자들은 신념과 결과를 구분하는 데 때때로 어려워할 수 있다. 신념과 결과의 첫 번째 차이점은 신념은 논박의 대상이 될 수 없지만, 내담자들이 경험하는 (결과적) 감정은 논박의 대상이 될 수 있다는 것이다. 신념을 바꿈으로써 결과는 변화될 수 있다.

- **논박**(D: Disputing): REBT의 공통적이고 중요한 접근은 바로 A-B-C 철학을 내담자에게 가르치고 비합리적 신념을 논박하는 과정이라고 할 수 있다. 논박은 비합리적 신념을 탐지하기, 합리적 신념과 비합리적 신념을 변별하기 그리고 비합리적 신념에 반박하기 등이 있다. 비합리적 신념을 논박할 때 스스로 자신의 신념을 논박할 수 있도록 사용하는 몇몇 전략이 있는데 강의, 무조건적 수용, 합리-정서적 역할놀이, 유머, 창조성, 자기개방 등이다. 비합리적인 사고와 자동적 사고의 오류를 깨기 위해서는 다음 네 가지 ① 그것이 사실인가? 증거가 있는가? ② 다르게 보거나 다른 방안은 없는가? ③ 그래서 어떻다는 것인가? ④ 그것이 쓸모가 있는가?(유용성 따져보기)를 생각한다.

- **효과**(E: Effect): 내담자가 자신의 비합리적 신념에 대한 논박을 마치고 나면 이제 효과적인 철학을 발전시켜 나갈 단계에 도달했다고 할 수 있다. 이 새롭고 효과적인 철학은 내담자가 좀 더 생산적인 행동을 할 수 있도록 하고, 우울감과 자기 혐오적 생각을 최소화시키며, 만족스럽고 즐거운 감정(new Feelings & behaviors)을 느끼도록 해 준다(리처드 샤프, 2012).

2 인지행동치료

CBT(Cognitive Behavioral Therapy)는 창시자 벡을 중심으로 인지치료(Cognitive Therapy: CT, 1979)로 구조화됐으며, 정신분석과 행동치료로 잘 치료되지 않았던 우울증을 치료하는 새로운 방법으로 도입되었다. 인지행동치료는 두 가지 가설에 기초하고 있는데,

첫째, 사고는 감정과 행동에 영향을 준다는 것이며, 둘째, 행동은 사고와 감정에 영향을 미친다는 것이다. CBT는 인지나 인지 과정을 변화시킴으로써 심리적 장애와 증상을 개선하는 데 목적을 두고 있다(김정민, 2017).

CBT의 주요 개념 중 하나는 자동적 사고(automatic thought)로, 인간은 자신의 감정이나 행동이 어떤 사건이나 상황 자체보다 상황에 대한 자신의 주관적인 해석으로 떠올리는 자동적 사고에 영향을 받는다. 이런 자동적 사고는 자발적으로 나타나며 검증되지 않은 채 진행되는 생각이다. 예를 들자면 '나는 사랑받지 못하는 존재다'라는 부정적 생각으로 우리의 마음은 우울해진다. 벡(Beck)은 상황과 사건을 부적절한 근거와 그 의미를 해석하는 정보처리 과정에서 체계적인 잘못을 발견하였는데, 이 인지적 오류들이 우울증과 심리장애의 전형적인 자동적 사고에 해당된다. 특히 우울장애나 불안장애가 있는 사람들의 인지적 오류는 고통스러운 감정과 행동을 유발하는 사고를 의식하지 못하고 하는 자동적 사고이다.

벡이 제시한 여섯 개의 인지적 오류의 범주

① **임의적 추론(arbitrary inference):** 충분한 근거가 없이 막연히 느껴지는 상황에 대한 감정에 근거하여 최악의 결론을 내리는 경우

② **선택적 사고(selective abstraction):** 객관적인 근거 없이 부정적인 세부사항만 선택해서 다른 사람이 자신에 대해 부정적으로 생각할 것으로 스스로 단정해 버리는 경우

③ **과잉 일반화(over generalization):** 한두 번의 일어난 사건을 근거로 무관한 상황인데도 일반적인 결론을 적용하는 오류

④ **의미 극대화(magnification):** 또는 의미 극소화(minimization): 어떤 사건에 대해 의미와 중요성에 대해 사실에 기반을 두지 않고 지나치게 확대하는 인지적 오류(인지적 왜곡)

⑤ **개인화(personalization):** 자신과 관련 없는 외적 사건에도 불구하고 자신을 그 사건에 관련짓는 경향

⑥ **이분법적 사고(dichotomous thinking):** 생활에서 일어나는 사건의 의미를 이것 아니면 저것으로 이분법으로 나누어 생각하는 경우

CBT에서는 부정적인 자동적 사고의 스키마를 찾아내 내담자에게 인지를 변화시키는 기술을 가르친 후 과제를 통해 실제 삶의 상황에서 적용하도록 돕도록 하는데, 이 과정을 인지적 재구조화(cognitive restructuring)라고 한다(김정민, 2017). 벡은 개인적 강화가 목표인 인지행동치료에서 정서적으로 나타난 문제를 해결하기 위해 중요한 점으로 통상적인 생각을 다루는 것이 아니라 무의식적으로 스쳐 지나가는 생각(자동적 사고)을 찾아내는 것이며 그것을 현실적으로 평가해 보는 것을 강조하였다. 의식적인 주의(Attention)를 기울여 ① 환경과의 상호작용을 모니터하고 평가하고, ② 과거의 기억과 현재의 경험을 연결하고, ③ 미래의 행동을 통제하고 계획한다(Sternberg, 1996; 김정민, 2017). CBT에서는 자동적 사고를 의식적 자각과 통제로 가져오기 위해 내담자에게 그들 자신의 사고에 대해 사고(think about their thinking)하도록 가르친다. 주요 인지기법으로는 탈파국화, 재귀인, 재정의, 탈중심화, 인지적 예행연습 등이 있으며, 행동기법으로 노출치료, 사고중지, 역할연기 등이 있다(김정민, 2017).

3 영화에 나타난 심리적 문제형성과 영화치료 방법

대부분의 정신장애는 과장된 심리적 반응을 말하는데, 이러한 심리적 반응은 일반적인 상황에서 부적절하다고 말할 수 있으나 정신장애를 겪는 자신의 특수한 상황에서는 더 적응적인 반응일 수 있다. 즉, 인간은 아동기 동안 중요한 타인과의 관계에서 비합리적인 신념을 학습하게 되는데, 자기암시와 자기반복의 학습 과정을 통해 비합리적 신념은 자기 패배적 신념으로 더욱 확고하게 된다. 이러한 비합리적 신념을 지속해서 사용한다면 역기능적 사고의 주제에 따라 결과적으로는 성격장애, 우울증, 불안장애, 섭식장애 등의 부정적 정서 상태에 놓이게 된다.

'영화는 현실을 비추는 거울이다'라는 말은, 영화가 사람들의 삶과 문화를 반추해 앞서 끌고 가는 점과 과거를 다른 시점에서 바라볼 수 있다는 점이다. 우리는 이러한 영화를 통해 우리의 삶을 다시 마주하고 재경험할 수 있다. 영화 〈기생충(2019)〉을 예로 들어보자. 〈기생충〉은 사회의 계층이 가지는 각자의 다른 생각들이 충돌되면서 나타나는 일련의 사건들을 여과없이 비추어준다. 박 사장 집 지하에서 숨어 사는 문광(이정은 분)의 남편 근세(박명훈 분)의 삶은 그 개인이 바라보는 관점에서는 자신만의 세상에 대한 적응 상태라는 것을 알 수 있다. 인지행동치료의 핵심은 영화가 세상을 비추는 거울같이 내담자의 눈을 통해 비친 세상을 그대로 이해하는 것이다. 문광의 남편 근세의 신념체계(belief system)를 예로 들자면, 박 사장을 신격화하는 것은 부적절하고 과장된 행동이지만 한정적이고 무기력하고 의존적일 수밖에 없는 그의 상황을 통해 이해해 볼 수 있는 지점이 있다. 근세에게 오직 세상의 연결고리이자 생명줄인 아내 문광과 그런 아내를 고용하고 있는 박 사장. 자신의 생명줄인 아내를 살 수 있도록 해 주고, 아내를 통해서만 그 존재를 의식할 수 있는 박 사장은 그에게 있어 신과 다름없다.

이렇듯 인지행동치료 기반의 영화치료는 영화의 등장인물을 통해 내담자가 세상을 보는 방식을 함께 공유하고, 내담자가 영화를 통해 보다 현실적이고 적응적인 삶의 방식을 찾아나가는 방법을 배울 수 있도록 재구조화한다.

4 ▶ 상담 과정

인지행동치료의 상담의 목표는 내담자의 인지적 오류와 왜곡을 수정하여 신념체계를 변화시킴으로써 내담자에게 정서적·행동적 변화를 꾀하는 것이다. 나아가 내담자가 가지고 있는 삶의 철학 자체를 변화시키는 것이 궁극적 목적이다. 그러므로 상담자는 내담자의 증상을 없애는 데만 관심을 가지는 것이 아니라 내담자의 문제를 일으키는 신념과 가치 체계를 새로 학습시킨다.

상담과정에서 왜곡된 사고를 관찰하고 파악하여 행동과 사고의 경직성을 제거하고 치료 후에도 자가치유가 될 수 있도록 한다. 인지, 정서, 행동 간에 관련성을 인식할 수 있게 하면서 논박을 통해 사고의 지지증거와 반대증거를 검토한다. 편향적인지를 현실적인 대안적 사고로 대체할 수 있도록 하면서 인지왜곡을 만드는 사고을 파악하고 인지를 수정함으로써 행동을 변화시키는 것을 목표로 한다.

연습활동 3-1. 〈데인저러스 메소드〉를 통해 정신분석 상담이론 이해하기

1. 영화 〈데인저러스 메소드(A Dangerous Method, 2011)〉를 감상한다.
2. '슈필라인'의 증상과 원인에 대해 프로이트와 융의 접근법은 어떤 차이가 있는가?
3. 역전이의 개념을 알아보고 치료 과정에서 역전이를 효과적으로 다루는 방법은 무엇 인지 토론한다.

▷ 영화정보

★ 제목: 데인저러스 메소드(A Dangerous Method)
★ 제작국가: 영국, 독일, 캐나다, 스위스
★ 제작연도: 2011년
★ 장르: 드라마, 스릴러
★ 상영시간: 99분
★ 관람등급: 청소년 관람 불가
★ 감독: 데이빗 크로넨버그
★ 출연: 키이라 나이틀리(사비나 슈필라인 역), 비고 모르텐슨(지그문트 프로이트 역), 마이클 패스벤더(칼 융 역), 뱅상 카셀(오토 그로스 역)

◎ **줄거리:** 세상 모든 문제의 근원은 성에서 비롯된다고 주장한 정신분석학의 대가 프로이트! 성적 접근만으로 모든 문제의 해결은 불가하다며 무의식 세계를 주장한 정신분석학자 융! 어릴 적 아버지의 학대로 인해 성 도착증을 앓았으나 프로이트와 융과의 만남을 통해 아동 정신분석의가 된 슈필라인! 그동안 한 번도 세상에 공개되지 않았던 이야기. 세 사람의 팽팽한 심리 게임과 그들이 주장했던 이론만으로는 설명할 수 없는 도발적이고, 위험한 사랑이 시작된다.

◎ **관람 포인트:** 같은 대상과 현상을 다르게 해석하는 프로이트와 융의 차이.

연습활동 3-2. 〈거룩한 분노〉로 인간중심 상담이론 이해하기

1. 영화 〈거룩한 분노(The Divine Order, 2017)〉를 감상한다.
2. 주요 등장인물(노라, 브로니, 테레사)의 입장이 되어보고 그들이 지각하는 주관적인 현실세계는 무엇이었는지 생각해 보자.
3. '노라'의 입장에서 이상적인 자기와 자기와 경험의 불일치는 무엇이었을까?
4. 노라와 브로니, 테레사가 스스로의 잠재력을 발견하고 자기를 존중하면서 일어나는 변화를 찾아보고 변화 이전의 모습과 비교해 보자.
5. 노라와 남편 '한스'의 갈등을 주의 깊게 보고 그들의 문제해결 방법에 대한 자신의 생각을 적어보자.
6. 나는 누군가로부터 진솔함을 바탕으로 무조건적인 긍정적 존중과 공감적 이해를 받아본 적이 있는가? 그 경험을 적어 보자.

▷ 영화정보

★ 제목: 거룩한 분노(The Divine Order)
★ 제작국가: 스위스
★ 원제: Die gottliche Ordnung
★ 제작년도: 2017년
★ 장르: 드라마
★ 상영시간: 97분
★ 관람등급: 12세 관람가
★ 감독: 페트라 볼프

◎ **줄거리:** 우리가 원하는 건, 나답게 사는 것뿐!

진실한 모습을 위해 비로소 용기를 낸 그녀들의 찬란한 이야기가 지금부터 시작된다! 〈거룩한 분노〉는 1971년, 스위스의 한 마을에서 벌어진 여성투표권 쟁취 운동을 그리고 있다. 주인공 노라를 중심으로 보수적인 관습과 종교적 윤리에 대항한 여성들의 연대를 통해 자유와 정의의 실현은 작은 권리를 얻어내는 것이며, 당연하다고 생각했던 관습에 의문을 갖는 것이라고 강조한다.

◎ **관람 포인트:** 노라의 변화 과정(촉발된 계기와 변화를 보여주는 행동), 주요 등장인물의 특성, 갈등처리와 문제 해결 과정.

연습활동 3-3. 영화 〈인턴〉으로 인지행동 상담이론 이해하기

◉ 영화 〈인턴(The Intern, 2015)〉에서 30대 CEO와 70대 인턴의 회사 적응과정을 중심으로 감상한다.

1. 영화의 이미지와 대화에서 자신에게 어떤 영향을 미쳤는지 작성해 보자.

질문	답변
영화 속 누구에게 더 마음이 가는가?	
당신은 어떤 감정을 느꼈는가?	
영화 속 장면 중에서 내가 다르게 해 봤으면 하는 장면은 무엇인가?	

2. 비합리적인 신념을 가진 등장인물은 누구이며 그로 인해 유발되는 부적절한 정서와 행동은 무엇인가?

3. 〈인턴〉을 통해 나는 나이에 따라 어떤 이름으로 불리고 싶은가? (형용사로 표현하기) 듣고 싶은 이름을 통해 자신이 가지고 있는 신념은 무엇인지 생각해 보자.

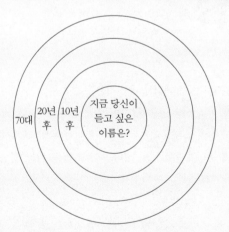

▷ 영화정보

★ 제목: 인턴(The Intern)
★ 제작국: 미국
★ 제작연도: 2015년
★ 등급: 12세 관람가
★ 상영시간: 102분
★ 감독: 낸시 마이어스
★ 출연: 앤 해서웨이(줄스 오스틴), 로버트 드 니로(벤 휘태커)

◎ **줄거리:** 꿈같은 직장의 CEO '줄스'는 창업한 지 1년 반 만에 성공신화를 이루었다. 사무실에서도 자전거를 타고 종횡무진 누비는 그녀는 회사를 위해 1분 1초가 아까운 열정적인 30대 여성으로 전업주부 남편과 딸이 있다. 이 회사에 70살의 '벤'(로버트 드니로)이 오랜 직장생활로 얻은 인생 경험을 무기로 CEO의 전담 인턴으로 온다.

◎ **관람 포인트:** 줄스의 모습과 벤의 회사 적응 과정을 통해 내가 가진 관계에서 경직된 사고는 무엇인가에 주의를 기울이면서 감상한다.

제2부

영상영화치료의 접근법

지시적 접근

제4장

조원국

영화치료의 종류에서 일반적으로 많이 활용되는 것은 상호작용적 영화치료(interactive cinema therapy)라고 할 수 있다. 상호작용적 영화치료는 크게 세 가지 접근법(지시적 접근, 연상적 접근, 정화적 접근)으로 나눌 수 있는데 2부에서는 이 세 가지 접근법에 대해 자세히 알아보기로 한다.

1. 지시적 접근의 정의와 특징

▣ 정의

지시적 접근(the prescriptive way)은 영화를 교육적·지시적 목적으로 활용하는 것으로 영화를 관찰학습이나 대리학습의 도구로 사용하는 것이다. 시각은 정보수집 기능을 담당하는 5감(五感) 중 80% 이상 비중을 차지한다. 그러므로 눈으로 본다는 것은 인간의 가치판단과 행동선택에 많은 영향을 준다. 영화 속 등장인물의 문제해결 과정을 의미 있게 관찰한 내담자들은 자신과 유사한 어려움이나 갈등을 겪고 있는 등장인물을 관찰하는 것을 통해 조금 더 객관적으로 자신의 문제를 바라보고, 실제 상황에 적용할 수 있는 실제적인 해결 방법을 배울 수 있다. 지시적 접근 방법은 상담자가 상담의 목적에 부합하는 영화를 선정하고 내담자의 상황에 적합한 영화를 선택하여 보여주는 처방적 접근이 필요하다.

지시적 접근에서 영화는 등장인물의 행동을 통하여 본보기를 제시하는 기능을 하고, 새로운 정보를 제공하며, 내담자로 하여금 스크린 속 인물에 대한 행동을 평가할 수 있게 만든다. 그러므로 영화는 하나의 교훈이나 모델링을 위한 도구로 간주되는데,

잘된 방식을 보여 주기 위한 좋은 모델(good model)일 수도 있고 잘못된 방식을 보여 주기 위한 나쁜 모델(bad model)일 수도 있다. 내담자들은 영화 속 모델들의 문제해결 방식을 관찰함으로써 자신의 문제해결책에 대한 논의를 촉진하며, 문제를 극복하고 긍정적인 특성을 강화하는 데 도움을 받는다. 상담자는 내담자의 성숙하고 현명한 내면의 지혜, 즉 자신의 문제를 극복하고 긍정적인 특성을 강화하는 데 도움이 되는 부분과 접촉하기 위해 이러한 지시적 접근법을 활용할 수 있다(비르기트 볼츠, 심영섭 외 역, 2006).

2 지시적 접근의 특징

지시적 접근의 특징을 정리하면 다음과 같다.

첫째, 지시적 접근은 상호작용적 영화치료의 세 가지 접근법 중 이해하기 쉽고 활용도가 가장 높다. 지시적 접근을 활용하는 목적 자체가 교육에 있기 때문에 상담현장뿐만 아니라 영화를 활용한 교육, 기업연수, 사회복지모델 제시 등 다양한 분야에서 활용할 수 있다. 또한 아동과 청소년뿐만 아니라 다양한 연령층을 포괄하여 누구에게나 접근이 가능하고, 학교폭력 가해자 및 피해자, 정신과 환자 등 상담 및 교육을 필요로 하는 대상에게도 적용할 수 있다.

둘째, 지시적 접근에서는 영화를 본다는 것 자체가 행동을 강화하는 효과가 있고, 자연스럽게 내담자의 흥미를 불러일으킨다. 놀이에 참여하는 것처럼 부담 없이 영화를 보는 가운데 영화 속에서 나타나는 다양한 문제해결 방식을 학습할 수 있다.

셋째, 지시적 접근은 영화 속 등장인물들을 활용하여 내담자의 자기이해를 돕고, 대인관계 패턴에 대한 생각과 태도, 행동에 대해 성찰하고 재구조화하여 확장시키는 역할을 한다.

2. 지시적 접근의 치유 요인

지시적 접근의 치유 요인은 크게 객관화, 생각과 행동의 명료화, 모델링으로 설명할 수 있다(심영섭, 2011).

1 객관화: 심리적 거리 두기

지시적 접근은 내담자가 자신의 내면으로부터 안전한 심리적 거리를 두고 다른 사람의 생각과 행동을 관찰할 수 있도록 해 주며, 다른 사람들의 눈을 통해서 세상을 경험할 수 있도록 한다. 영화를 감상하는 동안 내담자는 자신과 비슷하지만 동일하지 않은 등장인물을 보며 자신의 문제에서 충분히 떨어져 있을 수 있다. 자신의 문제에 바로 직면하지 않고 심리적으로 충분한 거리를 둔 상태에서 자신의 행동이나 자신이 처한 상황을 자연스럽게 투사하게 된다. 내담자가 심리적 거리를 두고 스스로를 바라보는 것은 내담자로 하여금 조금 더 객관적인 위치에서 자신을 바라보는 성찰의 기회를 얻을 수 있다.

2 생각과 행동의 명료화

영화를 통해 안전한 심리적 거리를 확보한 상태에서 다른 사람의 생각과 행동을 관찰하면서 자신이 처한 상황에 대해 돌아보고 반영해 보면서 더 나은 관점을 갖게 되는 것이다. 지시적 접근은 내담자로 하여금 자신의 생각을 보다 잘 이해하고 사고와 감정을 언어로 표현함으로써 명료화하는 것을 도와준다. 경우에 따라 기발하기도 하고 합리적이기도 한 영화 속 등장인물의 생각과 행동은 내담자가 자신의 생각을 영화 속 등장인물의 생각과 비교하고 객관적으로 점검하도록 부추기며, 이를 통해 내담자는 등장인물의 행동을 기준으로 하여 무엇을 해야 할지와 어떤 것을 해서는 안 되는 것인지를 배울 수 있다.

3 모델링: 관찰학습

모델링은 타인의 행동을 관찰하여 다양한 강화를 통해 행동과 특성을 학습하는 것으로 따라하는 것을 포함한다. 관찰학습이란 인간의 사고, 감정 및 행동이 직접경험뿐만 아니라 간접경험, 즉 대리경험에 의해서도 이루어진다. 지시적 접근을 통해 내담자는 영화 속 등장인물의 행동을 자신의 행동과 비교하고 자신의 행동에 대한 반성과 새로운 인지적 해석을 할 수 있다. 영화 속 등장인물이 자신과 비슷한 문제를 어떻게 해결했는지 관찰하고 등장인물의 다양한 문제해결 방식을 그대로 모사하거나 일상에 적용할 수 있다. 그러므로 지시적 접근은 등장인물의 행동을 자신의 변화에 대한 단초로 삼고, 실제 상황에서 발생할 수 있는 다양한 문제에 대한 판단과 실행을 모방학습할 수 있는 기회를 제공한다.

지시적 접근 방법의 관찰학습은 반두라의 사회학습이론에 이론적 기반을 두고 있다.

반두라(Bandura)는 1977년 출간한 『사회학습이론』을 통해 사회학습이론의 학문적 발판을 마련한 심리학자로, 초기에는 행동주의 학습이론에서 출발해 나중에는 인지적 측면을 중시하는 사회학습이론을 발전시켰다. 사회학습이론에 따르면 사람의 행동은 다른 사람의 행동이나 어떤 주어진 상황을 관찰하고 모방함으로써 이루어진다고 보고, 이를 관찰학습으로 정의하였다. 관찰학습은 주의집중 과정, 기억 과정, 운동재생 과정, 동기 과정 등 네 가지 과정을 거쳐 이루어진다. 이 중 한 과정이라도 빠지면 관찰학습은 불완전한 것이 되며, 성공적 모방이 이루어지기 어렵다.

3. 지시적 접근의 활용

1 지시적 접근을 위한 영화선택

지시적 접근을 위한 영화선택 시 고려사항은 다음과 같다.

첫째, 영화에 내담자와 유사한 인물이 등장하는 영화를 선택한다. 모델링 효과를 극대화하기 위해서는 내담자의 상황과 처지, 나이, 사회경제적 배경, 교육, 가치 등이 유사한 영화를 고르는 것이 효과적이다. 그러므로 상담자는 영화를 선택할 때 풍부한 영화감상 경험을 통하여 영화 속 인물들의 상호관계와 갈등 등을 미리 숙지하고 있어야 하며, 내담자의 상황에 적합한 영화를 선택할 수 있어야 한다. 예를 들어, 초등학교 학생들의 또래심리와 관계갈등을 주제로 영화를 선택한다면 여학생인 경우 〈우리들 (2015)〉, 남학생인 경우 〈날아라 허동구(2007)〉가 적합할 것이다.

둘째, 내담자의 눈높이를 고려하여 내담자가 재미있게 보고 즐길 만한 영화를 선택해야 한다. 너무 어렵고 줄거리를 파악하는 데 힘을 쏟게 만드는 영화는 내담자가 영화에서 아무것도 배울 수 없게 할 뿐만 아니라 영화를 보는 것 자체가 스트레스가 될 수 있다. 예를 들어, 청소년 양성평등 교육을 목적으로 한다면 비슷한 연령대의 이야기를 소재로 하는 〈체인지(1997)〉를 활용할 수 있다. 실제로 양성평등교육에 이 영화를 활용했던 한 연구(서정임, 2006)에서는 비슷한 연령의 이야기를 소재로 했다는 면에서 호응도가 컸고, 남녀의 몸이 바뀐다는 코믹한 설정이 재미를 더해 집중력 있는 영화보기가 이루어졌다고 보고하였다. 연구에 참여한 청소년들은 "얌전한 은비가 몸이 바뀐 후 성격도 터프하게 바뀌는 것 자체가 성차별인 것 같다", "여자는 얌전해야 하고, 남자는 씩씩한 성격이어야 한다는 것도 고정관념이다", "선생님들이 여자에게는 부드럽게, 남자에게는 강하게 대하는 것 역시 양성평등에 어긋나는 일이다", "반대의 성이 되어 보는 경험을 하는 것도 재미있을 것 같다. 그러면 더욱 상대방을 잘 이해할 수 있을 것이라 생각한다" 등의 반응을 보였다. 또한 각자의 성의 입장에서 불평등함을 느끼는 부분에 대해 생각해 보는 동시에 상대방 성의 특징과 고충에 대해 이해하고 서로의 차이를 인정할 수 있게 되었다고 한다.

셋째, 지시적 접근에서 치료적 영화를 선택할 때는 가장 먼저 적절한 역할모델을 제공해 줄 수 있는 영화인지 고려해야 한다.

예를 들어, 때로는 좋은 역할모델을 찾기 위해 내담자의 실생활에서는 발견하기 어렵지만 영화에서는 발견할 가능성이 높은 영화를 선정할 수도 있다. 사우디아라비아 여성에게는 금지된 자전거를 타고 싶어 하는 주인공 '와즈다'가 자전거를 사기 위해 온갖 노력을 기울이는 좌충우돌 에피소드를 담고 있는 영화 〈와즈다(Wadjda, 2012)〉는 여성인권 향상을 위한 모델을 제시한다. 실제로 이 영화는 세상을 변화시키는 작은 날갯짓이 되고, 큰 반향을 일으키면서 사우디아라비아의 율법이 수정되어 여자들이 자전거를 탈 수 있게 되었다고 한다. 〈와즈다〉는 세상의 시선 때문에 자신에게 꼭 필요한 것을 포기하거나 주저하고 있는 내담자들에게 good 모델이 될 수 있다.

또한 부정적 모델이 나오는 영화를 통해 역설적으로 활용할 수도 있다. 영화 〈원더(Wonder, 2017)〉에서 주인공 어기와 윌이 제작한 '카메라 암상자'가 학교과학박람회에서 최우수작품으로 선정된다. 이를 시기한 줄리안은 포토샵으로 학급사진에서 어기를 삭제하고 사진 앞면에 'No Freaks Allowed(괴물은 허용되지 않는다)', 사진 뒷면에 'Do everyone a favor and die!(모든 사람들에게 호의를 베풀고 죽다!)'라고 써서 어기의 사물함에 붙여 놓는다. 또한 어기의 책상과 의자에 어기를 혐오하고 조롱하는 글과 그림을 그려 놓는 행동을 한다. 친구의 약점을 악용하여 친구를 괴롭히는 줄리안의 행동은 bad 모델로 제시되며 학교폭력에 대한 경각심을 일깨워 줄 수 있다.

한편, 영화 〈원더〉에는 비뚤어진 특권의식을 가진 줄리안의 부모가 등장하고, 안면기형장애를 가진 어기가 편견과 선입견에 맞서 적응할 수 있도록 공감하고 소통하는 어기의 부모가 동시에 등장한다. 이처럼 긍정적 모델과 부정적 모델이 동시에 등장하는 영화를 활용한다면 내담자는 서로 상반되는 등장인물의 행동유형을 비교하고,

그러한 행동의 영향력에 대해 반추해 보고 무엇을 모델링하고 무엇을 지양해야 할지 생각해 볼 수 있다.

2 지시적 접근 활용 시 유의점

지시적 접근을 위해 선택한 영화를 활용할 때 다음 사항을 확인할 필요가 있다.

첫째, 지시적 접근이 효과적이기 위해서는 영화치료자 자신이 무엇을 위해 영화를 보는지를 분명히 알고 필요한 부분의 영화클립을 준비하고 상담을 구조화하는 것이 좋다. 즉, 상담자는 영화에 대한 내담자의 반응을 어느 정도 예측하며 상담을 하는 것이다. 영화 〈마빈의 방(Marvin's Room, 1996)〉은 자매애, 미혼모 문제, 가정폭력, 가족 간 의사소통 방식, 죽음을 앞둔 인간의 존재론적 문제 등 여러 가지 이슈를 다루고 있다. 만일 영화치료자가 이러한 이슈들 모두를 다루려고 하거나, 영화를 통해 드러난 표면적인 이슈들을 산만하게 거론만 하는 수준이라면, 영화치료는 그러한 이슈들에 대해 피상적인 토론을 벌이는 수준에 머물게 된다. 따라서 영화치료자는 자신이 다루려고 하는 이슈를 선정하여 집중적으로 이야기하는 것을 선택해야 한다. 만일 부모-자녀 간 의사소통을 주제로 〈마빈의 방〉을 사용한다면 주인공 '행크'의 엄마와 이모가 행크와 동생 '찰리'와 의사소통을 하는 장면을 편집하여 내담자들에게 보여 주고 엄마와 이모의 의사소통 방법의 차이에 대해 이야기하면서 자신의 의사소통 유형에 대해 성찰하는 기회를 제공할 수 있을 것이다.

둘째, 지시적 접근법으로 활용하기에 유용한 정보를 담고 있다면 영화에 국한하지 않고 광고, 다큐멘터리, 애니메이션 등 모든 영상물과 사진을 포괄할 수도 있다. 예를 들어 장애를 가진 사람들에게 장애를 극복하고 삶을 행복하게 살아갈 수 있다는 희망을 주고 싶다면 다큐멘터리 〈레나 마리아〉 또는 SBS 방송국의 힐링캠프 〈닉 부이치치〉와 같은 실제 사례를 함께 감상함으로써 영화치료의 지시적 효과를 상승시킬 수 있다. 상담자가 다큐멘터리, 뉴스 같은 실제 동영상을 활용하여 등장인물의 행동이 현실에서 일어날 수 있는 것임을 환기시키고, 실현 가능한 일임을 확인시켜 주는 것은 내담자의 심리적 통찰을 보다 효과적으로 이끌어 내는 데 기여한다.

셋째, 부정적 모델이 나오는 영화를 활용할 때는 각별히 주의할 필요가 있다. 앨버트 반두라(Albert Bandura)의 유명한 보보인형 실험(Bobo Doll Experiment)[1]에서 보여 준 바와 같이 내담자가 영화 속 부정적 모델을 모방하는 부정적인 결과를 초래할 수 있기 때문이다. 특히 현실과 환상을 구분하지 못하는 아동이나 가치판단 기준이 분명하지 않은 청소년을 대상으로 할 경우 더욱 각별한 주의가 필요하다. 중요한 것은 영화의 내용이 폭력적이냐 아니냐를 떠나서 영화 속 부정적 모델을 어떻게 효과적으로 활용하느냐 하는 것이다. 예를 들어, 영화를 활용한 분노조절 집단상담 프로그램을 실시하는 경우, 영화의 폭력적인 내용은 역기능적으로만 작용하는 것이 아니라, 상담에 대한 집중력과 참여도를 높이고 타인에 대한 조망 능력을 길러 주며, 사건에 대한 객관적인 인식능력을 높여 주는 등 순기능으로 작용할 수 있다(최영희, 김은정, 2009). 비록 영화에 다소 폭력적인 내용이 들어가 있어서 내담자에게 부정적 모델링이 될 위험성이 높아지더라도, 지시적 접근을 활용한 영화치료 경험이 많고 내담자의 연령과 지적 수준에 따라 영화선정을 잘할 수 있는 상담자가 안전하게 통제된 환경을 갖추고 활용한다면 긍정적인 효과를 충분히 이끌어 낼 수 있을 것이다.

넷째, 지시적 접근을 효율적으로 사용하기 위해서는 심리학적 지식과 영화를 함께 결합시켜야 한다. 지시적 접근을 위해 준비한 영화 클립의 내용이 5분이나 10분 정도의 짧은 것이라 할지라도 내용에 대한 면밀한 분석과 전체 프로그램의 맥락 유지를 위한 구조화가 필요하다.

---

1 피험자가 된 아이는 연구원과 함께 놀이방에 들어가고, 그 안에서 연구원은 한쪽 구석에 놓여 있는 보보인형을 장난감 망치로 두들기거나 손으로 집어던지는 등 공격적인 행동을 보인다. 이후 아이를 혼자 놀게 하면 이들은 공격적 행동을 보지 않은 아이에 비해서 훨씬 더 빈번하게 장난감을 공격적으로 다루는 모습을 보이는데, 특히 이 효과는 아이와 연구원이 같은 성(sex)이었을 때 더욱 두드러졌다. 즉 아이는 동성의 어른이 보이는 행동을 그대로 모방했던 것이다(정성훈, 2011; 보보인형 실험 [Bobo Doll Experiment] - 원숭이는 본 대로 한다(『사람을 움직이는 100가지 심리법칙』, 2011, 케이엔제이))

지시적 접근을 위한 영화선택 Checklist

1. 목적에 맞는 교육적인 요소를 담고 있는가?

2. 내담자와 유사한 등장인물이 등장하는가?

3. 내담자가 재미있게 보고 즐길 만한 영화인가?

4. 문제해결을 위해 매력적인 역할모델이 등장하는가?

   ▶ 등장인물은 긍정적 모델인가, 부정적 모델인가?

   ▶ 부정적 모델이라면 활용시 주의점을 확인하였는가?

6. 영화에 대한 내담자의 반응이 어느 정도 예측 가능한가?

7. 영화를 통해 보여 주고자 하는 심리적 통찰과 관련 있는 심리학적 지식을 갖고 있는가?

연습활동 4-1. 부모 역할

◎ 영화 〈원더(Wonder, 2017)〉에서 주인공 '어기' 부모의 양육행동 장면 vs '줄리안' 부
   모의 양육행동 장면 클립을 감상한 후 활동해 보자.

1. 영화 속 어기와 줄리안의 부모역할 중 장점과 단점을 적어보자.

2. 두 부모의 양육행동 중에서 나에게도 있는 모습은 무엇인가?

3. 두 부모의 역할 중에서 어떤 면을 닮고 싶은가?

4. 좋은 부모는 어떤 모습을 가지고 있어야 할까?

▷ 영화정보

★ 제목: 원더(Wonder)

★ 제작국: 미국

★ 제작연도: 2017년

★ 상영등급: 전체관람가

★ 상영시간: 113분

★ 감독: 스티븐 크보스키

★ 출연: 제이콥 트렘블레이, 줄리아 로버츠 등

◎ **줄거리:** 선천적 얼굴기형으로 태어나 27번 성형수술을 받은 어기, 홈스쿨링으로 어
기를 돌보는 엄마 이자벨, 가족에게 든든한 울타리와 마음의 여유를 제공하는 아빠 네이
트, 어기의 탄생으로 인해 주연에서 조연으로 살아야 했던 어기의 누나 비아. 10살이 될
때까지 엄마의 도움을 받아 홈스쿨링을 했기 때문에 학교에 다닌 적이 없을 뿐만 아니라
친구를 사귀어 본 적도 없는 어기가 학교에 다니자는 부모님의 권유에 용기 있는 결정을
하고 드디어 집에서 나와 세상과 마주하게 된다.

◎ **관람 포인트:** 집에서도 NASA마크가 새겨진 헬멧을 쓴 채 자신을 감추며 살아가는
어기 부모의 양육행동과 돈과 권력, 용모 등 어느 것 하나 부족함이 없는 부유한 집안에
서 자라고 있는 줄리안 부모의 양육행동을 비교해 본다.

정화적 접근

제5장

이승수

1. 정화적 접근의 정의와 특징

1 정의

정화적 접근(the cathartic way)이란 영화관람을 통해 웃음과 울음, 분노, 두려움 등 다양한 감정을 경험하고 억압된 감정을 방출함으로써 감정적인 정화와 정서적 고양상태를 경험하도록 하는 것을 말한다. 영화는 생각을 재구조화하고 문제를 해결하도록 도와주는 것과 더불어 내담자에게 강렬한 정서를 전달해 준다. 대니 웨딩(Danny Wedding)은 용기, 호기심, 사랑 등 긍정심리학과 연관된 영화감상 시 영화적 고양(cinematic elevation) 상태를 경험한다고 했다(심영섭, 2011).

영화는 주로 인지적 사고보다는 정서를 통해 아이디어를 전달하기 때문에, 감정을 억압하려는 본능을 중화하고 정서적 방출을 촉진한다. 사람들은 실제 사람들과 함께 있을 때보다 영화를 관람하는 동안 방어를 풀어놓는 것이 더 쉽고 안전하게 느껴진다고 한다. 관람자는 특정 캐릭터나 그들의 고난에 동참하면서 의식 속에 숨겨진 다양한 정서를 경험할 수 있다.

아리스토텔레스는 『시학(詩學)』에서 비극과 희극에 대하여 다음과 같이 서술한다. "비극은 특정한 쾌감을 산출하는 데 있다. 비극이 제공하는 특정한 쾌감은 우리의 감정을 좋은 의미에서 구제해 주는 선한 활동에 수반되는 쾌감이다. 그렇지 않았더라면 우리의 감정은 위험하게 폭발할 수도 있었기 때문이다. 희극은 보통 이하의 악인의 모방이다. 이때 보통 이하의 악인이라 함은 모든 종류의 악(惡)과 관련해서 그런 것이 아니라 어떤 특정한 종류, 즉 우스꽝스러운 것과 관련해서 그런 것인데 우스꽝스러운 것은 추악(醜惡)의 일종이다. 우스꽝스러운 것은 남에게 고통이나 해를 끼치지 않는 일종의 실수 또는 기형이다. 비슷한 예를 들면, 우스꽝스러운 가면은 추악하고 비뚤어졌지만 고통을 주지는 않는다."

웃음 또한 정서를 방출하게 한다. 웃음은 긴장과 스트레스, 고통을 완화하는 신체적 작용을 한다. 웃음은 스트레스 호르몬을 감소시키고 고통을 줄이는 호르몬을 늘리며 면역체계를 활성화하여 몸과 마음의 건강에 도움을 준다. 이러한 웃음의 기능에 대해 노먼 커즌스[1]는 유머러스한 영화를 퇴행성 질환 회복에 활용하는 것에 대하여 "진짜 배꼽을 쥐게 하는 10분 동안의 웃음은 마취 효과가 있으며, 적어도 2시간 동안 고통 없이 잠을 자게 해 준다"라고 하였다(비르기트 볼츠, 2006).

정화적 접근의 키워드는 감정과 정서다. 우리는 일반적으로 감정이 좋다, 감정이 상했다는 식으로 표현하는데 이는 기분이 좋다 또는 기분이 나쁘다는 상태를 느낌 그대로 표현한 것이다. 이러한 기초적인 감정은 갑자기 나타나고, 지속력이 약하며, 아기에게서도 나타나고, 각각의 방식으로 몸에 자극을 주며, 모든 사람들에게서 보편적인 얼굴 표정으로 나타난다.[2] 또한 보편적인 상황에서 나타난다.

『내 감정 사용법』은 기본감정과 자주 나타나는 감정을 골라 소개하고 있다. 찰스 다윈은 기본감정으로 기쁨, 놀라움, 슬픔, 두려움, 혐오, 분노를 들었으며(데카르트는 놀라움, 사랑, 증오, 욕망, 기쁨, 슬픔이라고 말하였음), 폴 에크먼은 이를 열여섯 가지로 확장할 것을 제안했는데, 찰스 다윈의 여섯 가지 기본감정에 즐거움, 경멸감, 만족감, 당혹감, 흥분, 죄책감, 자존감, 충만감, 감각적 쾌락, 수치심을 더하는 것이다(프랑수아 를로르 외, 2009).

정서는 관찰되기보다는 추론된다. 로버트 플루칙(Robert Plutchik)의 정의에 따르면, 모든 정서는 자극에 대한 반응이다. 우리가 정서를 이야기할 때 그 의미를 특정 사건(또는 가능한 사건의 상상)에 대한 반응으로서 일시적 경험에 국한하고자 한다. 정서와 감정과 기분 사이를 정확하게 구분하는 선이 존재하지 않기 때문이다. 또한 모든 정서는 인지, 느낌, 행동의 세 가지 측면을 포함한다. 인지는 평가(appraisal)—상황이나 사건을 해

---

1 『신비로운 몸과 마음의 치유력』이라는 글을 쓴 스웨덴 의사.
2 폴 에크먼 박사는 이를 '안면 피드백 효과'라고 말한다. 우리의 표정은 열두 가지 신경 가운데 7번 신경인 안면신경의 지배를 받는데, 역으로 얼굴 표정의 변화를 통해 감정조절이 가능하다는 것이다.

석하는 방식, 예컨대 '나는 위험을 지각한다'-를 포함한다. 느낌은 일종의 감각이다. 행동 경향성이란 특정 방식으로 행동하려는 충동이다. 인지, 느낌, 행동 경향성은 보통 동시에 일어나기 때문에 그들 사이를 구분하는 것이 어려울 때도 있다. 여기서 느낌은 사고와는 명확히 구분되며 이 구분은 중요한 가치가 있다(James W. Kalat et al., 2007).

감정과 정서적 성향은 프로이트(Freud)의 이론 전반에서 토대를 이루고 있는 본능적 추동보다 인간행동에 훨씬 더 중요한 영향을 미치는 것으로 입증되고 있다. 현대의 여러 정신분석 이론가들은 원초적인 보편적 본능의 존재에 의문을 제기하고 있으며 대신에 정서적 조직체계를 중요시 하고 있다. 많은 저술가들(예: Fosha, 2000; J. Greenberg, 1986; Hedges, 1996; Nathanson, 1996; Spezzano, 1993; Tomkins, 1962, 1963, 1991)은 감정이 더 중요함을 다양한 측면에서 제시해 왔으며, 뇌 생리학과 뇌 과학 분야의 최근 연구를 통해서 우리는 정서적 기능을 더 잘 이해할 수 있게 되었다. 이러한 진전이 이루어지면서, 환자의 감정세계에 치료자가 의도적이든 그렇지 않든 주관적으로 깊이 몰입하는 것은 그 환자에게 정말 문제가 되는 것이 무엇이고 그가 부당한 것을 어떻게 경험하고 있으며, 무엇이 이러한 문제를 유발해 왔고 어려움에서 벗어나기 위해서 어떤 정서적 변화가 필요한지를 인식할 수 있는 매우 중요한 정보원이 되었다(Nancy McWilliams, 2018).

사회심리학자 조나단 헤이트(Jonathan Haidt, 2003)는 번영, 행복 그리고 인간감정의 경험에 대한 중요한 연구를 수행해 왔다. 그는 심리적 상승(elevation)이라는 용어를 영화 속에 그려진 긍정심리학을 이해하기 위한 중요한 감정을 묘사하는 데 적용하였다. 헤이트는 심리적 상승의 세 가지 요소를 다음과 같이 정의하였다.

① 도덕적으로 이상적인 행동을 바라보는 것. 예컨대, 인간애, 용기, 정의로움 등
② 따뜻함, 만족감, 마음의 열린 상태 등의 신체적인 감각 그리고/또는 피부, 특히 등, 목, 머리로 이어지는 찌릿함
③ 도덕적으로 더 나은 상태로의 동기부여, 예컨대, 다른 사람을 돕는 것, 스스로 성숙해지는 것

감정과 정서는 문화와 관습의 영향을 받는다. 동양문화에서 공자의 〈수양론〉을 예로 들 수 있다. 공자의 수양론에서 강조하는 대표적인 것이 극기복례(克己復禮)이다. 극기의 사전적 정의는 '자기감정이나 욕심, 충동 따위를 이성적 의지로 눌러 이김'이다.

송대(宋代)의 금욕주의적 해석은 감정 억압적인 수양문화의 하나로 한국유학과 한국문화와도 밀접한 관련이 있다. 한국의 문화적 증후군으로 알려진 화병(火病)은 자기소진적인 신경증 문제와도 가장 관련이 있다고 할 수 있다(윤민향, 2018).

2 정화적 접근의 특징

1 짧은 시간 안에 다양한 정서에 접촉하고 경험할 수 있게 한다.

영화는 2시간 안팎의 상영시간 동안 많은 감정 또는 정서를 느낄 수 있도록 하는 장치(음악, 음향, 스토리, 캐릭터, 시각, 미술 등)가 들어 있다. 영화관람 중에 방출된 정서는 자신의 마음 상태에 대한 정보를 제공하고, 자신이 억압했던 정서가 무엇이며 왜 그것을 억압하게 되었는지 생각하게 된다. 이를 흔히 '영화를 통한 정서적 통찰'이라고 한다(심영섭, 2011).

영화 〈파파로티(2012)〉는 한물간 성악가 '상진'(한석규 분)이 천재적인 음악 재능을 지녔으나 주먹세계에서 방황하며 좌충우돌하고 있는 '장호'(이제훈 분)를 만나 성공스토리를 만들어 가는 내용이다. 이색 캐릭터가 티격태격하는 것을 보며 마냥 웃다가 '별은 빛나건만', '네순 도르마' 등 명곡에도 취한다. 주인공이 '행복을 주는 사람'을 부르는 장면에서 관객은 약속이라도 한듯 숙연해진다. 영화에 사용된 음악(노래)은 관객이 다양한 감정을 경험하고 방출하게 하는 중요한 장치로 기능한다.

2 방출된 정서는 상담자와 내담자의 친밀감, 의사소통 그리고 라포 형성에 도움을 준다.

영화를 보면서 우리는 어떤 심리적 영향을 받게 된다. 그 이유는 영화라는 매체가 주로 시청각적 효과를 사용하여 관람 주체의 지각과 정서를 직접 자극할 수 있기 때문이다. 영화가 관람자의 심리에 주는 영향은 크게 기분(mood)과 인지(cognition) 두 부분으로 나누어 생각해 볼 수 있다. 영화가 기분에 영향을 주는 경우에서는, 영화를 관람하고 난 뒤에 편안함 또는 불안함을 느꼈는지, 불쾌함 또는 유쾌함을 느꼈는지가 중요할 것이다. 또한 어떤 카타르시스나 감동을 느꼈다면 환기(ventilation)나 정서적 재경험(emotional re-experience) 등의 심리 기제가 작동되었을 가능성이 큰 것으로 볼 수 있다(백상빈, 2005). 또한 영화 내러티브는 일반적으로 사람들 사이의 관계에 대한 어떤 이야기로 전개되므로, 영화를 보면서 내담자는 자신의 대인관계에 대해 의식적 또는 무의식적으로 반추할 기회가 생기기 마련이다. 영화 〈엑시트(2019)〉는 의문의 독가스로 가득한 도심을 탈출하기 위해 줄곧 높은 곳을 향해 달리는 '용남'(조정석 분)과 대학 동아리 후배 '의주'(임윤아 분)의 이야기를 그린다. 물리적 공간은 도심이지만 심리적 공간은 가진 자들이 안주하는 저 높은 곳이기에 관객은 주인공과 심리적으로 연대하여 그곳을 향해 미친듯 달려간다. 관객은 등장인물들과 함께 울고, 웃고, 분노하고 가슴졸인다. 어느새 관객은 두려움도 잊은 채 하나가 되어 있는 순간을 경험하게 된다.

▶ 3 상담자가 내담자의 정서를 정확히 공감하고 그 근원과 이유를 함께 논의하게 된다.

정서는 자극에 대한 추론된 복합적인 반응들의 연쇄로서 인지적 평가, 주관적 변화, 자율체계 및 신경세포의 각성, 행동 충동성 그리고 복합적인 연쇄를 유발시킨 자극에 영향을 주도록 고안된 행동을 포함한다. 이 정의가 분노, 공포, 기쁨 그리고 다른 정서들에 비교적 잘 적용된다고 하자. 여기에 문제가 있다. 정의를 다시 한 번 읽고 이것이 배고픔이나 목마름을 배제하는가 보라. 그렇지 않다. 배고픔과 목마름이 정서인가? 대부분의 사람들은 그것들을 추동(drive) 또는 동기(motive)라고 생각한다. 어떻게 우리의 정의를 재구성해서 정서를 다른 개념들로부터 구분할 수 있을까? 실제로 정서와 동기는 상당한 정도로 중첩되어 있다. 정서에 대한 정의의 일부분인 '어떤 것을 하려는 충동'은 동기의 훌륭한 정의이다. 달리 말하면, 당신이 정서를 가질 때 동기를 갖는다는 것이다. 가장 명료한 예를 들면, 공포는 도피하려는 동기를 수반하고 분노는 공격하려는 동기를 내포한다. 배고픔이나 목마름 같은 추동 또한 동기, 즉 먹거나 마시려는 충동을 수반한다. 한 가지 예를 더 들자면, 누가 당신을 칭찬하면 그 순간에는 기분이 좋지만 당신의 미소가 오래가지는 않을 것이다. 정서와 추동을 구분하는 또 다른 기준은 추동은 신체적 요구를 반영한다는 것이다(James W. Kalat et al., 2007). 정서는 신체 밖, 아마도 사회적 어떤 것에 대한 반응이며 그러므로 복잡한 정보 처리를 요구한다.

추동은 좋은 음식의 모습과 냄새와 같은 외부 자극들에 의해 수정되지만 그러한 자극들은 비교적 단순하다. 적어도 정서를 연구하는 많은 심리학자들의 의견에 따르면, 정서는 세상 사건들의 인지적 평가에 반응한다.

영화 〈천사의 아이들(In America, 2002)〉은 막내아들 '프랭키'를 잃은 슬픔에서 헤어나지 못하는 아일랜드인 '조니'와 '새라' 부부가 두 딸과 함께 뉴욕의 허름한 아파트로 이사하면서 시작된다. 연극배우를 꿈꾸는 조니는 밤에는 택시 운전을 하고 낮에는 오디션에 도전하지만 배역을 따내는 데 번번이 실패한다. 교사 경력이 있는 새라는 아이스크림 가게의 종업원으로 일하면서 생계를 돕는다. 슬픔과 생활고에 시달리는 부부와 달리 두 딸은 새로운 환경을 너무 좋아한다. 삶의 애환과 상실의 슬픔을 아는지 모르는지. 놀랍게도 이들이 난관을 극복하는 동기는 반드시 이루어질 것이라고 믿는 큰딸 '크리스티'의 세 가지 소원에서 유발된다. 크리스티는 죽은 동생 프랭키가 그 소원을 이루어지도록 해 준다고 믿고 있다. 상담장면에서 내담자와 함께 영화를 본다면 등장인물 네 명 중 누구에게 더 많이 감정이입이 일어나는지 탐색할 수 있다. 특정대상에서 일어나는 감정이, 내담자의 어떤 주제와 연결되는지 탐색하고, 인지 · 정서적 통찰 단계로 연결하게 된다.

2. 정화적 접근의 치유 요인

1 감정의 승화

정화적 접근에서는 영화를 관람하면서 내담자가 자신의 감정을 표현함으로써 억눌린 감정을 승화(昇華, sublimation)시키도록 돕는다. 여기서 승화란 정서적 긴장이나 원초적 욕구를 타인과 사회가 용납될 수 있는 방식으로 변형시키고 적응하도록 도와주는 심리적 기제다. 이러한 정서적 승화는 특정한 욕구나 충동에 대해 무조건 자신의 정서에 따라 행동화하기보다 정서가 환기된 상황에서 더욱 성숙한 판단을 내릴 마음의 여유를 주는 기능을 한다. 이것이 감정의 승화에 따른 정화적 판단이다. 정서적 승화는 행동에 이성적인 요소가 들어오도록 돕는다.

2 심리적 위로

영화 속 등장인물은 내담자와 마찬가지로 많은 인생의 문제에 대해서 고민하기도 하고 대인관계에서 갈등을 겪기도 한다. 때로 그들은 삶의 문제로 고통을 받는다. 내담자들은 이러한 등장인물을 보면서 자신만이 세상에서 고통받는 존재가 아니라는 것을 직관적으로 이해하게 된다. 예술치료가 닐(Knill)의 말처럼, 내담자는 자기 내부에 존재하는 고통이 '존재하고 오기(Coming to be)'와 '가버리기(Passing away)'를 수용하고 심리적 위로와 평화를 느끼게 된다.

3 대리만족

정화적 접근은 내담자에게 고통받는 현실과 여러 가지 문제로 복잡해진 머리를 식히고 현실적인 문제에서 일시적으로 벗어나도록 도와준다. 또한 영화를 보면서 내담자는 중요한 어린 시절의 문제를 반복할 수 있다는 것을 알아차리고 자신의 성 정체감이나, 결핍, 욕망 그리고 영웅 심리나 관심 끌기 같은 판타지를 대리만족할 수 있게 된다. 이를 통해 내담자는 내면의 충만감과 만족감이 증가하고, 정서적으로 고양된 상태에서 자신의 판타지와 현실을 오가며 현재의 문제와 결부된 감정들을 탐색할 힘을 얻는다.

3. 정화적 접근의 활용

1 정화적 접근을 위한 영화선택

정화적 접근을 위한 영화를 선택할 때는 무엇보다도 감정의 방출과 정서의 환기가 잘 이루어질 수 있는 영화인지 살펴야 한다. 한 편의 영화에는 여러 가지 감정과 정서가 혼재되어 있어 특정 감정의 환기를 위한 영화를 선정하기가 쉽지 않다. 따라서 상담사들은 내담자들이 특정 감정과 정서를 불러일으키기 위해 어떤 영화가 특정 감정과 정서적 장치들을 사용하고 있는지 이해하는 것이 필요하다(심영섭, 2011). 여기서는 슬픔, 분노, 기쁨과 웃음 그리고 두려움을 환기시키는 영화에 대하여 이야기하고자 한다.

1 슬픔

슬픔(sadness)이란 어느 한 경우에 의해 일어나는 감정인 반면, 우울(depression)은 오래 지속되는 기분이다. 슬픔은 상실감에 대한 정서적 반응이다. 당신은 돈을 잃어버리거나 실직을 하거나 시험에서 나쁜 성적을 받거나 또는 교우관계나 로맨스를 끝내게 되면 슬픔을 느끼게 된다. 애도(bereavement, 사별)는 사랑하던 사람을 잃게 된 데에 대한 반응이라는 특별한 종류의 슬픔이다(James W. Kalat et al., 2007). 슬픔은 우울, 절망, 화남, 짜증, 좌절 등 다른 정서적 경험으로 나타날 수 있다. 슬퍼하는 것은 치유의 과정이고 우리가 깊이 공감하는 마음으로 이 고통을 경험하고 인정하며 표현할 때 슬픔은 변형의 과정으로 나아갈 수 있다. 영상영화심리상담사들은 슬픔 역시 분노처럼 유용한 기능과 단점이 있다는 것을 내담자로 하여금 깨닫도록 도와야 한다. 내담자가 영화에서 슬픔의 감정을 느끼고 이를 현실 생활과 연결시키게 되면, 슬픔을 유발하는 상황을 피할 수 있게 되고, 실패의 이유를 헤아릴 수 있게 되며, 타인의 관심과 동정심을 유발하고, 타인의 공격성을 일시적으로 누그러뜨릴 수 있게 되며, 타인의 슬픔에 공감하는 능력이 발달된다. 영화 〈생일(2018)〉은 세월호를 탔다가 세상을 떠난 아들 '수호'에 대한 슬픔을 안고 살아가는 '정일'(설경구 분)과 '순남'(전도연 분) 부부 그리고 가족과 주변 사람의 이야기를 다룬다. 어김없이 올해도 수호의 생일은 돌아오고 가족의 그리움은 더욱 커져만 간다. 수호가 없는 수호의 생일…. 가족과 이웃 그리고 친구들은 수호의 사진을 보고 각자의 기억 속에 있는 수호에 대하여 이야기하고 편지도 읽는다. 영화 〈울지마 톤즈(2010)〉는 아프리카 수단의 톤즈에서 봉사활동을 한 고(故) 이태석 신부 이야기를 담은 다큐멘터리 영화이다. 의사이자 선생님, 지휘자, 건축가 역할까지 했던 이태석 신부는 홀어머니를 뵙기 위해 귀국한 길, 건강검진에서 말기 암 판정을 받는다. 이태석 신부가 선종할 때까지 카메라가 성인의 발자취를 따라가는 동안 관람자는 슬픔의 정서를 경험한다.

▷ 2 분노

분노, 화(anger)는 누구나 느끼는 감정이고 정서다. 분노에는 두 가지 기능이 있는데 하나는 우리를 전투태세에 돌입하도록 만드는 것이고, 다른 하나는 상대를 위협함으로써 이러한 전투태세가 필요 없도록 만드는 것이다. 행동에 대한 준비와 소통이라는 감정의 이중적 기능을 우리는 실제로 모든 감정에서 찾아볼 수 있다. 분노의 핵심 기능은 위협이다. 모든 생물 종에서 힘을 과다하게 소비하면서 위험을 동반하는 과정인 싸움을 피할 수 있도록 해 주기 때문이다(프랑수아 를로르 외, 2008).

영화치료를 통해 분노의 감정을 다루고 이를 현실 생활과 연결시키면 다음과 같은 효과를 얻을 수 있다. 첫째, 목표 달성에 필요한 에너지 또는 행동의 강도를 증가시킨다. 둘째, 표현적 기능을 수행한다. 셋째, 자원 획득과 생존 능력을 발달시킨다. 여기서 주의해야 할 점은 불안으로 인해 유발될 수 있는 무력감을 막아 주도록 해야 한다는 점이다. 산업안전보건법에 의한 '노동자 힐링 프로그램'에 참여했던 필자는 영화 〈카트(2014)〉를 적용하여 비정규직 노동자들의 억눌린 분노를 방출하도록 촉진했다. 그들은 비합리적 차별에 대한 분노의 감정을 여과 없이 표현하였고 영화 속 노동자들의 투쟁 과정을 보며 자기들도 정당한 대우를 받으며 좋은 관계 속에서 일하고 싶다고 했다. 영화관람 중에 올라오는 감정에 대해 '비루함'이라고 말한 참여자가 가장 많았는데 이는, 상황을 험악하게 만드는 상대에게서 경험한 감정이라고 했다.

영화 〈쓰리빌보드(2017)〉는 딸의 살인사건으로 충격에서 헤어나지 못하는 엄마 '밀드레드'의 극단적 분노 표출 방식을 보여 준다. 범인을 잡지 못한 채 사건이 흐지부지되자 밀드레드는 마을 외곽 대형 광고판 세 개에 도발적인 글을 올린다.

'내 딸이 죽었다.', '아직도 범인을 못 잡은 거야?', '어떻게 그럴 수가 있지 경찰서장?'

자극적인 광고문구는 그녀의 분노가 전투태세에 돌입하고 있음을 드러내고 있으며 문제를 해결하는 당사자임을 알리고 있다.

3 ▶ 기쁨과 웃음

'기뻐서 웃는 게 아니고 웃다 보니 기뻐진다'는 말이 있다. 웃음이 주는 즐거움은 현실적인 문제에서 즉각적으로 벗어나게 해서 강력한 정서적 방출을 동반한다. 코미디 영화 한 편을 보고 한바탕 크게 웃음을 터트리고 나면 즉각 변화된 감정을 느끼게 된다. 주인공들의 실수는 재미있고 가볍게 그리고 너그럽게 묘사되어 있으므로 자신이 저지른 실수나 실패 역시 돌이킬 수 없이 치명적인 것은 아니라는 위로를 받기도 한다. 코미디가 사회적인 질서에 위배된다거나 위험한 신념을 관객에게 주입하려고 한다는 생각을 하는 사람은 거의 없다. 코미디는 사회적으로 억압된 긴장감을 웃음 또는 유머와 같은 안전한 방식으로 해소할 수 있는 영화 장르이기 때문에 사회적으로나 심리적으로 유용한 기능을 한다. 이를 현실 생활과 연결시키면 다음과 같은 효과를 높일 수 있다. 첫째, 유쾌함과 기쁨은 다른 사람들을 돕도록 부추긴다. 둘째, 내담자를 좀 더 창조적인 사람으로 만든다. 셋째, 보다 나은 의사결정을 하도록 도와준다. 넷째, 내담자를 더욱 대담하게 한다. 이로써 수많은 인간관계의 긍정성을 상승시킨다. 영화 〈극한직업(2019)〉은 해체 위기에 처한 마약반 형사 5명이 치킨장사와 잠복근무를 병행하며 범인을 소탕한다는 내용이다. 절체절명에 처한 형사들이 벌이는 기상천외한 아이디어와 액션은 많은 폭소를 유발하는 데 성공했다. 이 영화는 돌파구 없는 답답한 상황에 처한 사람들에게 기기묘묘한 해법을 제시하고 통쾌함을 느끼게 한다.

영화 〈그것만이 내 세상(2018)〉에는 몸도 마음도 아픈 4명의 캐릭터가 등장한다. 서번트 증후군에 노출된 '진태'(박정민 분)의 특별한 피아노 재능에 매료되고, 이들은 차츰 아픔을 기쁨으로 승화한다.

▶ 4 두려움

파푸아뉴기니에서 현지인의 얼굴표정을 연구한 인류학자 '폴 에크먼'은 두려운 표정을 찾아내는 데 많은 어려움을 겪었다고 한다. 수많은 두려움의 시초는 놀라움이기에 구분이 쉽지 않았다고 한다.

드라마 〈선덕여왕(2009)〉에서 '미실'(고현정 분)의 두려움에 대한 다음과 같은 표현은 백미다. "무서우냐? 두려움을 이겨 내는 데는 두 가지 방법이 있다. 도망치거나 분노하거나."

분노와 더불어 두려움은 아기들에게서 현저히 나타나는 감정 중 가장 먼저 나타나는 감정이다. 그리고 평생을 우리 곁에서 떨어지지 않는 감정이기도 하다. 우리를 구해 주는 친구이자 우리를 마비시키는 적이 되는 감정이 바로 두려움이다. 두려움은 학자들이 가장 많이 연구한 감정 중 하나이다. 지나친 두려움이 만들어 내는 병으로 공포증(phobia)이 있다. 공포증이 있는 사람은 자신에게 두려움을 일으키는 대상을 반드시 피해야 한다. 가장 흔한 공포증에는 동물이나 자연물에 대한 특정 공포증, 사회공포증(대인공포증), 광장공포증 등 세 가지 큰 유형이 있다(프랑수아 를로르 외, 2009).

소방공무원 '외상 후 스트레스 관리 프로그램'(2016~2018)에 참여한 필자는 『내 감정 사용법』이 권하는 '두려움 잘 다스리는 법'을 활용하였다. 사용한 영화는 〈터널(2016)〉로, 퇴근길에 터널이 무너져 무려 35일 동안 갇혀 있다가 구조된 '정수'(하정우 분)라는 자동차 판매사원의 이야기다. 프로그램을 진행하면서 주인공이 병원에서 퇴원하고 집으로 가는 길에 다시 터널로 들어가야 하는 장면과 터널을 통과한 뒤 안도하는 모습 그리고 계속 이어지는 길을 보여 줬다. 그리고 참여자들에게 물었다. "우리나라에 터널이 3천 개가 넘는다죠. 자동차 판매사원은 매일 차를 달려 수많은 터널을 통과해야 하는 직업입니다. 피할 수 없는 현실에 어떻게 대처해야 할까요? 재난구호 현장도 마찬가지 아니겠어요?"

〈명량(2014)〉은 한국 영화 중 역대 흥행성적 1위(관객수 17,615,437명)를 기록했다. 이 영화의 메시지는 단연코 두려움 극복이다. 칠천량 해전에서 대패한 우리 수군의 두려움과 공포, 사기 저하는 형언할 수조차 없는 상태였다. 내부의 적은 두려움이었는데 이때 장군이 진중에 포효한다. "죽고자 하면 반드시 살 것이요, 살고자 하면 반드시 죽을 것이다." 우리 수군은 이어 벌어진 명량해전에서 단 12척의 배로 왜군 330척과 맞서 싸워 완전한 승리를 거두었다. "두려움을 용기로 바꿀 수만 있다면 그 용기는 백 배 천 배로 커져 나타날 것이다."라고 일갈하던 장군의 목소리가 들리는 듯하다. 영화의 이 부분은 아래 표의 '취해야 할 행동'을 강조하기에 좋다. 언제 어디서나 두려움은 존재한다. 취해야 할 행동과 피해야 할 행동을 아는 현명함이 필요하다.

표 5-1 ● 두려움 잘 다스리는 법

취해야 할 행동	피해야 할 행동
두려움을 받아들여라.	두려움을 창피하게 생각하거나 부정하는 것
두려움을 조절하는 방법을 익혀라. (정보습득, 긴장완화, 적극적인 태도 등)	두려움에 맞설 수 있는 방법이 아무것도 없다고 생각하는 것
어느 정도의 두려움은 용인하라.	어떤 두려움도 느끼지 않으려고 하는 것
두려움을 정면에서 바라보라.	도피 또는 즉각적인 회피로 두려움을 가중시키거나 유지시키는 것

2 정화적 접근 활용 시 유의점

정화적 접근을 위해 영화를 활용할 때에는 다음 사항에 유의할 필요가 있다.

첫째, 슬픈 영화는 상담의 분위기를 무겁게 하고 좀 더 진지하고 엄숙한 분위기를 만든다. 울음을 터트리게 하는 영화는 감정의 정화에 신속하게 작용한다. 웃음을 주는 영화는 심각한 분위기를 잠시 가볍게 만들고 지금 여기(here and now)로 돌아오기 쉽게 만든다. 현재 상담이 어떤 국면으로 진입하고 있는가? 상담의 진행 방향이나 상담자의 톤 그리고 내담자의 정서에 맞추기(emotional tuning) 위해 어떤 영화를 선택해야 할지 항상 생각해야 한다. 영화 〈수상한 그녀(2014)〉는 고부간의 문제, 가족화합, 타임 슬립,

우리 사회 대학생들이 노인을 보는 관점, 비전 등 여러 가지 주제를 다루고 있다. 또한 슬픔, 분노, 웃음과 기쁨이 어우러져 있다. 이 경우 상담자가 모든 주제와 정서를 다루려고 한다면 상담이 원만하게 진행될 수 없다. 고부간 갈등을 주제를 사용한다면 주인공 '오말순' 할머니(나문희 분)와 며느리 '애자'(황정민 분)의 관계를 집중적으로 보여 주면서 그들에게 존재하는 슬픔과 분노에 초점을 두고 내담자가 동일시하는 감정을 심층적으로 다룰 필요가 있다.

둘째, 정화적 접근을 위한 영화클립은 감정과 정서를 느낄 수 있을 만큼 충분히 길고(20분 이상), 관람 장면 안에 클라이맥스나 기승전결의 과정이 있어야 내담자의 정서를 더 쉽게 불러일으킬 수 있다. 또한 내담자의 결핍, 동기, 욕망과 같은 무의식을 건드리는 장면일수록 더 효과적이다. 따라서 내담자에 대한 1차 평가 과정(상담 초기 내담자 탐색단계)이 끝난 뒤나 상담이 어느 정도 진행된 뒤에 정화적 접근을 쓰는 것이 상담의 초기에 쓰는 것보다 더 효과적인 경우가 많다.

셋째, 정화적 접근법에서 내담자와 상담자 간 라포 형성이 미흡한 경우, 내담자가 억압의 방어기제를 많이 쓰는 경우, 또는 여러 가지 다른 이유들로 내담자가 영화에서 표적으로 삼은 정서를 충분히 느끼지 못하는 경우가 발생한다. 이러한 경우, 당황하지 말고 바로 그 지점에서 다시 상담을 시작하면 된다. 왜 정서를 충분히 느끼지 못했는지, 영화의 어떤 부분 때문에 정서가 반감되거나 정서를 느끼기 힘들었는지 논의하면서 내담자의 내면에 대한 탐색을 시작하는 것이 좋다.

마지막으로, 정화적 접근에 적합한 영화는 정서가 충만한 등장인물을 보여 주거나 정서를 통제하는 방법을 가르치는 것이 아니라 내담자에게 정서 그 자체를 느끼게 하는 것이 중요하다. 영화 〈와일드 테일즈: 참을 수 없는 순간(Relatos salvajes, Wild Tales, 2014)〉은 참을 수 없는 순간에 분노를 폭발하고야 마는 여섯 개의 에피소드가 담겨 있다. 분노를 촉발하는 현실적 이야기에 공감이 가지만 에피소드마다 보복으로 귀결하는 점과 코미디적 요소가 개입되어 있어 관객들은 분노의 정서를 충분히 탐색하기 어려운 점이 있다.

정화적 접근을 위한 영화선택 Checklist

1. 풍부한 감정과 정서가 배어 있는 내용의 영화인가?

2. 삶의 실존적인 고통과 의미, 깊은 감동과 정서적 승화를 주는 영화인가?

3. 보고 나면 정서적 고양감을 일으킬 수 있는 영화인가?

   ▶ 용기, 지혜, 호기심, 휴머니즘 같은 긍정심리학의 가치를 주제로 담고 있는가?

   ▶ 분노, 시기, 기쁨, 슬픔, 수치심, 질투, 두려움, 사랑 중 어느 감정이 표적인가?

   ▶ 결핍, 동기, 욕망 같은 무의식을 건드리는 영화인가?

4. 자아의 변형과 초월을 다룸으로써 더욱 정서적 성찰을 하게 만드는 영화인가?

연습활동 5-1. 분노 감정 따라가기

※ 영화 〈쓰리 빌보드(Three Billboards Outside Ebbing, Missouri, 2017)〉 중 엄마 '밀드레드'가 분노하는 장면을 감상한다.

1. 영화를 보는 동안 발견한 분노의 기능을 다음 빈칸에 적는다.

2. 공감도가 가장 높았던 부분을 자기 생각과 함께 기록한다.

3. 밀드레드가 표출한 분노와 나의 공감도를 비교하며 발표한다.

[밀드레드를 통해 보는 분노의 두 가지 기능]

구분	전투태세에 돌입하는 상황	상대를 위협함으로써 이러한 전투태세가 필요 없도록 만드는 상황
밀드레드	1. 2. 3.	1. 2. 3.

▷ 영화정보

★ 제목: 쓰리 빌보드(Three Billboards Outside Ebbing, Missouri)
★ 제작국: 미국
★ 제작연도: 2017
★ 상영등급: 15세 관람가
★ 상영시간: 115분
★ 감독: 마틴 맥도나
★ 출연: 프란시스 맥도맨드

◉ **줄거리:** 딸의 살인 사건으로 충격에서 헤어지 못하는 엄마 '밀드레드.' 시간이 지나면서 세상의 관심이 시들해지자 밀드레드는 아무도 사용하지 않는 마을 외곽 대형 광고판에 도발적인 세 줄의 광고를 써서 자신의 메시지를 전한다. 광고가 세간의 주목을 끌면서 존경받던 경찰서장 윌러비와 경찰관 딕슨이 졸지에 무능한 경찰로 전락한다. 그것도 잠시, 마을의 평화를 바라는 이웃 주민들은 하나둘 경찰의 편에 서서 그녀와 맞서기 시작한다. 밀드레드는 다시 외로운 투쟁을 하게 된다.

◉ **관람 포인트:** 분노가 촉발되는 지점과 표출 상황 그리고 조절하는 대목

연습활동 5-2. 기쁨의 정서로 승화하기

※ 영화 〈그것만이 내 세상(Keys to the Heart, 2017)〉을 관람하고 OST를 활용하여 다음과 같이 활동을 연계한다.

1. 영화 주제곡 '그것만이 내 세상'을 함께(반주에 맞춰) 불러본다.

2. 가사를 보며 자신의 꿈에 대하여 생각해 본다.

3. 등장인물들의 꿈을 지지하고 자신의 경험과 연계된 활동을 통해 느낀 점을 나눈다.

[주제곡 '그것만이 내 세상' 가사 중]

아마 난 세상을 모르나 봐 / 혼자 이렇게 먼 길을 떠났나 봐

하지만 후횐-없지 / **울며 웃던 모든 꿈** / 그것만이 내 세상

하지만 후횐-없지 / **찾아 헤맨 모든 꿈** / 그것만이 내 세상 / 그것만이 내 세상

[영화 속 OST와 자신의 경험 연결하기]

구분	자신의 경험
울며 웃던 모든 꿈	
찾아 헤맨 모든 꿈	
나의 궁극적 소망	

★ 제목: 그것만이 내 세상(Keys to the Heart)
★ 제작국: 한국
★ 제작연도: 2017
★ 상영등급: 12세 관람가
★ 상영시간: 120분
★ 감독: 최성현
★ 출연: 이병헌, 박정민

◎ **줄거리:** 서번트 증후군 '진태'(박정민 분)는 피아노 연주에 천재적 재능을 가졌다. '조하'(이병헌)는 한때 WBC 웰터급 동양 챔피언이었지만 지금은 오갈 데조차 없다. 조하가 우연히 17년 만에 헤어진 엄마 '인숙'(윤여정)과 재회하고, 숙식을 해결하기 위해 따라간 집에서 동생 진태와 만난다. 입만 열면 "네, 네!"를 연발하는 심상치 않은 동생을 보자 한숨부터 나온다.

불편하기 짝이 없는 동거가 시작되는데…. '쇼팽의 즉흥 환상곡' 등 진태가 연주하는 여러 피아노 곡 연주가 시시각각 기쁨을 준다. 그런 가운데 꿈을 찾아가는 이들의 경이로운 발길이 뭉클하고 슬프다.

◎ **관람 포인트:** 영화 속 주인공들은 아픔을 지닌 채 살아가고 있지만, 진태의 특출한 피아노 치는 재능 아래 하나가 되어 서로에게 의지하며 꿈을 향해 나아간다.

연상적 접근

제6장

방미나

1. 연상적 접근의 정의와 특징

1 정의

연상적 접근방법(the evocative way)은 영화를 꿈이나 투사를 위한 도구로 가정하고 마치 우리가 '꿈 치료'를 받듯 영화관람 후 자유연상되는 어린 시절의 기억이나 중요한 타인에게 갖는 감정을 상담에 활용하는 것이다(심영섭, 2011). 꿈 치료에서 정의하는 꿈은 자기인식(self realization)의 한 형태로 간주된다. 꿈의 내용을 잘 기억하고 이것을 깨어 있는 의식세계와 연결시켜 행동하고 훈련함으로써 건강증진에 연결시키는 것이다. 인간이 가장 많은 상징의 세계에 빠져 있을 때는 꿈속에 있을 때다. 꿈의 세계를 논리적으로 이해하려 해도 그 의미를 쉽게 알 수 없는 이유는 꿈속의 세계가 상징들로 가득 차 있기 때문이다. 여기에서 영화와 꿈은 꿈과 현실, 이성과 감정, 이미지와 단어의 경계에 위치하면서 사람의 생각, 감정, 행동 그리고 인간의 동기를 분석할 수 있는 텍스트로 기능하고 있음을 보여 준다. 영화를 흔히 '꿈의 세계'라고 부르며, 할리우드를 '꿈의 공장'이라 부르는데, 이는 은연중에 영화와 꿈을 동일시하기 때문일 것이다. 꿈이 소원 충족적인 것처럼 영화도 소원 충족이라는 차원에서 정신 욕망을 재현한다는 것이다. 따라서 스크린은 우리가 가진 타자와 욕망들 그리고 무의식을 투사하는 장소가 되며, 자신의 꿈을 정확하게 이해하기 위해서는 꿈에서 나타난 상징을 알아야 하듯이 영화 속의 상징을 해석함으로써 관객들은 영화를 이해하는 열쇠를 쥐게 되는 것이다(이강화, 2006).

비르기트 볼츠(2005)는 무의식의 지혜를 얻기 위해 꿈을 이용하는 가장 효과적인 방법 중 하나로 제레미 테일러(Jeremy Taylor)[1]의 꿈 작업 원리를 빌려 연상적 접근에 적용했다. 대표적인 방법은 그의 저서『꿈으로 들어가 다시 살아나라』[2]에 제시된 자기발견과 성장을 위한 원리로 영화 속 등장인물에 대해 내담자 스스로의 반응을 이해하게 하고 새로운 발견을 촉진하였다.

우리는 보통 영화를 보면서 자기 자신을 투영한다. 유사한 상황에 놓여 있는 등장인물에게 감정이입이 더 일어나고 과거의 경험이나 무의식적 기억이 떠오르기도 한다. 우리가 영화에서 인상적인 무엇을 경험한다면 그것은 자신의 무의식의 창고를 여는 열쇠가 될 것이다. 연상적 접근은 꿈에서 통찰을 얻는 것이 가능한 것처럼 영화관람 중에 떠오르는 기억을 자기탐색의 도구로 삼아 이전에 알아차리지 못했던 새로운 방식으로 자기발견을 이루어 가는 방법이다.

2 연상적 접근의 특징

연상적 접근의 특징은 다음과 같다.

첫째, 연상적 접근은 잊혀진(또는 억압된) 경험과 기억에 접촉하도록 돕는다. 비르기트 볼츠(2005)는 어떤 영화가 우리와 공명할 때 영화는 우리 영혼의 무의식적 영역과 접촉한다고 했다. 영화에 대한 상징이나 정서적 반응을 이해하는 것은 무의식으로 가는 창이 되며, 내면의 무의식과 접촉하도록 길을 열어준다.

한 부모 여성 가장 집단상담에서 〈매디슨카운티의 다리(The Bridges Of Madison County, 1995)〉[3]를 관람하던 한 내담자는 주인공의 남편과 자녀들이 타 지방으로

---

1 목사이자 신학박사. 1960년 초부터 샌프란시스코에서 꿈 작업을 시작해 신학교, 병원, 교도소 등을 비롯해 영성지도자, 노숙자, 에이즈환자 등 전 세계 사람들에게 꿈 작업을 소개하고 있다.
2 Jeremy Taylor(2006), 고혜경 역,『꿈으로 들어가 다시 살아나라』, 성바오로출판사.
3 〈매디슨타운티의 다리〉, 미국, 1995, 감독-클린트 이스트우드, 주연-클린트 이스트우드, 메릴 스트립.

떠나는 장면에서 슬픔의 감정이 올라왔다. 장면은 이렇다 할 긴장이나 갈등이 드러나지 않았음에도 내담자에게는 주인공의 '맨발'이 자극이 되었다. 내담자는 혼자서 아이들을 양육하느라 심신이 지친 상태였지만 자녀들에게 들키고 싶지 않았고 다른 사람들의 시선을 살피느라 정작 자신의 욕구를 돌보지 못했다. 화면에 비친 주인공의 맨발을 보는 순간, 자유로움을 갈망하는 자신을 발견했다고 한다. 영화 속 주인공의 맨발은 내담자의 '자유에 대한 소망'이 투사된 상징이었고 억압된 자신을 알아차리는 실마리가 되었다.

영화를 관람하는 동안 내담자가 자신의 무의식과 접촉하는 실마리는 다양하다. 그것은 특정 장면이나 대사, 음악, 배경 또는 등장인물의 어떤 성격적 특성일 수 있다. 이러한 실마리들은 억압된 욕구나 잊혀진 기억을 떠오르게 한다. 영화평론가이자 영화치료의 선구자이기도 한 스터드 번트는 영화에서 나타나는 자기반영이나 안내는 심리내적 기능을 요구하고 또 동시에 자극한다고 했다(김종로, 2010). 다양한 상징과 은유로 내담자를 자극하는 영화는 개인의 경험과 접촉하고 심리내적 영역으로 안내하며 이를 통해 의식의 확장과 충만감에 도달하게 한다. 이것이 가능한 이유는 의식의 확장만으로도 진정한 자아를 만날 수 있도록 돕기 때문이다.

둘째, 연상적 접근은 내담자의 방어수준을 낮추고 안전한 퇴행을 돕는다. 방어기제(defense mechanism)는 스트레스나 불안의 위협에서 자신을 보호하기 위해 무의식적으로 사용하는 사고 및 행동 수단이다. 방어기제는 자신을 보호하기 위해 실제적인 욕망을 무의식적으로 조절하거나 왜곡하면서 대체하는 양식으로, 불안과 고통이 반복될 경우 병리적이거나 미성숙한 방어기제를 사용할 수 있다. 병리적인 방어기제는 진실한 자기 내면과의 접촉과 성숙을 방해한다. 방어기제 중 하나인 퇴행(regression)은 비교적 단순한 초기의 발달단계로 후퇴하는 행동으로 신경증적 방어기제의 하나다. 연상적 접근의 영화치료는 퇴행이 건강한 측면으로 활성화되도록 한다. 최혜림(2013)은 영화를 관람하는 동안 어린 시절의 감정이나 행동의 일부로 퇴행하는 것은 방어를 해제하고 자연적인 자기와의 만남으로 이어지고 의식의 수준을 확장하여 보다 건강한 자기를 만나도록 돕는다고 했다. 이는 방어기제가 정신건강, 삶의 만족도, 갈등해소 등의 영역에서 긍정적으로 기여한다는 최근의 연구들을 뒷받침하고 있다. 영화치료의 연상적 접근은 무의식적으로 사용하는 방어기제의 수준을 낮추거나 해체하고 진정한 자기를 만나도록 촉진한다.

영화 〈키드(The Kid, 2000)〉[4]는 마흔 살의 성공한 이미지컨설턴트 '러스'가 여덟 살의 자기를 만나 왜곡된 기억을 재구성하는 과정을 그린다. 영화 속 러스는 현재 아버지와 심각한 갈등관계에 있고 그 원인이 자신을 거부하고 통제한 아버지에게 있다고 생각한다. 여덟 살의 자기와 지내는 동안 러스는 불편하고 혼란스러운 감정에서 어린 시절의 자유롭고 편안한 정서로 안전하게 퇴행한다. 러스는 여덟 살에 가졌던 꿈, 두려움, 긴장을 재경험하며 서서히 왜곡된 기억을 수정해 나간다. 자신이 두려워했던 것은 타인(친구들, 아버지)이 자기에게 붙여 준 부정적 이미지가 아니라, 어머니의 죽음을 감당하지 못해 무의식에 가두어버린 것이 두려움의 실체라는 것을 알게 된다. 러스는 무의식에 갇혀 있던 어린 시절의 두려움을 만난다. 과거로의 여행은 묵은 상처를 씻어 내고 현재 자신이 겪고 있는 갈등으로부터 자유로워지는 방법을 만나게 했고 여덟 살의 자기로부터 얻은 지혜와 통찰은 현재의 삶에 충만함을 선물한다.

셋째, 안전한 퇴행은 내면아이(inner child)를 만나고 돌보게 한다. 영화를 보다 보면 특정 장면에서 정서적 동요가 일어나면서 평상시에는 쑥스러워서 하지 못했던 감정적 퇴행을 하는 경향이 생긴다. 이는 영화가 촉발하는 강력한 정서와 어린 시절의 기억이 일상적인 방어를 낮추게 만드는 것이다(심영섭, 2011). 심리적 퇴행을 통해 우리는 우리 속에서 상처받았거나 억압된 내면아이를 만나게 된다. 데이비드 시멘즈(David A. Semands, 1995)는 우리가 우리의 어린아이 때를 기억하지 못한다 해도 우리 모두는 한때 어린아이였음을 지적한다. 어린아이 때의 우리는 늘 우리 안에 존재해 있으며 좋든 나쁘든 우리가 하는 모든 일에 영향을 끼치고 있다고 한다. 내면아이는 성인이 된 나 안에 아직 자라지 못한 어린아이가 존재하고 있다는 브래드쇼(Bradshaw, 2000)의 개념이다. 치유되지 않은 상처 입은 내면아이(the wounded child)를

---

4 〈키드〉, 미국, 2000, 감독-존 터틀타웁, 주연-브루스 윌리스.

진정한 자기로 받아들이면 인간관계나 가치관의 핵심을 차지하면서 불행의 원인이 된다고 한다. 상처 입은 내면아이를 의식 수준에 초대하여 이야기함으로써 오랫동안 억압했던 심리적 외상을 아물게 하고, 상처가 되는 기억을 재해석할 수 있게 된다.[5] 조상호(2017)는 우울증상을 가진 중년여성을 대상으로 진행한 영화치료 개인상담에서 내면아이 치료를 적용했다. 내담자는 공허함 – 무관심 – 우울로 드러나는 상처 입은 내면아이의 전형적인 모습을 취하고 있었다. 내담자는 영화 〈키드(The Kid, 2000)〉를 관람한 뒤 어린 시절 부모의 돌봄으로부터 방치된 채 울고 있는 자신을 만난다. 내담자는 현재 자신의 문제가 내면아이의 대처라고 자각하고 어린 시절의 자신을 성장한 자기가 돌보는 치유 작업을 통해 삶을 긍정적 방향으로 이행시킬 수 있다는 희망을 갖게 되었다.

---

5   브래드쇼(John Bradshaw)는 그의 저서 『상처받은 내면아이 치유』에서 내면아이를 '경이로운 내면아이'와 '상처 입은 내면아이'로 구분하면서 전자를 진정한 자기(true self)로 후자를 적용된 자기(adapted self)로 본다.

2. 연상적 접근의 치유 요인

1 의식화

　무의식은 세상을 살아가는 데 필요한 경험, 학습, 습관, 욕구, 동기 그리고 일상생활과 무수한 행동에서 나타나는 사고, 감정, 행동의 자동적인 패턴이 저장된 값진 보물창고다(Gordon, 1985). 인간의 무의식 세계에는 개인의 심리적 경험 중에서 불쾌하거나 고통스럽게 느껴지는 것들이 억압되어 저장되어 있다. 심리적 지하창고에 저장된 과거의 기억과 억압된 경험들은 서로 은밀하게 경쟁하고 타협한다. 과거 경험은 의식되지 않는다고 해서 영원히 사라지는 것이 아니라 무의식 속에 남아 지속적인 영향을 미친다(권석만, 2012). 무의식은 빙산으로 비유하자면, 가장 깊은 곳에 가라앉아 있는 것이라서 자각하려는 노력에도 쉽게 의식화되지 않는다. 정신분석은 인간행동의 대부분이 무의식 속에 존재하는 심리적 요인에 의해서 결정된다고 보았고 무의식 속에 억압되어 있는 심리적 내용을 찾아내어 의식화하는 것을 치료의 핵심으로 삼았다. 일찍이 프로이트(Freud)는 꿈을 해석하는 것이 무의식을 이해하는 대표적인 방법으로 여기고 꿈의 내용에 담겨 있는 무의식적 욕구, 소망, 갈등을 발견하고자 했다. 분석심리학에서 융(Jung)은 수동적 상상과 적극적 상상을 구분하여 설명하였는데 수동적 상상은 프로이트의 자유연상이나 꿈, 백일몽처럼 마치 스크린에 비추는 영화 장면처럼 체험되어 무의식에 던져진 환영이라고 보았다. 이와 달리 적극적 상상은 체험자 자신이 보다 적극적인 입장과 태도로 무의식에 집중할 수 있고 깊은 마음의 내용물을 의식화할 수 있어 개인의 정신활동에 많은 변화를 일으키게 할 수 있다고 했다. 에릭슨(Milton H. Erickson)은 무의식을 변화에 활용할 수 있는 강력한 자원으로 바라본 심리치료학자다. 에릭슨은 "무의식은 의식이 폐기해 버린 것을 담은 쓰레기통이 아니라 의식을 거듭나게 할 수 있는 모태다"라고 주장하면서 상징 속에 응집되어 있는 모든 무의식적 경험을 긍정적으로 바꿀 수 있다고 확신했다(이윤주, 양정국, 2007, 재인용).

영화치료의 연상적 접근은 영화관람 도중 일어나는 모든 자극을 무의식이 주는 단서로 이해하려는 것이다. 여기서 자극이란, 영화관람 도중 특정한 신체·정서적 반응이 일어나는 장면이나 영화가 끝난 뒤 잔상으로 남는 감각반응이다. 상담자는 내담자가 보고하는 자극에 주목하고 그것이 주는 메시지를 이해하려고 노력해야 한다. 스크린에 투사된 개인의 무의식적 기억과 경험을 의식 수준에서 대면하는 것은 다양한 심리적 증상을 비롯하여 일상적인 실수나 망각으로 위장된 무의식적 소망과 갈등을 이해하는 길이 된다. 자신의 무의식으로부터 건네받은 메시지를 의식의 수준에서 다양한 방식으로 표현하는 것은 삶의 건강한 측면으로 전환하는 계기가 될 수 있다. 우리가 겪는 모든 경험이 우리의 의식뿐 아니라 무의식에도 영향을 준다. 감명을 주는 책을 읽거나 중요하다고 여기는 사람을 만나면 우리의 무의식은 변화한다(Rosen, 1982).

2 은유화

은유(metaphor)란 한 대상이나 개념을 다른 대상이나 개념의 관점에서 이해하고 경험하는 비유법이다. 은유는 개념의 거리감을 절묘하게 운용하면서 다른 사고 유형으로는 불가능한 방법으로 자기와 자기를 둘러싼 세계를 깊이 있게 이해하도록 해 준다(이선형, 2012). 은유의 본질은 한 종류의 사물을 다른 종류의 사물의 관점에서(in terms of) 이해하고 경험하는 것이다. 아리스토텔레스가 언급한 것처럼 은유는 미지의 것을 우리가 잘 알고 있는 것으로 알게 해 준다. 은유의 치유적 속성으로 유사성과 차별성, 창의성, 개방성·다의성·유연성, 간접성·우회성, 표현의 보편성과 개별성, 효과성 등이 있다. 특히 은유는 새로운 세계를 열어 주고 미처 깨우치지 못했거나 제대로 인식하지 못한 진리를 확실하게 알게 해 줄 수 있는 기능이 있다(이민용, 2010). 이러한 은유의 장점을 최대로 활용한 상담학자가 밀턴 에릭슨(Milton Erickson)이다. 에릭슨은 무의식적인 마음의 기제를 활용하여 상징을 전환시키거나 몰입상태에서 문제의 원인보다는 해결책을 찾는다면 상징 속에 응집되어 있는 모든 경험을 긍정적으로 바꿀 수 있다고 확신했다(Robles, 2001). 에릭슨은 은유적인 의사소통 방식이 내담자로 하여금 자신의 문제를 인식하고 행동에 변화를 가져오게 할 수 있다고 강조한다. 상담자의 개입이 없더라도 내담자가 자발적으로 숙고하고 반성할 수 있는 능력이 있다는 것을 깨달아 스스로 문제의 해결책을 찾아낼 수 있다는 것이다. 가족치료사 사티어(Virginia Satir)는 "은유는 인간의 감정을 다루는 방법으로 새로운 소리, 모습, 감각, 느낌, 사고를 하도록 해 주며 장애를 뛰어넘어 변화가 일어날 수 있도록 도움을 주는 도구"라고 정의하였다. 사티어의 은유에 대한 정의를 이해할 수 있는 영화가 〈일 포스티노(Il postino, The Postman, 1994)〉[6]다. 영화는 어부의 아들 '마리오'가 작은 섬에 유배된 시인 '파블로 네루다'의 개인 우체부를 자처하면서 시와 은유를 배우는 과정을 그린다. 두 사람의 관계는 마리오가 사랑하는 여인에게 멋진 편지를 쓰고 싶은 소망에서 시작되었다. 마리오는 짝사랑하는 여인에게 자기 마음을 표현할 은유적 표현을 찾기 위해 바닷가의 소리를 찾아다니고, 여인의 모습을 자세히 바라보며 자신에게 일어나는 감정과 느낌에 세심하게 집중한다. 은유적 표현을 탐구하는 마리오의 실천적인 고심은 개인적 사랑을 넘어 삶의 가치에 눈을 뜨고 삶의 전반에 변화를 일으킨다.

영화는 모든 요소에 상징과 은유를 포함하고 있다. 치료 수단으로써 영화의 활용은 직접적인 서술보다 은유와 상징을 통한 해석과 관찰에 의해서 이루어져야 한다. 왜냐하면, 영화는 단순히 즐기는 차원 이상으로 이미지와 상상, 은유를 통하여 관객과 의사소통을 할 수 있는 힘을 가지고 있기 때문이다. 특히 시각 은유는 언어 은유에 비해서 훨씬 다양하고도 폭넓게 의미를 발견하고, 삶을 가치 있는 것으로 경험하는 과정

---

6 〈일 포스티노〉, 이탈리아, 1994, 감독-마이클 래드포드, 주연-필립 느와레, 마시모 트로이시, 마리아 그라지아 쿠시노 외.

을 제공하기 때문에 다양한 문제를 가진 내담자에게 사용하기가 적절하다. 영화는 특유의 상징과 은유로 관객을 교육하고 새로운 태도를 촉진하는 즐거운 수단이며 사람들에게 경험과 상황을 다르게 보는 방법을 제공하고 여러 태도들 가운데서 선택할 기회와 변화의 방법을 제공한다(이강화, 2006). 연상적 접근의 영화치료에서 내담자가 언어나 시각적인 매체로 표현한 다양한 상징들은 내담자가 만들어 낸 은유라 할 수 있다. 무어(moore)는 시각 은유(visual metaphor)의 사용이 관람자로 하여금 더 영적인 수준에서 인생의 의미를 발견하고 더 가치 있고 의미 있는 것으로 경험하게 만든다고 하였다(Wedding & Niemiec, 2003).

3. 연상적 접근의 활용

1 연상적 접근을 위한 영화선택

　연상적 접근에서 적용하는 영화는 관람자(또는 내담자)의 무의식적 욕망을 반영하는 하나의 거울이라 할 수 있다. 그러므로 어떤 영화가 내담자의 무의식에 도달할 수 있을지 예측하기 어렵다. 상담자는 내담자가 반복해서 보거나 강렬한 인상을 남긴 영화(마치 내담자의 중요한 꿈과 같은 영화)를 중요하게 여기고 그 이유에 대해 호기심을 가져야 한다. 마치 꿈을 통해 내담자의 무의식을 창고를 방문하듯 영화를 통해 내담자의 무의식이나 영화가 내담자의 삶에 주는 의미에 대해 관심을 기울여야 한다.

　연상적 접근은 영화의 전반적인 메시지 또는 영화 속 특정 장면이 던져 주는 실마리를 따라 내담자의 내면에 숨겨진 의미와 기억을 명료화하는 치료 과정이다. 내담자가 영화관람에서 보상받는 발달상의 결핍 또는 과잉은 무엇인지 또는 내담자가 퇴행기제를 일으킬 만큼 정서적으로 풍부하고 감동을 주는 영화는 어떤 것이 좋을지 연구해야 한다.

　연상적 접근의 영화치료를 진행할 때 유의해야 할 점은 다음과 같다.

　첫째, 특정 영화가 적절하다고 단정적으로 제시할 수 없다. 어떤 영화 혹은 영화의 어떤 단서가 내담자에게 의미 있게(또는 강렬하게) 다가갔는지가 연상적 접근의 출발이다. 이런 점에서 상담자는 내담자가 반복해서 관람한 영화라든가, 오랫동안 각인되어 잊지 못하는 영화가 무엇인지 질문할 수 있다. 그 영화가 주는 전체적인 인상도 의미 있으나 특정 인물, 특정 장면, 특정 대사 등에 집중하여 거기서 무엇을 경험했는지를 상담의 시작으로 삼을 수 있다.

둘째, 내담자가 의미 있다고 보고하는 영화에 대해 상담자는 어떤 평가도 제시하지 않는다. 영화의 기본정보, 배우, 수상경력, 리뷰 등은 자칫 내담자에게 중요한 기억을 차단하고 검열하는 틀이 될 수 있다. 내담자가 보고하는 영화가 상담자가 아는 영화든 알지 못하는 영화든 내담자의 이야기를 통해 마치 새로운 세계에 들어가듯 내담자를 따라가야 한다.

셋째, 영화선택 시 내담자의 주 호소문제를 충분히 고려해야 한다. 개인상담이나 집단상담에서 상담자가 영화를 미리 선정하고 처방해야 할 경우 내담자의 호소문제를 충분히 탐색하고 무의식을 활성화하고 잊혀진 경험에 접촉할 수 있는 영화를 선택해야 한다. 교훈적인 의도를 갖고 동일시나 모델링을 염두에 두지 않는다는 점에서 지시적 방법의 영화선택과 차별성을 갖는다. 다양한 시청각적 은유가 포함되어 있는 영화는 내담자에게 영감을 제공한다.

넷째, 연상되는 기억을 기록하고 표현할 수 있는 방법을 병행할 수 있다. 언어적 표현으로 자신의 경험을 표현하기 어려운 내담자라면 미술치료, 음악치료, 이야기치료 등 표현예술치료 기법과 병행한다. 영화를 구성하는 요소가 하워드 가드너(Howard Gardner)가 제시한 다중지능(multiple intelligence)과 유사한 맥락을 가진다는 점에서 영화의 음악, 대사, 움직임, 미술적 요소를 연계할 수 있다.

4. 연상적 방법의 실제: 자유연상과 적극적 상상

1 자유연상

　　자유연상(free association)이란 아무런 억제나 논리적 판단 없이 마음에 떠오르는 생각을 그대로 이야기하는 방법이다. 이는 의식적 억제를 최소화한 자유로운 상태에서 억압된 무의식 내용이 잘 떠오를 수 있다는 점을 이용한 기법이다(권석만, 2012). 자유연상은 억압된 무의식의 내용을 탐색하기 위해 사용하는 기법으로써 어떤 검열이나 자기비판도 개입되지 않아야 한다. 이때 상담자는 내담자의 이야기를 경청하며 이야기의 내용뿐만 아니라 감정, 목소리, 침묵 등과 같은 다양한 반응을 유심히 관찰한다. 때로는 특정한 주제에 대하여 자유연상할 수 있으며 내담자는 어린 시절의 경험이나 잊혀진 장면을 떠올리고 그 경험과 관련된 억압된 감정을 표현하기도 한다. 연상적 접근에서 영화는 내담자의 오감(五感) 모두를 자극하고 영화 자체가 하나의 자유연상을 위한 도구가 되어 잔영(殘影)처럼 과거의 기억들이 떠오르고 그 가운데 내담자도 미처 깨닫지 못한 색다른 이미지와 억압된 기억이 떠오를 수 있다(조상호, 2017).

2 적극적 상상

적극적 상상(active imagination)은 융(C. G. Jung)에 의해 명명된 개념으로 인간이 진정한 자기원형(archetype)[7]적인 모습을 대면할 수 있도록 도와주는 행위다. 적극적 상상이라는 용어는 개인과 관련된 연상과 하나의 이미지 또는 연쇄적 이미지들을 통하여 정신적인 활동을 하는 것을 언급하기 위해 정립되었다. 그 상상력은 인상적이지만 알기 힘든 꿈의 이미지 또는 자연스럽게 일어나는 시각적인 인상에 집중하여 그 안에서 일어나는 과정에 집중하는 것이다(허길수, 2015). 적극적 상상은 무의식적 요소를 깨어 있는 상태에서 표출하기 위한 치료적 기법으로 구체적인 상황에서 출발하여 무의식에 잠재되어 있는 이미지들을 의식의 세계로 끌어올리는 적극적인 행위다. 그것은 의도적으로 만들어 내는 것이 아니며 무의식에 잠재된 콤플렉스의 내용과 이미지를 의식 상황에서 경험하려는 노력으로서 예술적이고 자기표현적인 매체를 통해 구체화된다(Hyde, Magg, 2007). 적극적 상상을 통한 내면과의 대화는 음악, 그림, 춤, 조각, 글쓰기 등으로 기록하여 이미지를 표현할 수 있다.

적극적 상상법은 다음과 같이 4단계로 구성되어 있다(한성우, 2012).

- **1단계:** 초대(The Invitation) - 무의식의 창조물들이 표면으로 떠오르도록 초대하고 우리들과 접촉하도록 하는 것이다. 무의식의 환상 이미지가 의식으로 초청하기 위해 마음을 비우고 주의집중하며 기다리는 작업이 필요하다. 환상을 사용하기, 상징적인 장소 방문하기, 의인화하기 등을 사용할 수 있다.
- **2단계:** 대화(The Dialogue) - 초대된 이미지들과 대화를 시작한다. 기본적인 태도는 '기꺼이 들어 줄 준비가 되어 있음'이다. 하나의 이미지와 이야기하기, 감정에 참

---

7 집단무의식을 구성하는 여러 가지 내용을 '원형(archetype)'이라고 부른다. 원형은 우리 정신에 깃들어 있는 신성한 구조적 요소로 융이 설명하고 있는 원형에는 출산, 재생, 죽음, 권력, 영웅, 신, 악마, 대지, 태양, 달, 바람, 강, 불, 동물 등과 같은 많은 자연물이 있다. 원형은 모든 인간의 정신에 존재하는 인간정신의 보편적이며 근원적인 핵으로서 반복적인 체험의 시공을 넘어 항상 재생할 수 있는 가능성이며 틀이다.

여하기, 조종하지 않기, 듣고 대답하기는 우리가 더욱 집중하고 더욱 깊이 경험하는 것을 돕는다. 그 이미지에 표현 형태를 부여하고 이름을 붙이거나 그림을 그리거나 언어로 이미지를 구체화시킨다.

- **3단계:** 가치(The Values) − 무의식의 상들과 윤리적인 대면이 필요하다. 왜냐하면, 무의식은 도덕적 또는 윤리적 규범에 제한받지 않는 본능적 속성이 있기 때문이다. 적극적 상상 과정에서 비인간적이거나 파괴적으로 되거나 극단화되는 상황으로부터 보호하기 위해서 윤리적인 요소를 행동에 도입하는 것은 의무이자 책임이다. 여기에 윤리의 의미에 의해 유도된, 의식적인 자아가 요구된다.

- **4단계:** 의식(The Rituals) − 적극적 상상을 구체화하는 것은 추상적이고 이상화된 수준에서 일상적인 삶의 구조 속으로 통합할 어떤 일을 하는 것이다. 이것은 환상을 행동으로 바로 옮기는 것을 의미하지 않는다. 적극적 상상을 통해 얻어진 경험으로부터 의미, 통찰, 기본적인 원칙들을 취하고 실제 삶 속에 통합함으로써 구체화하는 것을 말한다.

연습활동 6-1. 적극적 상상 기법을 적용하여 어린 시절의 자기와 대화하기

▷ **영화정보**

★ 제목: 프리다의 그해 여름
★ 원제: Estiu(스페인어), Summer(영어)
★ 제작국가: 스페인
★ 제작연도: 1993년
★ 장르: 드라마
★ 관람등급: 전체 관람가
★ 상영시간: 98분
★ 감독: 카를라시몬
★ 출연: 라이아 아르티가스, 브루나 쿠시, 데이비드 베르다거, 파울라 로블레스 외

◉ **줄거리:** 사랑받고 싶은 여섯 살 '프리다.' 1993년 여름, 어른들이 쉬쉬하며 알려 주지 않았지만 프리다는 알고 있었다. 아픈 엄마는 세상을 떠났고, 홀로 남겨진 자신은 시골 외삼촌 집으로 가야 한다는 것을. 외삼촌 부부와 사촌동생 '아나'는 프리다를 따뜻하게 맞아 주었고, 새 가족과 잘 지내고 싶은데 어쩐지 점점 미움만 사는 것 같다. "여긴 아무도 날 사랑하지 않아." 볼 수 없는 엄마를 향한 그리움을 어떻게 달래야 할지, 외삼촌과 외숙모가 아나를 더 예뻐하는 것 같아 속상한 마음을 어떻게 표현해야 할지, 내가 말썽을 피워 화가 난 외숙모에겐 뭐라 말해야 할지 몰랐을 뿐인데…. 결국 앞이 보이지 않는 깜깜한 밤, 프리다는 자신을 사랑해 줄 가족을 찾아 떠난다.

▷ **영화감상 전**

1. 영화를 보기 전 〈영화감상 전 지시문의 예〉를 참고하여 영화에 충분히 집중할 수 있도록 내담자를 준비시킨다.
2. 적극적 상상 기법을 적용하기 위해 각자 도화지와 크레파스(또는 물감)를 준비한다.
3. 영화 〈프리다의 그해 여름〉을 감상한다.

▷ 영화감상 후

1. [초대]

1) 영화가 끝난 뒤 제일 먼저 떠오르는 이미지에 집중한다.

2) 떠오른 이미지를 도화지에 그린다(이미지는 사물, 풍경, 인물 등 제한하지 않는다).

2. [대화]

1) 자신이 표현한 이미지를 인격화한다.

2) 인격화된 이미지와 대화한다. 그 이미지가 어떤 이야기를 하는지 경청하고 글로 쓴다.

3) 이미지를 표현하고 글로 쓰는 과정에서 일어나는 감정을 기록한다.

3. [가치]

[초대-대화]의 단계를 경험하면서 자신에게 연결되는 의미를 탐색하고, 상담자와 이야기를 나눈다(집단상담에서는 집단원 전체와 공유한다).

▶ 영화를 통해 떠오른 이미지로 어떤 시기의 어떤 경험이 연상되었는가?

▶ 그때의 경험이 지금-현재 자신에게 어떤 메시지로 연결되는가?

▶ 3단계 활동을 통해 새롭게 알게 된 것은 무엇인가? 어떤 가치를 만나게 되었는가?

4. [의식]

새로운 경험과 가치가 일상생활에 뿌리내리게 할 수 있는 구체적 행위를 찾아본다.

< 영화감상 전 지시문의 예 > (보기)

긴장을 풀고 이완된 상태로 신체에 주의를 기울입니다.

호흡에 집중합니다. 잠깐 동안 자신의 호흡을 바라봅니다.

어떤 긴장이나 멈춤에 주의를 기울입니다.

긴장이 되는 신체부위로 숨을 내쉬면서 느껴 봅니다.

잔잔한 주의력은 여러분을 더욱 현재에 머물도록 해 줍니다.

내면의 비판이나 평가 없이 스스로를 느껴 보십시오.

과거나 미래에 사물에 대해 판단하거나 생각하고 있는 자신을 알아채면

지금-여기에 머무르고 있는 자신에게로 빨리 돌아오십시오.

자! 편안하고 주의가 집중되었습니다.

이제 영화 감상을 시작합니다.

'무엇에든 연민을 느끼는 목격자'가 되길 바랍니다.

제3부

영상영화치료의 실제

영화치료의 과정

제7장

김은지

1. 개인영화치료

1 개인영화치료의 원리

오락적으로 영화를 볼 때는 재미와 흥미만 충족되면 된다. 재미가 있으면 영화관람에 사용한 비용과 시간이 아깝지 않다. 배우에게 집중해서 스토리 중심으로 보며 영화의 결말에 관심을 가진다. 영화를 보면서 무의식적으로 긴장하게 되고 정서적인 동일시를 통해 카타르시스를 느낀다. 이런 방식으로 보는 것을 오락적 관점의 영화관람이라고 한다. 치료적 관점으로 영화를 보는 것은 이와는 다르다. 이야기보다 등장인물에 관심을 가지고 그들의 행위보다는 관계 역동에서 해답을 찾으려고 애쓴다. 이러한 과정은 상담자가 내담자의 문제를 정확히 이해하고 사례개념화를 하는 과정과 유사하다. 결과보다는 과정에 관심을 가지며 배우를 보는 것이 아니라 자신에게 집중한다. 내가 어떤 인물에게 편안함과 불편감을 느끼는지, 어떤 장면에서 호감과 거부감이 느껴졌는지 의식적인 자각하에서 동일시하며 분석한다. 그 동일시 과정을 글과 말로써 표현한다. 영화치료는 영화의 내용이나 의미에 관해서 토론하는 것이 아니다. 어떤 장면이 어떻게 내담자에게 영향을 주었는지를 알아내고 그 전치 과정을 명료하게 드러내 주는 것이다. 치료적 관점으로 영화를 보는 것은 고도의 집중력이 필요하며 의식적인 작업이므로 에너지가 많이 소모된다. 그러나 오락적 관점에서는 볼 수 없었던 통찰을 할 수 있게 되어 자기이해 및 자기성장에 매우 효과적이다.

자발적인 내담자라 하더라도 자신의 문제를 개방하는 데는 부담감과 어려움이 있을 수 있다. 영화치료에서는 내담자의 문제에 접근하기 전에 영화에 관한 이야기부터 시작하므로 부담 없이 관심사나 감정들을 터놓고 이야기할 수 있어서 방어 없이 상담자와 쉽게 신뢰감을 발전시킬 수 있다. 영화를 본 뒤 영화에 대한 전반적인 인상에 대한 접근에서 단계적으로 내담자의 문제와 연관하여 접근한다. 상담사의 목표로 한 정서와 주제에 적합하게 명료화, 요약하기, 구체화를 통해 초점잡기(focusing)를 하고 적절한 시기에 내담자의 경험 및 영화 속 등장인물과 다리놓기(bridging)를 활성화한다.

우리는 삶에서 의식하든 의식하지 못하든 심리적 목적으로 영화를 사용하고 있다. 기분전환의 목적으로 자신에게 적합한 장르의 영화를 활용하고 있다면 이미 자기조력적 영화치료를 실천하는 것이다. 또 누구나 다른 사람의 삶을 들여다보고 싶은 본능이 있는데, 영화는 타인의 삶을 살펴봄으로써 자신의 생활 방식을 점검할 수 있고 내가 경험하지 못한 가상의 삶을 간접 체험하는 기회를 부여해 준다. 영화 속 등장인물을 통해 다양한 성격들을 경험하고, 영화 속 등장인물이 자신과 유사한 문제로 역경을 겪는 장면들을 지켜보면서 나만 힘든 게 아니라는 보편성(universality)을 인식할 수 있다.

영화의 치료적 기능 중에는 시뮬레이션(simulation) 효과가 있다. 내담자가 해결하지 못하는 문제를 효과적으로 잘 해결하는 영화 속 등장인물을 훌륭한 모델로서, 문제해결책을 관찰하여 똑같이 모방하며 생활 속에서 적용해 볼 수 있다. 이때 머릿속으로 해결책을 상상만 하는 것보다 시각적으로 보여 주는 것은 가상 현실처럼 실제 상황에 더 친화적으로 적용해 볼 수 있게 한다. 심리적 거리두기를 통해 자신과 유사한 상황과 문제를 객관화해서 볼 수 있고, 부정적 사고를 반추해 봄으로써 행동기준이 된다. 예를 들어, 자기애가 강한 내담자가 영화 속 자기애성 성격장애 인물을 관찰하고 느낌을 나눈 뒤 본인과 비슷한 점을 찾아보는 과정을 통해 미처 몰랐던 자신의 이기적인 행동으로 인해 타인이 느꼈을 불편함을 통찰하게 되는 것이다. 영화는 친화력 있는 상담자이면서 내담자를 지지해 주는 도구로서 작용한다.

2 개인영화치료의 과정

▶ 1 1단계: 영화선정 평가

영상영화심리상담사에게 영화선택은 매우 중요하다. 내담자의 문제 및 상담 목표에 적합해야 하며, 내담자의 개인 상황(예: 내담자의 문제, 이슈, 인지 수준, 선호도, 취미, 관심사, 직업 등)을 고려해야 한다. 내담자의 영화적 기호를 존중해야 하고 감수성 및 특정한 캐릭터와의 유사성을 고려해야 한다. 예를 들어, 〈메디슨 카운티의 다리(The Bridges Of Madison County, 1995)〉는 중년여성에게는 반응이 좋은 영화이지만 주인공과 세대 차이가 난다는 것만으로도 20대 초반의 대학생에게는 전혀 몰입되지 못한다. 그들에게는 〈굿 윌 헌팅(Good Will Hunting, 1997)〉의 '윌'과 '스카일라'의 관계 역동이 몰입이 쉬울 것이다. 자신과 현재 관심사가 유사하므로 캐릭터에게 매력을 느끼게 된다.

내담자가 어떠한 인물에게 역동이 일어날지 알 수 없으므로 여러 성격의 인물이 등장해서 다양한 관계 역동이 나타나는 영화를 선택하는 것이 좋다. 영화치료의 첫 단계인 동일시가 일어날 수 있도록 핍진성(逼眞性, verisimilitude)[1]이 높은 영화를 선택한다. 영화목록집이나 전문가의 추천을 참고하되, 반드시 두 번 이상 보고 확신이 설 때 선택하는 것이 좋다.

효과적인 역할모델 및 문제해결을 보여 주는 영화를 선택하고 심층적인 자기이해를 할 수 있고 질문을 던지고 영감을 주는 영화를 선택하는 것이 좋다. 영화내용 그 자체보다는 상징적인 수준에서 상담 목표와 상관이 있어야 한다. 예를 들어, 학교폭력 문제라고 해서 학교폭력을 직접 다룬 영화를 선택하는 것이 아니라 성격이 다른 힘의 불균형을 다룬 영화를 선택하는 것이 효과적이다.

개인상담에서는 상담자가 영화를 선정하는 순방향 고르기보다 사전에 내담자에게

---

1 핍진성(逼眞性, verisimilitude): 문학, 예술 분야에서 작품의 내용이 신뢰할 만하고 개연성이 있다고 감상하는 이에게 납득시키는 정도. 즉 핍진성이 높은 영화일수록 관람자(내담자)는 동일시와 투사가 잘 일어날 것이고 영화치료의 효과가 높을 것이다.

내 인생의 영화 목록(5~10편)을 정리하게 한 뒤 그것을 바탕으로 선정하는 역방향 고르기가 더욱 효과적이다. 내담자의 영화목록 중에서 상담 목표에 효과적인 영화를 선정하는 것이다. 예를 들어, 내담자가 의사소통에 어려움을 겪고 있어서 건강한 자기주장을 할 수 있도록 상담 목표를 정했다면 내담자의 인생영화 목록 중에서 건강한 자기주장에 효과적인 영화를 선택하는 것이다.

▶ 2 2단계: 영화와 대상의 연결 및 시행

영화는 제안보다는 처방의 관점에서 제시한다. 왜 이 영화를 선택했는지 이유를 설명하고 간략하게 영화를 소개한다. 영화를 보는 횟수와 처방 시기는 치료적 상황과 상담자의 스타일에 따라 결정된다. 영화관람을 과제로 주면서 다음 상담을 하러 올 때 미리 보고 오도록 할 수도 있고, 편집본을 함께 보거나 영화의 전반부 또는 후반부만 선택해서 볼 수도 있다. 내담자에 따라 편집본을 보는 경우 내용을 이해하는 데 어려움을 호소하고, 과제에 대한 부담으로 결석을 하는 경우도 있으므로 여러 사항을 잘 고려하여 선택한다.

진행단계와 상담의 분위기에 맞는 영화를 선택한다. 예를 들어, 진한 감정의 정화는 신뢰감이 충분히 형성된 다음에 하는 것이 좋다. 투사, 정서, 모델링 중 무엇을 일으킬 것인가에 따라 영화의 길이와 성격이 달라진다. 정서적인 통찰과 정서 표현을 촉진하고자 할 때는 정서 반응을 일으킬 수 있도록 스토리가 충분히 전개되는 길이로 상영하는 것이 효과적이다.

▶ 3 3단계: 영화집단 보고 및 논의

영상영화심리상담사는 목표로 한 정서와 주제에 적합하게 명료화, 요약하기, 구체화를 통해 초점잡기를 한다. 어떠한 형태이든 영화를 본 직후에 치료를 하는 것이 더욱 생생하고 효과적이다. 영화를 본 뒤 영화에 대한 전반적인 인상에 대한 접근에서 단계적으로 내담자의 문제와 연관하여 토의하도록 한다. 내담자의 경험 및 영화 속 등장인물과 다리놓기를 활성화한다. 적시성(適時性)에 맞추어 내담자의 준비 정도를 면밀하게 확인하며 상대적으로 안전하다고 느껴지는 주변적인 문제부터 핵심적인 문제로 서서히 접근해 간다.

▶ 4 4단계: 평가 및 생활에서의 적용

만약 영상영화심리상담사가 선정한 영화선정이 실패한다면, 그 부분을 내담자에게 솔직히 인정하고 어떤 부분이 적합하지 않았는지 확인하고 내담자가 보고 싶은 영화를 제안하게끔 한다. 선정한 영화와 내담자의 삶을 다리놓기하는 데 실패하였다면 내담자의 기대와 어떻게 다른지, 어떠한 요소가 다리놓기를 방해했는지에 대해 진솔한 토의를 한다. 내담자가 새롭게 의식화되고 통찰하게 된 자신의 모습을 수용하고 생활 장면에서 긍정적인 변화를 꾀할 수 있도록 촉진한다.

3 개인영화치료의 실제

영화치료는 영화의 내용이나 의미에 관해서 토론하는 것이 아니다. 어떤 장면이 어떻게 내담자에게 영향을 주었는지를 알아내고 그 전치 과정을 명료하게 드러내 주는 것이다. 등장인물에게 관심을 가지고 어떤 인물에게 편안함과 불편감을 느끼고, 어떤 장면에서 호감과 거부감이 느껴졌는지 의식적인 자각하에서 동일시하며 분석한다. 그 동일시 과정을 치료사와 함께 공유한다.

개인으로 영화치료를 하는 과정은 다음과 같다. 영상영화심리상담사는 먼저, 상담 계약을 한 뒤 면담, 심리검사, 영화목록 등을 통해 내담자에 대한 정보를 수집하고, 사례개념화를 통해 내담자 문제에 대해 가설을 설정한다. 다음으로, 합의된 상담 목표를 정하고 목표를 이루기 위한 실천 행동을 계획하고 실행한다. 내담자는 심미적 거리에서 영화 속 인물에게 동일시가 일어나고, 다양한 감정의 카타르시스를 느끼며, 의미 있는 통찰을 하게 된다. 그 통찰을 자신의 삶에 어떻게 적용할 것인가 치료사와 함께 계획을 세우고 실천하는 과정으로 영화치료가 진행된다.

우울감을 호소하는 내담자 사례

20대의 여성 내담자와 우울감 감소를 목표로 상담이 진행되었다. 내향성이 강한 내담자는 영화를 통해 상담하는 것을 선호하였다. 내담자의 인생영화 목록에는 〈타이타닉(Titanic, 1997)〉, 〈티파니에서 아침을(Breakfast At Tiffany's, 1961)〉, 〈라라랜드(La La Land, 2016)〉가 있었다. 내담자는 〈타이타닉〉에서 가장 인상적이었던 장면은 남녀 주인공이 3등실에서 신나게 춤추는 장면이라고 보고하였다. 그 장면에 대한 감정은 즐거움과 자유로움이었다. 한편, 〈라라랜드〉에서 가장 인상적이었던 장면은 주인공 '미아'와 '세바스찬'이 식사를 하면서 다투는 장면이라고 보고하였다. 그 장면에 대한 감정은 서로 사랑하면서 오해하는 것에 대한 안타까움과 답답함이었다. 상담 중에 내담자는 이 장면이 자신에게 익숙한 장면임을 통찰하였다. 학창시절부터 늦은 밤 부모님이 자주 싸우던 장면이 연상된 것이었다. 외동딸이 기대만큼 따라오지 못한 것에 대해 서로 상대방 탓이라고 다투던 장면이었다. 가족이니 서로 사랑하면서도 오해하고 다투는 것에 답답하고 안타까웠던 감정이 투사된 것이었다. 한편, 〈티파니에서 아침을〉에서 인상적이었던 장면은 주인공 '홀리'가 낯선 남자인 '폴'의 집에 창문을 통해 들어가는 장면과 파티에서 홀리의 담뱃불에 한 여성의 모자가 불탔는데 아무렇지 않게 불이 꺼지는 장면이었다. 통제가 많았던 환경에서 성장한 내담자로서는 홀리의 자유로운 행동이 놀랍고 신기했으며, 실수하면 늘 질책을 받았던 내담자에게 주인공의 실수가 별일 아닌 일로 덮어지는 것도 놀랍고 신기한 일이었다. 인상적이었던 장면들을 탐색하면서 내담자의 원가족에 대해 깊이 있게 탐색할 수 있었다.

내담자는 식사를 자주 거르는 심각한 상태였으므로서 하루에 2끼 이상 제대로 된 식사하기를 행동과제로 부여하였다. 동기유발을 위한 지시적 접근으로서 내담자의 선호도와 유사성을 고려하여 〈리틀 포레스트(Little Forest, 2018)〉를 보고 오도록 처방하였다. 진로 고민을 하는 주인공에게 동일시되었고 정성껏 음식을 만들어 먹으면서 자신을 아끼는 모습이 인상적이었다고 보고하였다. 내담자에게 특별히 기억나는 장면은, 주인공 '혜원'과 동네 친구 '은숙'과 '재하'가 계곡에서 다슬기를 잡고 술을 마시는 장면이었다. 이 장면에 대한 느낌은 즐겁고 편안하다고 보고하였다. 그러나 상담하는 중에 이 3명의 관계 역동이 내담자의 핵심문제와 연결되어 있다는 것을 발견하였다. 영화에서 재하는 주인공 혜원을 좋아하고, 은숙은 재하를 좋아하는 삼각관계였다. 과거 남자친구에게 내담자의 친구가 호감을 보였고 자존감이 낮은 내담자는 남자친구가 전혀 반응하지 않았음에도 불구하고 남자친구와 연락을 끊고 관계를 단절했다. 이별한 지 1년이 지났음에도 불구하고 최근까지 자신의 행동을 탓하고 자신을 괴롭히고 있었던 우울감의 원인을 발견할 수 있었다. 그 통찰을 계기로 상담은 핵심문제로 접근하게 되었다.

내담자에게 과거와 현재의 인간관계에서 반복적으로 삼각관계 패턴이 나타나고 있다는 것을 발견하였고, 근원적인 원인을 탐색할 필요가 있었다. 삼각관계 패턴은 동성관계에서도 나타났는데, 성별과 상관없이 자신이 마음 준 사람이 다른 사람에게 관심을 가지는 게 싫다고 하였다. 친구가 자신 외에 다른 사람에게 관심 가지는 것을 못견뎠고, 자신만 바라보기를 원했다. 원가족 관계를 심층 탐색한 결과, 내담자는 아버지와 갈등이 극심하였고 현재까지 그녀의 우울감에 부정적인 영향을 미치고 있었다. 외동딸인 내담자는 아버지와의 관계 개선에 대한 기대를 포기했기에, 어머니에게 심리적으로 많이 의존하고 있었다. 엄마가 자신에게만 집중해 주길 원했고 아버지와 애착관계를 형성하는 것에 거부감이 컸다. 그 패턴이 대인관계 전반에 영향을 미치고 있었고, 그로 인해 갈등의 악순환이 반복된다는 것을 통찰할 수 있었다. 내담자는 의미있는 통찰을 통해 자신의 관계 패턴과 갈등을 다른 관점으로 보고 새로운 변화를 할 수 있는 계기가 되었다.

종결하는 시점에 내담자는 〈스타 이즈 본(A Star Is Born, 2018)〉을 반복해서 보면서, 처음에 미처 보지 못한 부분을 새롭게 발견하며 사고의 확장과 통합적 관점을 갖는 '자기조력적 영화치료'를 삶에 적용할 수 있게 되었다.

표 7-1 ● 상담에서 사용된 영화목록

No.	영화명	방법	장면	감정	통찰
1	타이타닉 (1997)	역방향 고르기	남녀 주인공이 3등실에서 자유롭게 춤추는 장면	자유로움 부러움	자유로움과 진정한 관계에 대한 열망
2	라라랜드 (2016)	역방향 고르기	남녀 주인공이 식사하면서 다투는 장면	답답함 안타까움	본인 문제로 자주 싸우던 부모님의 모습 투사
3	티파니에서 아침을(1961)	역방향 고르기	1) 주인공이 낯선 남자의 집에 창문을 통해 들어가는 장면	놀라움 신기함 자유로움	구속에서 벗어나고 실수해도 질책받지 않고 수용될 수 있음
			2) 파티에서 주인공의 실수로 모자가 불탔는데 아무렇지 않게 불이 꺼지는 장면		
4	리틀 포레스트 (2018)	순방향 고르기	주인공이 친구들과 계곡에서 다슬기를 잡고 함께 술 마시는 장면	즐거움 편안함	삼각관계 패턴, 부와 갈등 모에게 심하게 의존하고 있음
5	스타 이즈 본 (2018)	자기조력적 영화치료	남녀 주인공이 이별하는 과정	슬픔	이별이 자신의 잘못이 아니며 이별 후 성장할 수 있음
			성장하고 독립하는 여주인공의 모습	편안함	

2 내담자의 영화목록 활용 사례

22살 여대생 내담자와 자기이해 증진을 목표로 상담이 진행되었다. 내담자의 영화 목록에는 〈미녀는 괴로워(200 Pounds Beauty, 2006)〉가 있었다. 이유는 알 수 없지만 여러 번 반복해서 보았다고 보고하였다. 그녀는 170cm 신장에 늘씬하고 예쁜 외모의 소유 자로서 과대표에 학과의 스타였다. 한참 외모와 인기에 관심이 많은 시기이니 그러한 이유로 선택한 영화일 것이라고 짐작하고 영화를 보았다.

내담자가 함께 보고 싶은 장면은 실력자이지만 95kg의 거구로 가수가 될 수 없었 던 '한나'가 전신성형으로 완벽한 몸매의 대스타 '제니'가 된 후, 아무도 모르게 아버지 가 있는 요양원에 찾아가서 함께 춤추는 장면이었다. 아버지는 심한 치매로 딸인지 아 내인지도 구분하지 못하는 상황이었다. 화려한 외모와 활달한 성격으로 학과의 인기 스타인 내담자에게는 아무에게도 말할 수 없고 숨기고 싶은 가족사가 있었다. 제니라 는 대스타가 되었지만 자신의 실체가 드러나면 인기가 한순간에 사라질 것이라는 두 려움을 느끼는 주인공에게 동일시된 것이다. 내 인생영화 목록을 통해 내담자 문제가 무의식에서 의식으로 드러날 수 있게 되었다.

기분 부전증을 호소하는 40대 초반의 주부가 찾아왔다. 영화를 좋아하는 내담자였 다. 내담자의 영화목록에는 〈시스터 액트(Sister Act, 1992)〉가 있었다. 이유는 알 수 없 지만 여러 번 반복해서 보게 된다고 했다. 가장 인상적인 장면은 삼류가수인 '글로리스' 가 어쩔 수 없는 사정으로 수녀원에 들어와 성가대 지휘자가 되어 성가대원들이 신나 게 춤추면서 합창하는 장면이었다.

내담자에게 이 장면을 떠올리면 어떤 감정이 느껴지는지 확인하니 "이유는 모르겠 지만 볼 때마다 눈물이 난다"고 하였다. 눈물이 난다는 것은 복합적인 의미이므로 구 체적으로 확인한 결과, 슬픔, 안타까움, 서러움 등의 부정적인 감정이었다. 보통사람 들과 상반된 정서로서 일반적인 반응이 아니었다. 의미 있는 실마리이므로 심층적인 탐색이 필요했다. 심층 탐색한 결과, 내담자의 아동기에 있었던 과거 트라우마 사건과 오랜 세월 동안 해결되지 않은 원가족 갈등과 연결되어 있었다. '피 한 방울 안 섞인 타 인들도 공동체를 이루어 소속감을 느끼며 저렇게 완벽한 하모니를 보여 주는데, 왜 우리 가족은 전혀 단합되지 않는 걸까'라는 무의식이 있었고, 소속감의 욕구가 강한 내담자의 욕구가 좌절되는 장면이었던 것이었다.

내담자의 영화목록을 통해 억압된 무의식을 통찰하고 핵심문제를 찾아서 상담의 방향을 설정할 수 있었다.

3 자기조력적 영화치료 사례

『영화처방전(motion picture prescription)』의 저자 게리 솔로몬(1995)은 우리는 이미 우리의 삶에서 영화를 스스로를 돕기 위해 활용하고 있으며, 영화치료는 이미 일상에서 이루어지고 있는 자가요법(self-therapy)이라고 주장하였다. 자신의 기분을 전환하기 위한 목적으로 자신에게 적합한 장르의 영화를 선택하여 보는 것을 그 증거로 들었다.

영화 〈제8요일(Le Huitieme Jour, The Eighth Day, 1996)〉은 사회적으로는 성공한 세일즈 강연자이나 자신의 삶에 상실감을 느낀 '해리'가 순수한 정신지체아 '조지'를 통해 위로를 받고 느리게 사는 삶의 미학을 깨닫게 되면서 삶에 대한 가치관과 태도가 변한다는 내용이다. 이런 영화를 보면 느리게 사는 삶에 의미를 두며, 맡은 일들을 다 내려놓고 싶다는 욕구를 느낀다. 반면에, 다른 인생 영화 〈쇼생크 탈출(The Shawshank Redemption, 1994)〉을 보면 쇼생크라는 악명 높은 감옥에 억울한 누명으로 수감된 '앤디'가 19년을 한결같이 꾸준히 노력해서 탈옥에 성공한다. 저런 악조건 속에서도 저렇게 셀프리더십을 발휘하는데 '난 너무 느슨하게 사는 건 아닌가' 하고 반성하게 된다.

A(느리게 사는 삶)나 B(치열하게 열정적으로 사는 삶) 중에 뭐든 하나만 선택할 때는 불편하고 만족감이 없었다. 그렇게 고민하던 중 만난 영화가 〈디어 미(L'age De Raison, With Love... from The Age Of Reason, 2010)〉였다. 영화 속 주인공 '마가렛'은 화려한 직업에 잘나가는 애인이 있으며 완벽해 보인다. 1분 1초를 다투며 치열하게 살아가던 생일날, 한 변호사가 찾아와 마가렛 자신이 7살 때 자신에게 보낸 편지꾸러미를 전해 준다. 그 편지를 읽으면서 잊고 싶었던 과거 기억이 떠오르고, 진정으로 원하는 삶과 자아정체성을 찾게 된다. 마가렛은 가난으로 인해 아버지도 행복도 잃었다고 생각해서 기숙사 학교에 들어가면서 성공한 여성이 되겠다는 일념으로 이름도 '마그릿'에서 '마가렛'으로 바꾸고 성공한 여성이 된다. 과거를 탐색하면서 원래 자신은 클라리넷 하나만 있으면 행복했

고, 자신의 꿈은 아프리카에서 우물을 파서 원주민들을 돕는 것이었음을 깨닫게 된다. 보통 영화에서는 가치관이 바뀐 주인공이 현재 애인을 버리고 과거 애인을 찾아가는 스토리인데, 이 영화에서는 진짜 땅을 파는 사람이 된 옛 남자친구를 만나서 좋은 비즈니스 동반자로 협력하고, 야망이 큰 약혼자의 꿈을 인정하며 함께 산다. 결국 마그릿은 아프리카에서 우물을 파는 NGO로 활동하는데 "가끔 필요할 때 옛 친구 마가렛을 찾아간다"라는 대사가 나온다. 다른 사람을 돕는 NGO에서도 펀드를 따야 하고 그러기 위해선 설득도 해야 한다. 그때는 과거 자신의 능력을 십분 활용한다. 이 영화를 보면서 'A or B'일 때 불편했던 감정이 결국 해결점은 'A & B'의 통합이었음을 새삼 깨닫게 되었다. 가치를 재정립하고 심리치료의 중요한 목적인 편협된 사고를 확장하고 통합된 관점을 갖도록 도움을 주는 계기가 되었다.

2. 집단영화치료

1 집단영화치료의 원리

　상담 및 심리치료의 중요 목적이 내담자의 사고를 확장하고 보다 통합적 관점을 가지도록 조력하는 것이라고 볼 때 영화는 매우 효과적인 매체이다. 사람들은 선택적 지각을 하는데 함께 같은 영화를 보더라도 자신의 관심사에 맞는 부분을 부각하여 보기 때문에 집단원의 수만큼 다른 영화를 본 셈이 된다. 같은 장면을 보면서 각기 다른 해석을 하고 같은 인물에게도 호감과 비호감 등 서로 다른 감정을 느끼는 집단원들을 보면서 기존의 사고방식에 도전을 받게 된다. 집단원 간에 서로 다른 생각과 감정을 나누는 과정에서 사고와 관점이 확장된다.

　개인으로 영화치료를 할 때는 치료사가 한 사람이어서 치료사의 관점과 의견에 거부감을 갖거나 동의하지 않을 수 있다. 그러나 집단영화치료에서는 치료사의 개입을 최소한으로 할 수 있다. 같은 인물과 장면을 보고 다양한 관점과 가치가 도출되므로 편파적인 시각에서 벗어나 객관적으로 바라보기가 가능하며 시각과 사고가 확장된다. 지도성의 측면에서 볼 때도 집단영화치료는 개인영화치료의 경우보다 훨씬 유리하다. 집단원의 수만큼 치료사의 수가 증가하며, 동시에 영화매체도 보조치료자로서 활용할 수 있다.

　영화 속 등장인물이 자신과 유사한 문제로 역경을 겪는 장면들을 지켜보면서 나만 힘든 게 아니라는 보편성을 인식하게 된다. 영화 속 캐릭터가 자신과 유사한 문제로 고난과 역경을 겪는 장면들을 지켜보면서 심미적 거리를 통해 나만 힘든 게 아니라는 보편성 인식과 동시에 집단원의 자기노출을 통해 보편성을 거듭 확인하게 됨으로써 자신과 타인을 더 잘 이해할 수 있다. 예를 들어, 자녀와 갈등이 큰 집단원이 다른 집단원의 유사한 이야기를 들으면서 안심되고 위로를 받을 수 있다. 게다가 다른 문화권에 있는 영화 속 등장인물의 삶도 자신과 별반 다르지 않다는 걸 거듭 느끼면서 보편성의 효과를 극대화할 수 있다. 영화 속 등장인물을 통해 광범위한 다양한 성격들도 경험하고 다양한 경험을 체험할 수 있다.

집단원 간에도 영화에 관한 이야기부터 시작하므로 부담 없이 관심사나 감정들을 터놓고 이야기할 수 있어서 방어적 태도 없이 쉽사리 소속감과 동료의식을 발전시킬 수 있다. 영화에 대한 전반적인 인상에서 기억에 남는 장면과 대사, 영화 속 등장인물 중에서 호감이 가는 인물과 불편한 인물 등에 대해 탐색한다. 치료사는 집단원의 패턴을 파악해야 한다. 집단원은 영화에 관한 이야기를 하는 것처럼 보이지만 자신의 고유한 이슈들을 보고하고 있다. 예를 들어, 어떤 집단원은 평등하지 않은 친구관계에 관한 이야기를 하고, 어떤 집단원은 권위적인 부모에 대한 불편함을 반복적으로 보고하고 있다. 치료사는 영화에 관한 반응 속에 있는 집단원의 이슈를 파악하고, 이를 바탕으로 연결짓기를 통해 집단원 개인의 문제에 대한 상담을 진행한다. 예를 들어, 최근에 영화 속 인물과 비슷한 경험을 직접 한 적이 있거나, 장면을 목격한 적이 있는지, 있었다면 그때의 생각과 감정은 어떠했는지 등에 대해 탐색한다. 이 시점부터는 영화에 관한 이야기보다 집단원 개인의 문제로 심층적으로 접근한다.

집단영화치료에서는 개개인의 요구를 다 충족시키지 못하기 때문에 보편적인 주제(상실과 애도, 역경 극복, 새로운 의미 찾기 등)의 보편타당하고 비유적인 메시지가 들어 있는 영화나 가족의 갈등이나 애증을 다룬 양가감정의 영화나 퇴행을 일으킬 만한 진한 정서와 감동을 주는 영화를 선택하는 것이 좋다. 집단영화치료에서는 문제와 선호도가 각자 다르므로 치료사가 영화를 선정하는 순방향 고르기가 사전에 내담자에게 인생의 영화목록 자료를 바탕으로 선정하는 역방향 고르기보다 더 현실적인 방법이다.

2 집단영화치료의 특수성

일반적인 집단상담은 주 1회씩 15주, 1회기의 길이는 90~120분 정도가 일반적이나, 집단 영화치료의 경우 영화클럽 감상 또는 영화 만들기 시간이 추가되므로 그 시간만큼 진행 시간을 추가하고 대상 연령을 고려하여 시간을 90~180분으로 정한다. 쉬는 시간은 유연하게 운영한다. 단, 집단상담의 효과를 높이기 위해서 정시에 시작하고 정해진 시간에 마쳐야 한다. 게임이나 의도적 활동을 적절하게 선택하여 집단에 활용하면 집단발달과정을 촉진하는 등 많은 도움을 얻을 수 있다. 단, 회기별 주제 및 상영영화와 동일한 맥락으로 통일성 있게 활동을 구성하는 것이 효과적이다.

집단영화치료를 진행할 때 다음 사항을 확인할 필요가 있다.

첫째, 영화치료의 핵심은 영화의 어떤 장면이 어떻게 집단원에게 영향을 주었는지를 알아내고 그 전치 과정을 명료하게 드러내 주는 것이다. 영화 내용이나 의미에 관해서 미디어 토론이 되지 않도록 영화의 주지화에 유의해야 한다.

둘째, 영화치료의 첫 단계인 동일시를 돕기 위해 집단원이 현실과 구분할 수 없을 정도로 영화에 빠져드는 것과 방어기제로 영화와 거리두기를 하지 않도록 심미적 거리를 형성할 수 있도록 최대한 관심을 기울여야 한다.

셋째, 치료사는 내담자가 동일시를 할 수 있도록 핍진성이 높은 영화를 선택해야 한다.

넷째, 영화는 다양한 시각적 은유가 있어서 다양한 상징으로 내담자가 부인하는 감정에 도전할 수 있어야 한다.

3 집단영화치료의 실제

1 청소년 영화표현치료 사례

정서장애 고등학생 청소년 집단을 대상으로 영화 만들기 치료를 진행했다. 영화 만들기에 대한 안내를 한 뒤 자유롭게 주제를 정하도록 했다. 집단에서 정한 주제는 방송인 전현무가 유머러스하게 발재간을 하는 '오로나민C 광고'를 패러디한 것이었다. 학교에서 가장 우울증 점수와 자살 사고가 높은 집단임에도 불구하고 상당히 역동적으로 활발하게 움직이며 영화를 제작했다. 소품들도 최대한 활용하며 비누 거품으로 배경효과도 주었다. 촬영을 마친 뒤 함께 제작한 영화를 감상하면서 성취감과 뿌듯함을 느꼈다고 보고했는데, 가면을 쓰고 한 것이 청소년들 내면의 열정과 숨겨둔 욕구를 마음껏 발산시킨 계기가 되었다고 생각한다.

인문계 남자 고등학생 집단을 대상으로 영화 만들기 치료를 진행했다. 영화 만들기에 대한 안내를 한 뒤 자유롭게 주제를 정하도록 했다. 집단에서 정한 주제는 학교폭력이었는데, 영화제목은 '유전무죄 무전유죄'였다. 학교폭력을 가해자 관점에서 무조건 잘못했다가 아니라 가해자를 만들어 버린 상황을 설정했다. 한 학생을 몇몇이 공모하여 가해자로 만들려고 한 것을 같은 반 친구들이 단체로 탄원서를 써서 재판에 제출하여 무죄가 되는 내용이었다. 힘없는 학생들은 때로는 억울하게 가해자가 되어 버린다는 메시지였다. 초등학교 시절부터 다양한 학교폭력의 형태와 양상을 목격하면서 다른 메시지를 전달하고 싶었던 것이다. 제작 과정 중에서 영화의 완성도를 높이기 위해 연기가 마음에 안 든다면서 마지막 장면을 계속 반복해서 촬영하였다. 집단원 중에서 인지적인 성향이 높고 분석적이며 매사에 귀찮아하던 한 집단원이 연기를 실감나게 하기 위해서 상의 단추를 몇 개 풀고 껄렁한 모습으로 신들린 연기를 하는 것이 인상적이었다. 영화 만들기 치료는 대상에 구애받지 않고 집단원 특성과 상관없이 효과적임을 확인할 수 있었다.

| 오로나민C 광고 장면 | 정서장애 청소년 집단 광고 패러디(2016) |

 2 **대학생 영화표현치료 사례 '감독의 영화를 나의 영화로 만들기'**

대학생 집단에서 자신에게 큰 영향을 줬던 영화 중 인상적인 장면을 자신의 이야기로 각색하는 작업을 하였다. 집단에서 정한 영화는 〈레인 오버 미(Reign Over Me, 2007)〉였다. 주인공 '찰리'는 9.11 테러로 인해 가족을 모두 잃었고 그 바람에 외상 후 스트레스 장애를 겪는다. 치과의사였던 찰리는 은둔형으로 살아간다. 우연히 대학 시절 룸메이트 친구 '앨런'을 만나서 친해지는데, 앨런은 찰리의 증상이 걱정되어 상담자를 소개해 준다. 상담실에는 가지만 귀에 이어폰을 끼고 전혀 반응하지 않는 찰리에게 상담자는 말한다. "내가 아니더라도 누구에게라도 당신의 이야기를 해야만 한다." 그 이야기를 듣고 찰리는 대기실에 앉아 있는 앨런에게 자신의 외상에 대해 고백하고 울음을 터트린다. 이 장면을 패러디해서 한 집단원의 과거 여자친구에게 실연을 당한 외상으로 전환하여 촬영하였다. 영화는 감독이 전하고자 하는 메시지이지만 영화 만들기 치료에서는 감독의 영화를 우리들의 이야기로 각색할 수 있다.

| 영화 〈레인 오버 미〉의 상담 장면 | 대학생 영화표현치료 작품 '그의 트라우마' |

3 영화감상치료 집단 사례

상담 실무자를 대상으로 〈가족의 탄생(Family Ties, 2006)〉 중 두 번째 에피소드를 보고 영화치료 집단상담을 진행했다. 영화에 대한 전반적인 인상과 인상적인 장면과 대사, 인물에 대해서 나누는데 20대 후반의 한 집단원이 자신은 한 장면밖에 기억나지 않는다고 보고하였다. 영화의 주인공 '선경'은 20대 후반의 프리랜서이고, 엄마는 로맨티스트인데 현재 애인은 유부남이고 축복받을 수 없는 어린 아들까지 둔 상황이었다. 선경이 엄마 '매자'의 가게에 갔다가 엄마의 애인 '운식'과 실랑이를 하다가 그를 밀쳤고, 걱정된 매자와 운식이 서로 다정하게 눈빛을 교환하다가 함께 선경을 바라보는 모습이다. 집단원은 이 장면에 완전히 압도당해 이 외에 다른 장면은 전혀 생각나지 않는다고 보고하였다. 장면에 대한 감정을 탐색한 결과 불편하고 매우 불쾌하다고 하였다.

집단원은 그 원인을 바로 찾을 수 없었는데 무의식적인 수준에서 자유연상으로 올라온 것이기 때문에 의식적인 수준에서 깨닫고 언어로 보고하기 위해서는 시간이 걸린다. 치료사는 촉진적인 질문을 통해 의식적인 수준으로 통찰하기 위해 조력한다. 시간이 좀 지난 뒤에 그 집단원은 왜 그 장면이 불편했는지 알 것 같다고 하였다.

그 집단원은 외동딸이었고 부모님의 사랑을 충분히 받으며 성장했다. 청소년기에 갑자기 교통사고로 아버지가 돌아가셔서 충격이 컸지만, 엄마와 서로 위로하며 의지하며 살았다. 엄마는 딸의 수저에 생선 살을 발라 줄 정도로 따뜻하고 다정한 사람이었다. 그런데 3개월 전에 재혼하게 되면서 많은 변화가 생겼다. 계부와 남동생이 들어와 4인 가족이 되었고, 항상 앉던 엄마의 옆자리는 계부의 자리가 되고 자신의 옆에는 남동생이 앉게 되었다. 신혼인 두 사람은 서로를 바라보는 눈길이 다정하고 애틋하였다. 매자와 운식이 서로 다정하게 바라보다가 자신을 바라보는 장면은 매일 식사하면서 집단원의 눈에 비쳤던 모습인 것이다. 여기서 주목할 부분은 집단원이 이 장면에 대해 불편하고 불쾌한 감정을 느꼈다는 것이다. 정서를 탐색한 결과, 집단원은 의식적으로는 그동안 고생한 엄마에게 좋은 분이 생겨서 다행이고, 아직 젊고 아름다운 엄마가 누려야 할 행복이라고 생각했다. 본인도 결혼해서 떠나야 하는 상황이라 든든한 새 아빠와 새 아들이 자신의 빈자리를 대신하는 것에 안도감을 느꼈다고 보고하였다. 그러나 이 부분은 모두 의식적인 수준의 합리적인 사고들이었고 무의식의 비합리적인 영역에서는 나만 바라보고 챙겨 주던 엄마가 계부를 바라보고 챙겨 주는 모습을 보면서 서운하고 섭섭하고 질투심이 일어나고 상실감을 느꼈던 것이다. 무의식으로 억압하던 것이 영화장면을 통해 투사적 동일시가 일어난 것을 통찰하게 된 것이다. 이렇듯 치료적인 관점으로 보는 영화는 우리에게 의미 있는 통찰을 제공하는 좋은 촉진도구가 된다.

연습활동 7-1. 아동집단치료

※ 영화 〈쿵푸팬더(Kung Fu Panda, 2008)〉를 관람 후 '집단토의 sheet'를 작성해 보자.

1. 우리 조원들의 가장 인상적이고 기억에 남는 장면은 무엇인가?

2. 영화 등장인물 중 가장 마음에 드는 인물과 가장 마음에 들지 않는 인물은 누구인가? 그 이유는 무엇인가?

3. 용문서와 특별한 국수의 비법은 무엇인가? 키 120cm, 몸무게 160kg의 느리고 둔한 포(Po)가 영웅이 될 수 있었던 비결은 무엇인가?

4. 영화 주인공에게 닮고 싶은 점과 배우고 싶은 점은 무엇인가?

▷ 영화정보

★ 제목: 쿵푸팬더(Kung Fu Panda)
★ 제작국가: 미국
★ 제작연도: 2008년
★ 상영등급: 전체 관람가
★ 상영시간: 92분
★ 감독: 마크 오스본, 존 스티븐슨
★ 출연: 잭 블랙(포 역), 더스틴 호프먼(시푸사부 역) 외

◎ **줄거리:** 평화의 계곡, 대대손손 이어져 온 국수집에서 아버지의 일손을 도와 국수배달을 하던 팬더 '포'. 아버지는 아들에게 국수의 비법을 알려 주고 싶어 하지만, 포의 관심사는 오로지 '쿵푸'. 포는 가게 일은 뒷전으로 하고 대대로 내려오는 쿵푸의 비법이 적힌 용문서의 전수자를 정하는 '무적의 5인방'의 대결을 보러 시합장을 찾는다. 하지만 마을의 현자 '우그웨이'가 포를 용문서의 전수자로 점지하는 불상사가 일어난다.

◎ **관람 포인트:** 재능이라고는 전혀 없을 것 같은 포에게도 특별한 재능(강점)이 있다는 것을 '시푸' 사부가 발견하고, 맞춤형으로 훈련하여 포가 쿵푸의 달인으로 변화해 가는 장면을 통하여 참가자들의 잠재된 재능(강점)을 찾아보는 계기로 활용한다. 특별한 비법이 있을 거라고 믿었던 국수가 사실은 특별한 비법이 없음을 깨닫고 용문서의 비밀을 발견하는 장면을 통하여 스스로를 믿는 것이 가장 기본이며 힘의 원천임을 깨닫도록 조력한다.

사진치료의 과정

제8장

주순희

1. 사진치료의 방법

사진은 어떤 얼굴, 어떤 대상, 또는 어떤 사건이든 보여 줄 수 있다.
– 조르조 아감벤 –

1️⃣ 주디 와이저의 여섯 가지 사진치료 기법

주디 와이저(Judy Weiser)[1]의 사진치료 기법은 여섯 가지가 있다(주디 와이저(2016), 한국 사진치료 동계학술대회 워크숍-주디 와이저 초청 강연자료. 한국사진치료학회).

첫째, **투사적 과정**(The Projective Process). 투사적 과정은 정서적 반응을 불러일으키도록 사진 이미지를 사용하는 모든 기법을 일컫는 말이다. 투사적 기법으로 이미지에 투사된 내담자의 지각과 인지체계를 탐색할 수 있으며 내담자의 욕구나 기대를 통해 자기통찰을 얻을 수 있다. 그러나 투사적 검사도구인 로르샤흐(Rorschach) 검사, 주제통각 검사(TAT), 인물화 검사(DAP), 벤더게슈탈트 검사(BGT), 집-나무-사람 그림검사(HTP)처럼 진단도구가 아니므로 해석 매뉴얼이 없다.

둘째, **자화상을 가지고 작업하기**(Working with Self-Portraits). 자화상은 개인의 정체성이 드러나도록 돕는 데 유용하며 자신과 직면하는 과정을 통해 자기 자신과 대화하고

---

1 사진치료 창시자. 『PhotoTherapy: Exploring the secrets of Personal Snapshots and Family albums』 (1999).

사진 속 자신의 의미를 깨닫고 자신이 가진 이상이나 욕구 등을 탐색하여 셀프-임파워링(self-empowering)과 삶의 의미를 촉진할 수 있게 만든다.

셋째, **내담자를 찍은 타인의 사진을 가지고 작업하기**(Working with Photos of Clients Taken by Other People). 이 기법은 타인이 지각하는 나를 수많은 방식으로 볼 수 있는 기회를 제공한다. 사진은 사진을 찍는 사람과 찍히는 사람 사이에서 발생하는 권력 역동(power dynamics)을 탐색하는 좋은 수단이 되는데 타인이 나를 찍은 사진을 통해 자신의 어떤 부분이 타인에게 중요한지를 탐색하게 되고, 이를 통해 타인에게 자신의 어떤 점이 가장 중요한지 또는 중요해야만 하는지와 비교하게 된다.

넷째, **내담자가 찍거나 수집한 사진을 가지고 작업하기**(Working with Photos Taken or Collected by Clients). 이 기법은 개인의 자기표현의 한 형태로 볼 수 있다. 즉 찍거나 모은 사진 그 자체가 개인의 중요한 어떤 부분이 반영된 것으로 볼 수 있기 때문이다. 사진을 찍기로 선택한 그 순간을 면밀히 살펴봄으로써 셔터를 누르거나 사진을 선택할 때 충분히 인식하지 못했던 사실적·정서적 정보, 지속적인 주제와 흥미, 개인적 은유와 상징 등을 알 수 있게 된다.

다섯째, **가족 앨범과 다른 자서전적 사진을 가지고 작업하기**(Working with Family Album and Other Autobiographical Photos). 가족사진에서 영원히 간직되는 사진들은 의미가 부여된다는 점에서 다른 사진들과 구분이 된다. 즉 내담자를 둘러싸고 있는 복잡한 체계 속에서 그들이 담당했던 역할, 패턴 등을 언어로 표현될 수 없는 가족 내 관계 역동과 권력 연합 등을 검토할 수 있게 해 준다. 또한 가족사진은 여러 세대를 거쳐 전수되는 가족의 신화, 관계 패턴 등에 의해 형성된 자신을 탐색하고 가족 속의 나를 파악하는 데 도움을 준다.

여섯째, **사진과 다른 매체의 혼합기법**(Combined Techniques and Combination of Photographic and Other Artistic Media). 사진을 복사하거나 컴퓨터 포토샵으로 그림과 사진을 합성하거나 사진 외에 다른 매체를 혼합해서 사용하는 기법이다.

2 울라 할콜라의 스펙트로 카드

울라 할콜라(Ulla Halkolra)[2]는 주디 와이저의 투사적 사진치료 기법과 타로 카드에서 영감을 받은 상징적 사진치료(symbolic PT)를 개발하였다. 이 스펙트로 카드(Spectro Cards)는 다섯 가지 시리즈(비전, 외상, 그래피티, 모델, 구름)로 구성되어 교육적 목적과 개인 및 집단상담에서 치료적 상용에 적합하도록 만들어져 있다. 스펙트로 카드는 감정표현과 상상력의 상호작용을 통해 스토리텔링을 촉진하게 한다. 이때 명확한 목표와 질문이 필수적이며 주관적 해석은 옳고 그름이 존재하지 않음을 염두에 두고 개인의 의견을 존중해야 한다(www.spectrovisio.net).

스펙트로 카드의 의미는 다음과 같다.

- S : 본질적인 감정 찾기(Search Essential Emotions)
- P : 경험과 기억의 묘사(Portray Experiences and memories)
- E : 탐색, 분석과 정의(Explore, Analyze and Define)
- C : 뭔가 새로운 것 만들기(Create something new)
- T : 이야기하기(Tell Stories)
- R : 비전 실현(Realize Visions)
- O : 관찰하고 새로운 관점 찾고 배우기(Observe, learn and find new perspectives)

---

2 핀란드 사진치료학회 초대 회장 역임, 외상치료전문가이자 핀란드 투르크 대학 심리치료학과 교수.

(출처: www.spectrovisio.net/etusivu/engspectrocards.html)

[그림 8-1] 울라 할콜라의 스펙트로 카드

3 로지 마틴과 조 스펜서의 재연치료

재연치료는 사진을 통해 스토리텔링을 하는 것보다 훨씬 활동적이며 강력하다. 의도적으로 자기인식(self-awareness)을 높이고 재구성된 자신의 이미지를 만들어 봄으로써, 기존의 자기 이미지에서 벗어나거나 새로운 자기 이미지를 창조하고 지켜 봄으로써 스스로에 대한 자아존중감을 향상시킬 수 있다. 재연치료는 심리극(psychodrama)을 병행하기도 하고 과거의 나, 미래 또는 이상화된 나뿐만 아니라 새로운 성 정체성을 표현하고 싶은 나 등으로도 연기할 수 있다.

(출처: 한국영상응용연구소 사진치료 워크숍 사례)

[그림 8-2] **재연치료의 사례**

4 심영섭의 KIFA PT 카드

KIFA PT 카드(Korean Institute of Film Application PhotoTheray Card)는 한국영상응용연구소에서 발행한 사진치료 카드로 한국, 일본, 미국, 캐나다, 아프리카, 핀란드, 중국, 스페인 등지에서 2005년부터 계속해서 찍어 온 디지털 사진들로 보편적이면서도 상징적인 사진들을 엄선하였다. PT card는 컬러와 흑백 사진으로 사람, 풍경, 인물, 특정 물건, 동물 등이 다양하게 구성되어 있으며 120장으로 되어 있다. 사진의 선택에는 세계적인 사진치료자들의 감수와 사진전문가들의 의견이 참고되었고, 전 세계 누구라도 이 카드를 사진치료에 활용할 수 있도록 되어 있으며 특히 투사적 사진치료(project phototherapy)와 상징적 사진치료(symbolic phototherapy)에 용이하다. 이외에도 다양한 사진치료 기법들이 있고 프로그램을 개발 진행 중이다.

(출처: healingcinema.co.kr/healing/phototherapy.htm)

[그림 8-3] **심영섭의 KIFA PT 카드**

2. 사진치료의 실제

 투사적 기법으로서의 사진치료의 과정

▶ **1 사진의 선택**

상담자는 내담자들의 유형(개인, 집단, 부부, 가족 등)과 주호소 문제, 상담 목표 등에 따라 사진을 선택하게 한다.

첫째, 준비된 투사적 사진을 책상(바닥, 벽, 줄을 이용해서 걸기 등) 위에 놓는다.

둘째, 상담자는 사진을 선택할 수 있도록 안내(질문)한다.

 사진선택을 위한 질문들

◎ 현재의 느낌을 사진에서 골라 보세요.

◎ 사진에서 마치 나와 같은, 나의 자화상이라고 할 수 있는 사진을 골라 보세요.

◎ 보여 준 사진들 중에서 자신의 이름을 부르는 것 같은 사진, 가장 마음에 드는 사진, 또는 계속 머릿속에 맴도는 사진을 골라 보세요.

◎ 나의 과거, 현재, 미래를 대표하는 사진을 골라 보세요.

◎ 마치 나의 파트너(부부, 연인의 경우)와 같은 느낌의 사진을 골라 보세요.

◎ 제일 이야기하고 싶지 않은 사진을 골라 보세요.

◎ 나에게 힘이 되는 사진, 보고 나면 기운이 솟을 것 같은 사진을 골라 보세요.

◎ 우리 가족을 대표하는 것 같은 사진을 각각 골라 보세요.

◎ 평소 자주 쓰는 감정을 사진에서 골라 보세요.

2 사진탐색 과정

첫째, 내담자가 선택한 사진에 대해 표현하게 한다.

"○○씨, 그 사진이 어떤 사진인지를 제게 말해 주세요." 또는 "어떻게 이 사진을 선택하게 되었는지 저에게 말해 주시겠어요?" 등과 같이 질문할 수 있다. 이때 상담자는 창의적 질문을 통해 내담자가 통찰을 얻을 수 있도록 하고, 내담자는 마음에 떠오르는 모든 감정이나 생각, 기억 등을 표현하도록 하며 누구와 또는 무엇에 관한 것인지 알아차릴 수 있도록 한다.

탐색 시 효과적인 질문들

◎ 사진을 보면서 느껴지는 감정은 어떻습니까? 사진을 볼 때 생각나는 것이 있나요?

◎ 이 사진은 누구의 사진인가요? 지금 이 사람은 무엇을 하고 있나요?

◎ 만약 지금 들고 있는 사진을 다시 찍을 수 있다면 어떻게 하고 싶은가요?

◎ 사진을 돌려서 봐도 되고, 물러나서 봐도 됩니다. 뭔가 다르게 보이는 것이 있나요?

◎ 혹시 사진에서 빠진 것이 있다면 무엇인가요? 아니면 더 채우고 싶은 것이 있나요?

◎ 만약 이 사진이 말을 할 수 있다면 당신에게 뭐라고 말하고, 답을 하시겠어요?

◎ 만약 사진 속으로 들어갈 수 있다면 무엇을 하고 싶은가요? 함께하고 싶은 사람이 있나요?

◎ 사진의 제목을 붙인다면 뭐라고 하고 싶은가요?

◎ 이 사진을 주고 싶은 사람 또는 주고 싶지 않은 사람이 있나요?

둘째, 상담자는 내담자가 사진을 어떻게 다루는지, 열정적으로 참여하는지 등을 살피고 이때 내담자의 태도, 얼굴표정, 감정변화 등을 알아차리고 내담자에게 반영할 수 있도록 한다.

또한 사진과 함께 하는 그 순간에 특정한 누군가를 떠올리는지 점검해 본다.

셋째, 상담자는 사진탐색 시 내담자의 삶에 대한한 부가적인 정보를 얻기 위해서 좀 더 명확하게 설명해 줄 것을 요청해야 한다. 실제 가족상담 시 시어머니가 "이게 우리 며느리 같아요."라고 한다면, 상담자는 "우리 며느리 같다는 것이 무슨 뜻인지 명확히 모르겠어요. 제가 명확히 이해할 수 있도록 말해 줄 수 있나요?" 또는 "당신은 이 사진 속의 사람이 우울하다고 표현하셨는데 어떤 점이 우울하게 보이는지 구체적으로 말해 줄 수 있나요?"처럼 내담자의 언어를 구체화시키는 것이 탐색하는 데 도움이 된다.

3 ▶ 투사적 사진치료 마무리 및 논의

첫째, 상담자는 내담자에게 선택된 사진(이미지)들의 공통된 패턴을 찾아볼 수 있도록 한다. 가령, 사진 속 피사체(자연, 인물, 물건, 동물 등)의 공통된 특징이나 시간, 연대, 누구와 연결이 되는지 등을 살펴보게 한다.

둘째, 선택된 사진들은 어떻게 내담자와 연결되는지 그리고 이것이 어떻게 유지되고 대인관계에 영향을 미치는지 살펴보게 한다.

셋째, 사진탐색에서 나온 주제가 있다면 그와 관련된 주제를 찍어 오도록 과제를 주며 다음 상담에 반영한다.

4 ▶ 투사적 사진치료의 주의사항

첫째, 투사적 사진치료에서 투사도구(projective tool)로서의 사진 이외에 다양한 이미지를 활용할 수 있다. 가령 잡지, 신문, 달력, 포스터, 문안카드, 앨범표지, 광고 전단지 등으로 가능하며, 백지 또는 인화지를 사용하여 상상의 사진(imaginary photo)으로 사용할 수 있다.

둘째, 사진은 은유적 요소가 강하여 내담자의 인지 수준을 고려해야 한다. 실례로,

상담자가 "만약 사진이 말을 할 수 있다면, ○○씨에게 뭐라고 말할까요?"라고 질문을 하자 내담자는 "선생님, 어떻게 사진이 말을 합니까?"처럼 은유적 의미를 이해하지 못하는 경우가 발생할 수도 있어 질문은 내담자의 인지 수준에 맞춰 질문의 난이도를 조절해야 한다.

셋째, 상담자들은 한 사진에 대한 한 가지 반응에 너무 많은 의미를 부여하지 않도록 조심해야 하며, 상담자의 투사가 전이되지 않도록 주의해야 한다.

넷째, 사진을 선택하기 전에 상담자는 내담자의 주호소 문제와 상담 목표를 고려하여 사진을 선택하도록 안내한다. 이때 사진은 흑백과 컬러 또는 둘 다 동시에 사용할 수 있는데, 흑백사진은 컬러사진에 비해 모호성이 더 많으므로 내담자가 더 쉽게 투사를 일으킬 수 있으며 갈등의 국면에도 사용하면 좋다.

다섯째, 개인상담의 경우 내담자가 원하는 대로 마음에 끌리는 사진들을 선택할 수 있다. 반면에 집단의 경우 진행 시간을 고려하여 각 개인이 선택하는 사진의 수를 고려해야 한다. 만약 내담자가 무의식적으로 여러 장의 사진을 선택했다면 상담자는 내담자가 그 사실을 지각할 수 있도록 해 주는 게 좋다.

2 가족앨범을 활용한 사진치료

1 가족앨범(사진)의 의미

"노스탤지어는 그리스어로 오래된 상처의 통증을 의미한다고 하더군요. 심장을 쑤시는 듯한 아픔이며 기억보다 훨씬 강력하죠. 이 장치는 타임머신입니다. 앞으로 갔다, 뒤로 갔다 우리가 다시 가고픈 그곳으로 우리를 데려갑니다. 이를 통해 우리는 아이들처럼 여행을 하며 돌고 돌아 다시 집으로 향하는 여행… 우리가 사랑받는 바로 그 장소를 향해서"

– 미국 드라마 〈매드 맨〉 시즌1, 13회 The Wheel에서 주인공 '돈'(Don Draper)의 대사–

(출처: tv.com/show/mad-men/the-wheel-1139915)

[그림 8-4] 미국 드라마 매드 맨(Mad Men) Season 1 Episode 13

위 사진은 주인공 돈(Don Draper)이 코닥의 The Wheel이란 제품을 소개하는 장면이다. 슬라이드 프로젝터 제품에 자신의 가족사진을 한 장 한 장 넘기며 과거의 기억으로 떠올리고 다시 현재로 돌아오면서 자신이 어디에 있는지, 가족이란 무엇인지 의미를 되새기는 장면이다. 이처럼 가족이란 무엇일까? 조 스펜스(1991)는 가족앨범을 "가족앨범은 무엇을 담고 있는가? 특별한 사건, 행사, 기념일, 성공 특히 결혼식, 첫 아기, 휴가철, 행복한 가족을 담은 상징적 이미지 이면에는 무엇이 있는가? 가족이라는 복잡하고, 갈등적이고 경쟁적이고 힘을 지닌 이 집단을 영원히 보존하기 위해 우리 또는 우리 가족이 선택한 이 이미지 이면에는 무엇이 있을까? 또는 급속히 사그라지는 이상화된 이미지, 그때 행복했다는 사실을 증명하는 결정적 순간의 이미지 이면에는 또 무엇이 있을까? 우리는 사진들을 다시금 훑어보며 몇몇 가려진 기억, 우리가 속했던 과거의 어떤 면을 발견하길 원한다. 하지만 몇 번이고 실패한다. 어쩌면 다시 기억하는 일이 아직은 그렇게 안전하지 않아서일까?"라고 정의했다. 이처럼 가족앨범 속 사진의 의미는 내담자와 가족과의 물리적 거리와 상관없이 아동기에 가족과 경험했던 감정 양식이 성장하면 대인관계에 어떠한 영향을 미치는지, 가족 속에 자신의 위치 및 가족 간의 심리적 역동이 어떠한지를 들여다볼 수 있다. 그러므로 가족은 내담자의 육체적, 심리적 치유에 매우 중요한 요소라 할 수 있다.

2 가족앨범 탐색

캐슬로우(Kaslow)와 프리드먼(Friedman)은 가족사진을 살펴보면 다음과 같은 특징을 발견할 수 있다고 설명했다(주디 와이저, 2012). 첫째, 가족들이 생활해 나가면서 중요한 행사나 획기적인 사건, 결혼, 출산, 생일파티, 졸업식 등을 기록하기 위해 사진을 찍는다. 둘째, 아이들의 시험 불합격, 일시적인 불화, 병원 입원 등과 같이 가족들이 고통받거나 위기의 상황에서는 사진을 찍지 않는다. 셋째, 부모들은 아이들이 신체적 변화가 빠르게 나타나는 유년기에 보다 많은 사진을 찍는다. 넷째, 첫째로 태어난 아이가 다른 형제들에 비해 더 많은 사진을 갖고 있다. 다섯째, 첫째 아이가 장애아거나 사생아 같은 문제가 있거나, 부모가 원했던 성별의 아이가 아니거나 하면 카메라는 둘째 아이 또는 정상적으로 태어난 아이에게 더 집중된다고 하였다. 상담자는 내담자가 자신의 가족의 근원에 대해 무엇을 믿고 또 어떠한 태도를 취하는지를 발견해 내는 것은 치료를 실행하는 데 매우 중요하다. 상담자는 가족앨범을 탐색하는 과정에서 내담자가 무엇을 발견했는지, 그것이 내담자의 삶에 어떠한 영향을 미쳤는지 그리고 현재 삶과 어떻게 연결할 수 있는지 단서를 제공한다. 다음 질문들로 내담자가 가지고 온 가족앨범 또는 가족사진에 대해 표현하게 할 수 있다.

가족사진 탐색질문들

◎ 가족 내에서 차지하는 위치는 어디인가요?

◎ 출생 순서와 형제자매 수는 어떻게 되나요?

◎ 당신이 태어나기 전 가족은(사진 속에서) 어떤 모습으로 비춰지나요?

◎ 당신이 태어나기 전과 후 가족 안에서 달라진 게 있나요?

◎ 어린 시절 당신은 누구와 함께 소통하고 놀았나요?

◎ 어린 시절에 당신보다 사진을 더 많이 찍은 형제자매는 누구인가요? 그 이유는 무엇일까요?

◎ 계속적으로 사진의 중앙에 있는 사람 또는 가장자리로 밀려나 있는 사람은 누구인가요?

◎ 만약 당신의 아이들이 있다면, 당신의 패턴이 아이들을 찍은 사진 속에도 있나요? 만약 그렇다면, 당신의 어린 시절과 이러한 패턴들은 어떻게 비교할 수 있나요?

◎ 사진 속 장소들의 특징이 있나요? 만약 특정한 장소가 있다면 어떤 의미인가요?

◎ 사진 속의 시간적 연대기에 빠져 있는 기간이 있나요? 그렇다면 그 이유는 무엇인가요?

◎ 어떤 사람들이 항상 같이 있는 것처럼 보이나요? 아니면 절대 서로의 근처에 가까이 가
지 않으려는 사람이 있나요?

◎ 없애버려야 하는 사진들은 어떤 사진들인가요?

◎ 가족사진 속에서 빼고 싶은 인물이 있다면 누구이고, 그 이유는 무엇인가요?

3 가족앨범을 통한 평가

상담자는 가족앨범에서 빠져 있는 구성원이 있는지, 가족구성원 간의 삼각관계가 있는지 알아보고 내담자의 불안, 소망 및 기대 등을 한 자녀 또는 여러 자녀에게 투사시키는지, 정서적 단절이 있는지 등을 탐색해 보며 세대 간의 반복되는 패턴이 있는지 살펴본다. 그리고 가족역동이 내담자와 어떻게 연결되고 유지되는지 그리고 대인관계에 영향을 미치는지 살펴보게 한다.

4 가족앨범 작업 시 주의사항

가족앨범 작업 시 가족사진을 가지고 오지 않을 경우 상담자는 가족앨범이 있는지 없는지를 확인해야 한다. 가족앨범이 있는데도 가지고 오지 않았다면 그것을 주제로 상담을 진행해도 된다. 실제로 가족앨범 작업 시 가족사진을 가지고 오지 않은 내담자는 "깜빡하고 가지고 오지 않았어요.", "엄마네 집에 사진이 있어서요.", "사진이 휴대폰 안에 있어서요." 등과 같은 무의식적 거부를 할 수 있으므로 상담을 통해 내면 탐색과 가족 간의 역동을 이해할 수 있도록 한다. 반면, 가족앨범이 없다면 어떤 사정으로 가족앨범이 없는지 그리고 그 사실에 대한 생각과 감정은 어떠한지에 대해 탐색하고, 가족사진을 대신해 투사적 사진을 활용하거나 동물캐릭터 등을 이용하여 진행하도록 한다.

연습활동 8-1. 동심원(The Rings) 실습

1. 원을 그리고 중앙에 자신의 사진을 올려놓는다.

2. 첫 번째 동심원에 나에게 가장 가깝거나, 깊은 비밀들을 털어놓거나, 보여 줘도 마음 편하고 믿을 수 있는 사람의 사진을 올려놓는다.

3. 두 번째 동심원에는 첫 번째 동심원보다 조금 가깝다고 생각되는 사람의 사진을 올려놓는다.

4. 세 번째 동심원에는 심리적으로 거리가 먼 사람들의 사진을 올려 놓아둔다.

* 가족사진이나 기타 사진이 없을 경우는 위 그림처럼 직접 그려 작성해도 된다.

◉ **특징:** 동심원 실습은 자신의 대인관계를 돌아보고, 자신의 사회적 지지망이 누구인지 살펴볼 수 있으며, 가족 내에 존재하는 다양한 하위체계와 권력의 불균형 및 삼각관계를 시각화할 수 있다.

아동 · 청소년 상담

제9장

김은지 · 배정우 · 소희정

1. 또래관계 상담

아동기(middle childhood)는 6~12세의 시기를 가리키는데, 이 시기에 아동은 신체적으로는 영·유아기나 청소년기에 비해 완만한 발달을 보이지만, 인지 능력은 급격한 발달을 보이고 대인관계의 폭이 넓어지면서 심리사회적 발달도 진행된다.

청소년기는 아동기에서 성인기로 넘어가는 과도기로서 인격형성과 생활환경 두 가지가 중요한 의의를 지닌다. 전자의 경우, 청소년기는 신체적·정서적·도덕적·사회적 발달단계로 감수성이 예민하여 개체적·사회적 환경의 영향을 받기 쉬우며, 가소적(可塑的)이고 불안정한 상태에 있다. 그러므로 환경조건이 열악할 경우에 인간형성에 나쁜 영향을 미칠 수도 있다. 후자의 경우, 청소년의 욕구 형성과 충족 활동 역시 개체적·사회적 여건에 따라 각양각색으로 나타나는데 경우에 따라서는 욕구불만이 생길 수 있다. 그런데 이러한 두 가지 측면은 현대사회에 있어서 사회체제의 모순과 결함의 심화, 급격한 변동 등으로 인하여 많은 장애에 부딪히고 있다. 오늘날 청소년 문제가 다양화되고 빈번히 발생하고 있는 까닭은 청소년들이 그러한 상황에 처해 있기 때문이라고 볼 수 있다.

이처럼 청소년은 경계인(marginal man)으로서 신체적, 정신적, 심리적, 정서적, 사회적으로 다양한 변화 및 발달 과정을 겪는다. 대인관계는 인간의 사회적 적응에 직결되는 것으로 청소년기에 특히 중요하다. 왜냐하면, 이 시기에 획득되고 형성되는 대인관계가 청소년의 삶의 질에 크게 영향을 미치며, 이후 개인의 사회적 적응 양식의 기본이 되기 때문이다. 청소년의 대인관계는 수직적이고 의존적인 부모와의 관계보다는 수평적이고 독립적이며, 상호적인 또래관계 속에서 자아정체감을 형성하고 문제해결 능력과 여러 가지 삶의 기능을 배우게 된다는 점에서 매우 중요하다.

올바른 또래관계를 형성하게 되면 청소년기뿐만 아니라 성인이 되어서도 사회인으로서 바람직한 사회생활과 원만한 인간관계를 수립하고 유지하는 데 필요한 사회적 기능과 태도를 익힐 수 있다. 즉, 청소년 개개인이 학급 내에서 타인들과 만족스러운 인간관계를 경험할 때는 진정한 우정을 나누며 자신의 정체감과 사회적 자아의식을 발휘할 수 있게 되지만, 반면에 불만족스러운 인간관계를 경험할 때는 심리적 갈등과 좌절상태에 빠져 부적응 행동을 일으키기가 쉽고 결국 성장과 발달에 부정적인 영향을 받게 된다. 청소년들은 고민을 부모나 교사보다 또래 친구들과 나눈다. 청소년들에게 또래들은 친구이자 상담자이며 역할모델이고 때로는 문제해결자의 역할을 담당하는 중요한 심리적 자원이기에 청소년기의 또래관계는 청소년의 심리적 건강에 많은 영향을 준다. 그러므로 학급 내의 인간관계는 가장 기본적이고 중요한 사회적 관계이며 자율적으로 자신의 문제를 해결할 수 있는 요인이 되기도 한다.

청소년들이 의사소통 기술의 부족으로 또래와 원만한 관계를 형성하지 못할 경우에는 자신의 에너지를 건강한 자아발달에 집중하기보다 스트레스 해소를 위해 소비하게 되며, 이차적으로는 정신병, 신경증, 비행 및 일탈행동을 일으킨다. 특히 또래집단으로부터 배척과 거부를 경험한 청소년은 우울, 불안, 고독감 등의 심리적 문제와 학교 부적응, 반사회적 행동, 공격행동, 대인기피, 비행 등 행동상의 문제를 경험하기 쉽다.

대인관계 기술이 미성숙한 청소년들은 부모, 친구, 교사들을 중요하게 생각하면서도 오히려 그들과의 관계에서 많은 스트레스를 받는다. 왜냐하면, 청소년들이 대인관계 문제로 많은 어려움을 겪고 있기 때문이다. 우리나라 청소년들이 대인관계 능력이 부족한 배경은 핵가족의 증가, 이혼, 가족해체 등에 따른 가족체계적 요인, 학업성적을 중시함으로써 인지적 학습에 치우쳐 공감 능력 향상과 감정표현에 도움되는 정의교육과 인성교육을 등한시하는 교육 환경적 요인, 과도한 학습과 부족한 여가시간 등 불균형적인 생활, 정보통신 기술의 발달에 따라 널리 퍼진 컴퓨터 게임에 몰입하고 스마트폰을 사용하여 SNS로 소통하는 상호작용 방식의 변화 등을 들 수 있다. 이러한 요인들은 청소년들의 대인관계와 의사소통에 걸림돌이 될 뿐 아니라 심리적 문제와 정신질환을 일으키기도 한다(천성문 외, 2011).

1 또래관계 상담의 특성 및 역할

1 또래관계의 특성

　아동·청소년의 또래관계는 성인의 대인관계와는 다르다. 아동·청소년은 또래와 가치를 공유하고 친밀하게 지내는 것을 중요하게 생각하고, 자아정체성이 불확실하고 자신감이 부족하여 또래에게 거부되는 것에 대한 두려움을 느낀다. 따라서 다른 사람들의 태도와 행동에 민감하고 모방하는 동조 행동이 나타나는 특성이 있다. 동조 행동은 일반적으로 만 12~13세 사이에 절정에 이른다. 이처럼 아동·청소년의 또래관계는 대체적으로 비합리적·감정적·충동적이다. 따라서 아동·청소년의 또래관계에서는 폭력행동, 집단따돌림 등 부정적인 일이 자주 발생한다. 이러한 문제를 겪는 아동·청소년들의 공통적인 특징은, 가해자든 피해자든 자존감이 낮고 공감 능력이 떨어지고 또래관계 기술이 부족하다는 점이다.

2 또래관계 상담자의 역할

　또래관계가 원만하지 않은 아동·청소년은 부모나 교사로부터 공감, 수용, 칭찬, 인정, 지지, 격려를 받은 경험이 부족하다. 그러기에 또래친구의 언행에 대해 어색함을 느끼거나 열등감을 느낄 때 솔직하게 표현하지 못하고 비아냥거리거나 놀리거나 공격적인 표현을 하므로 관계에 문제가 생기는 것이다. 따라서 상담자는 내담자에게 무조건적인 공감과 존중을 바탕으로 상담하되 비합리적 사고와 왜곡된 인지를 수정해 주고, 대인관계 능력 증진에 도움되는 의사소통 기술을 가르쳐 줄 필요가 있다.

2 또래관계 상담을 위한 영화치료의 적용

아동·청소년기에 좋은 또래관계는 심리적 안정감과 소속감을 주면서 자아정체감을 형성시키고 올바른 대인관계와 사회적 통찰력을 발달시키는 데 중요한 영향을 미친다. 청소년은 타인과 깊은 내면적 유대와 교류를 원하므로 적절한 자기개방, 심리적으로 친구와 자신을 절충하는 방식 등 고도의 사회적 기술이 필요하다. 특히 의사소통 기술은 타인과의 상호작용에 필수적인 수단으로 청소년기의 또래관계 형성에 큰 영향을 미친다. 이 시기에 의사소통 기술이 부족하게 되면 여러 가지 부정적인 결과가 나타날 수 있는데, 가령 우울, 불안, 고독감 등의 심리적 문제와 학교 부적응, 반사회적 행동, 공격행동, 대인기피, 비행 등 행동상의 문제를 경험하기 쉽다. 청소년들에게 있어 또래와의 상호작용은 정서 및 사회적 유능감 발달에서 매우 중요한 부분을 차지한다. 이런 점에서 청소년기의 발달과제인 대인관계의 확립과 사회적 기술의 효과적인 달성을 위해서 체계적인 절차에 따라 상대의 생각과 가치관의 차이를 수용하고, 타인에 대한 공감적 이해와 상호관계에서 발생할 수 있는 문제와 갈등을 원만하게 해결할 수 있도록 대인관계 능력 증진을 위한 프로그램을 제공하는 일은 매우 필요하고 가치 있는 일이라고 본다.

2. 정서 및 행동 장애 상담

1 정서 및 행동 장애의 특성

정서장애(affective disorders)는 정상적인 환경에서 부적절한 행동이나 느낌을 가지며, 동료 등과 원만한 대인관계를 유지할 수 없는 상태로 우울증, 불안한 감정을 가지고, 지각, 인지, 운동 등에 학습장애가 있는 경우를 말한다. 우울증(depression), 다행증(euphoria), 조증(mania)과 같은 기분의 만성적 또는 일시적 변화를 특징으로 하는 정서적 장애를 말하며, DSM-V에서 주요 정서장애에 해당하며, 주요 우울증, 양극성 장애(bipolar disorder), 순환기분장애(cyclothymia disorder) 등이 포함된다.

행동장애는 아동기나 청소년기에 분명하게 나타나며, 타인의 권리에 대한 계속적이고 반복된 침해, 혹은 연령에 걸맞은 규범과 사회적 규율의 위반으로 특징지어지는 부적합한 행동유형을 보인다. 행동장애의 네 가지 하위유형은 ① 사회화되지 못한 것(under-socialized: 빈약한 교우관계, 애정이나 유대감 결핍, 다른 사람의 감정에 대한 무관심, 자기중심주의), ② 사회화된 것(socialized: 특정인에게는 애정이 있지만, 외부인에게는 냉담한 것), ③ 공격적인 것(타인에 대한 신체적 공격과 범죄행위), ④ 비공격적인 것(지속적인 거짓말, 무단결석, 가출, 약물남용)이 있다.

정서 및 행동 장애를 진단평가하기 위해서는 다양한 선별검사(적응행동검사, 성격진단검사 등)를 실시하는데 이러한 평가들을 통하여 정서 및 행동 장애를 최종적으로 정의한다. 정서 및 행동 장애는 내면화된 장애와 외현화된 장애 그리고 기타 장애로 나누어져 있는데, 각각의 항목에는 DSM-V에 근거하여 다양한 장애들이 명시되어 있다.

정서·행동 장애의 행동 특성은 주로 크게 내재적(internalizing) 문제와 외현적(exter-nalizing) 문제의 두 가지로 분류한다.

내재적(internalizing)인 행동문제는 위축된 모습과 사회적 미성숙을 특징으로 한다. 아동기의 발달에 심각할 정도의 영향을 끼치며 성인이 되어서도 정신건강 측면에서 예후가 좋지 않을 경우가 많다. 발달 특성 중에서도 만족스러운 인간관계의 발달에 어려움을 보이기 때문에 사회적으로 고립되기도 한다. 함께 놀이할 친구가 거의 없어서 중요한 사회적 기술의 측면을 충족시키지 못하기도 한다. 환상, 환청, 백일몽 등에 시달리거나 신체적 고통을 느끼기도 하며 초기의 발달기로 퇴보하는 등의 모습을 보이기도 하고 이유 없는 우울증이 나타나기도 한다. 사회적인 위축의 증세는 장애판별을 받지 않는 정도의 한시적이며 가벼운 증세에서, 자폐나 소아조현병 등과 같이 타인과의 상호작용에 아무런 관심을 나타내지 않거나 타인이 상호작용하고자 할 때 반응을 나타내지 않는 등의 심각한 증세까지 다양하다.

이러한 내재적 행동문제는 수업이나 또래의 활동을 방해하지 않는 등, 외현적 행동문제와는 다르게 잘 드러나지 않기에 발견이 안 되고 방치되는 경우가 많다. 내재적 행동문제를 보이는 아동과 청소년을 조기에 발견하여 상담 및 심리치료를 하기 위해서는 주의 깊은 관찰과 관심이 필수적이다.

내재적 문제 범주에 속하는 장애로는 분리불안장애, 범불안장애, 사회 공포증, 강박-충동장애, 특정 공포증, 공황장애, 주요우울장애, 기분부전장애, 선택적 함묵증, 유뇨증, 유분증, 섭식장애, 이식증, 반추, 수면장애가 있다.

공격적이고 겉으로 드러나는 외현적인 행동문제는 거부적이고 적대적인 행동을 보이는 반항장애나 생활과 사회적 기능을 심각하게 방해하는 반사회적 행동을 지속적으로 보이는 품행장애의 형태로 나타나는 경우가 많다. 때리기, 싸우기, 친구 놀리기, 소리 지르기, 반항하기, 울기, 기물 파괴, 강탈하기 등의 구체적인 행동 특성들이 속한다.

외현적 문제 범주에 속하는 장애로는 주의집중장애, 과잉행동장애, 적대적 반항장애, 품행장애가 있다. 이러한 행동은 일반 아동과 청소년에게서도 흔히 볼 수 있는 행동이지만 지나치게 충동적으로 행동하거나 빈도가 잦으면 문제로 인식해야 한다. 이러한 행동들은 주위 환경으로부터 부정적인 반응을 받게 되고 이로 인해 문제행동이 더 악화되는 등 상호 간에 부정적인 영향을 주고받는 경우가 많다. 그러므로 아동, 청소년의 행동과 환경 내의 다른 이들의 행동 간의 상호작용을 주의 깊게 탐색해야 한다. 더 나아가 품행장애와 학업 중도 탈락 및 학교생활 부적응, 청소년 비행은 서로 밀접한 관계가 있으므로 적극적인 예방이 요구된다.

2 정서 및 행동장애 상담을 위한 영화치료의 적용

영화를 보면서 등장 인물에게 동일시가 일어났을 때 기뻐하는 주인공을 보면 함께 기쁘고 주인공이 슬프면 위로해 주고 싶다. 이는 거울 신경세포 활성화로 인해 공감하게 된 것이다. 예를 들어, 30대 여성이 〈국제시장(2014)〉을 보고 세대도 다르고 성별도 다른 '덕수'의 관점에서 안타까운 감정을 느끼고 아버지도 저렇게 가족을 위해서 희생하며 살지 않았을까 하는 생각에 안타까움을 느낄 수 있다. 이렇게 타인의 관점에서 보는 훈련을 통해 거울 신경세포를 활성화하여 공감력을 향상할 수 있다. 학교폭력 가해자에게 심미적 거리를 통해 피해자의 관점에서 볼 수 있게 하면 자신의 사소한 장난이 상대방에게는 심각한 고통일 수 있다는 공감력이 향상되고 통합적 관점에서 볼 수 있는 훈련이 된다. 특히 집단에서는 집단원 각자가 영화를 보면서 다른 관점에서 보기 때문에 서로의 관점이 통합되는 경험을 할 수 있다.

3. 학교폭력 상담

1 학교폭력의 정의와 특성

1 학교폭력의 정의

학교폭력은 학교와 연관된 폭력을 지칭한다. 2012년부터 『학교폭력예방 및 대책에 관한 법률』 제2조에서 학교폭력의 법령상의 개념으로 '학교 내·외에서 학생을 대상으로 발생한 상해, 폭행, 감금, 협박, 약취·유인, 명예훼손·모욕, 공갈, 강요·강제적인 심부름 및 성폭력, 따돌림, 사이버 따돌림, 정보통신망을 이용한 음란·폭력정보 등에 의하여 신체·정신 또는 재산상의 피해를 수반하는 행위'[1]로 규정하고 있다. 청소년보호위원회에서는 일반적으로 학교폭력이란 학생 상호 간에 발생한 의도성을 가진 신체적, 정서적, 언어적, 성적 가해행동을 말하며 고의적인 괴롭힘과 따돌림, 금품 갈취, 언어적 조롱이나 협박이나 욕설, 집단폭행 등도 학교폭력 범주에 해당된다. 타인의 입장에서 볼 때는 하찮은 놀림이나 장난이라고 대수롭지 않게 생각되는 행동일지라도 피해자 입장에서 불편감을 느끼면 그것 또한 폭력행위로 보고 있다(청소년보호위원회, 2002).[2]

『학교폭력예방 및 대책에 관한 법률』에서 대상을 학생이 피해자가 되는 모든 폭력

---

1 「학교폭력 예방 및 대책에 관한 법률」(2012. 1. 26 개정, 2012. 7. 27 시행).
2 청소년보호위원회(2002), '청소년폭력 예방 및 지도대책', 「비행 및 폭력분과 위원회 정책보고서」.

을 학교폭력이라고 명시하고 있기에 학교 안과 밖에서 발생하는 학생을 대상으로 하는 모든 폭력이 학교폭력에 해당되게 되었다. 또한 사회적으로 심각해지고 있는 따돌림에 대한 내용과 사이버 공간에서의 폭력 등 최근 학생들 문화와 생활모습 전반에 걸친 구체적인 내용도 포함하여 제시하고 있다. 따돌림이란 학교 내외에서 2명 이상의 학생들이 특정인이나 특정집단의 학생들을 대상으로 지속적이거나 반복적으로 신체적 또는 심리적 공격을 가하여 상대방이 고통을 느끼도록 하는 일체의 행위를 말하며, 사이버 따돌림이란 인터넷, 휴대전화 등 정보통신 기기를 이용하여 학생들이 특정 학생들을 대상으로 지속적, 반복적으로 심리적 공격을 가하거나, 특정 학생과 관련된 개인정보 또는 허위사실을 유포하여 상대방이 고통을 느끼도록 하는 일체의 행위로 규정하고 있다. 학교폭력의 유형은 2012년에 발표된 『학교폭력예방 및 대책에 관한 법률』에 의거하여 크게 신체폭력, 언어폭력, 금품갈취, 강요, 따돌림, 성폭력, 사이버폭력으로 분류할 수 있다.

2 ▶ 학교폭력의 특성

교육부에서는 2019. 4. 1. ~ 4. 30.까지 17개 시·도교육감이 초·중·고등학교(초4~고3) 학생들을 대상으로 실시한 '2019년 1차 학교폭력 실태조사(전수조사)'[3]를 근거로 학교폭력 결과를 발표했다. 학교폭력의 특징은 다음과 같다.

첫째, 학교폭력은 줄어들지 않고 있으며 초등학교의 피해가 점점 높아지고 있다.

학교폭력 경험은 인터넷의 발달로 인해 게임 등 폭력문화를 접하는 연령이 낮아지면서 학교폭력 피해학생 중 3.6%가 초등학교 때 학교폭력 피해경험이 있다고 응답하였다. 조사 결과, 전체 피해응답률은 1.6%로 지난해 1차 조사(18.5.1.~5.31.)에 비해 0.3%p 증가했다. 학교 급별로 초 3.6%, 중 0.8%, 고 0.4%로 조사되어, 초·중학교는 각각 0.8%p, 0.1%p 증가했고, 고등학교는 지난해와 동일했다.

---

3   교육부 보도자료, 교육부 공식블로그 https://if-blog.tistory.com.

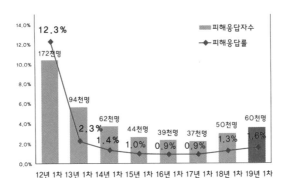

〈전체 피해응답률〉

〈학교 급별 피해응답률〉

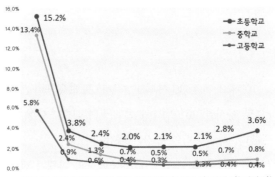

(출처: 교육부주관 조사)

교육부 주관 2019년 1차 학교폭력 실태조사

둘째, 학교폭력이 집단화되고 있다.

학생 천 명당 피해유형별 응답 건수는 2018년과 비교해 대부분 피해유형에서 감소한 것으로 나타났으며, 언어폭력(8.1건), 집단따돌림(5.3건), 사이버 괴롭힘, 스토킹, 신체폭행(2건) 등의 순으로 조사되었다. 피해유형별로 차지하는 비중은 언어폭력(35.6%), 집단따돌림(23.2%), 사이버 괴롭힘(8.9%) 등의 순이며, 2018년과 비교하여 사이버 괴롭힘의 비중이 스토킹(8.7%)보다 높아지는 한편, 신체폭행의 비중은 '17년부터 지속적으로 낮아지는 추세이다. 세부적으로, 집단따돌림 경험 학생의 41.4%가 언어폭력을, 14.7% 가 사이버 괴롭힘을 경험하였고, 언어폭력 경험 학생의 27.0%가 집단따돌림을, 12.8% 가 사이버 괴롭힘을 경험한 것으로 응답했다.

〈 학생 천 명당 응답 건수 〉

구분	'13년 1차	'14년 1차	'15년 1차	'16년 1차	'17년 1차	'18년 1차	'19년 1차	증감(건)
언어폭력	13.6	9.4	6.8	6.2	6.3	8.7	8.1	-0.6
집단따돌림	6.6	4.6	3.6	3.3	3.1	4.3	5.3	1.0
스토킹	3.7	3.0	2.6	2.0	2.3	3.0	2.0	-1.0
사이버 괴롭힘	3.6	2.5	1.9	1.7	1.8	2.7	2.0	-0.7
신체폭행	4.7	3.1	2.4	2.2	2.2	2.5	2.0	-0.5
금품갈취	4.0	2.2	1.5	1.2	1.2	1.6	1.4	-0.2
성추행·성폭행	1.3	1.0	0.9	0.8	0.9	1.3	0.9	-0.4
강제심부름	2.4	1.3	0.9	0.8	0.7	1.0	1.1	0.1

〈피해유형별 비중〉

구분	'13년 1차	'14년 1차	'15년 1차	'16년 1차	'17년 1차	'18년 1차	'19년 1차	증감(%p)
언어폭력	34.0	34.6	33.3	34.0	34.1	34.7	35.6	0.9
집단따돌림	16.6	17.0	17.3	18.3	16.6	17.2	23.2	6.0
사이버 괴롭힘	9.1	9.3	9.2	9.1	9.8	10.8	8.9	-1.9
스토킹	9.2	11.1	12.7	10.9	12.3	11.8	8.7	-3.1
신체폭행	11.7	11.5	11.9	12.1	11.7	10.0	8.6	-1.4
금품갈취	10.0	8.0	7.2	6.8	6.4	6.4	6.3	-0.1
강제심부름	6.1	4.7	4.2	4.3	4.0	3.9	4.9	1.0
성추행·성폭행	3.3	3.8	4.2	4.5	5.1	5.2	3.9	-1.3

셋째, 중학생의 학교폭력 방법이 대담해지고 잔인해지고 있으며, 초등학생과 여학생의 학교폭력 가해비율이 계속적으로 증가하는 것으로 나타났다. 최근 언론에 보도되고 있는 여학생들이 가하는 폭행은 성인의 상상을 초월할 정도로 방법이 잔인하고 폭력행위에 대한 죄책감을 가지지 않는 특징을 보인다.

넷째, 학교폭력에서 가해자와 피해자 구별이 불분명하다.

가해자와 피해자는 같은 집단에 속해 있을 확률이 높은데 이런 현상은 학교 안에서 일상화되어 가며 일부 비행학생뿐만 아니라 보통의 학생들에게서 쉽게 발견되는 행동들이다(곽금주, 2008). 학교폭력의 피해학생이 가해자로 바뀌는 악순환이 반복되며 다시 폭력을 당하지 않기 위해 일진 등 조직에 가입하여 다른 학생에게 폭력을 행사하는 행태를 보이고 있다.

학교폭력 피해관련 조사결과를 종합해 보면, 물리적 유형의 학교폭력에 대해 정부 차원에서 적극적으로 대응한 결과 신체폭행,* 성추행 · 성폭행,** 금품갈취***의 비중이 낮아지는 성과가 있었다고 볼 수 있다. 다만, 피해응답률 상승에 영향을 미친 것으로 볼 수 있는 언어폭력, 집단따돌림, 사이버 괴롭힘 등 정서적 폭력 비중의 증가와 초등학생의 피해응답률이 중 · 고등학생에 비해 증가하는 추세에 대한 대책이 필요할 것으로 보인다.

* 신체폭행 : (17년) 11.7% → (18년) 10.0% → (19년) 8.6%

** 성추행 · 성폭행 : (17년) 5.1% → (18년) 5.2% → (19년) 3.9%

*** 금품갈취 : (17년) 6.4% → (18년) 6.4% → (19년) 6.3%

연습활동 9-1. 영화 〈여중생A〉를 통한 생명존중 향상 프로그램

▷ 영화정보

★ 제목: 여중생A(Student A)
★ 제작연도: 2018년
★ 장르: 드라마
★ 제작국가: 한국
★ 상영시간: 114분
★ 감독: 이경섭
★ 주연: 김환희, 수호, 정다빈, 이종혁
★ 등급: 12세 관람가

◈ **관람 포인트:** '미래'의 우울한 현실과 그 힘듦을 이길 수 있게 해 주는 비상구인 글쓰기와 게임세계의 영향을 살펴볼 수 있다. 그리고 자살을 계획하는 미래에게 살아갈 이유를 알려주는 '재희'의 멘토링에 집중한다.

1. 영화 〈여중생A〉를 감상한다(40~50분 편집본).
2. 가장 인상적이고 기억에 남는 장면은 무엇인가?
3. '미래'는 무엇 때문에 힘들어했는가? 미래가 진정 원한 것은 무엇이었을까?
4. 미래를 도울 수 있는 방법은 어떤 것이 있을까?
5. 재희는 자살을 계획한 미래를 어떻게 설득할 수 있었는가?
6. 재희의 영향으로 앞으로 미래는 어떻게 살아갈 것 같은가?
7. 이후 전체소감 나누기를 한다.

◆ 학교폭력과 생명존중을 함께 다룰 수 있는 좋은 영화이다. 그러나 최근에 유사한 외상(학교폭력, 자살시도 등)을 겪은 내담자가 있다면 그 트라우마를 연상시킬 수 있으므로 부적합하다.

연습활동 9-2. 사고패러다임의 전환

※ 영화 〈프린스 앤 프린세스(Princes and princesses, 1999)〉 중 '마녀의 성'을 관람 후 '집단토의 sheet'를 작성해 보자.

1. 처음에 주인공이 어떻게 마녀의 성에 들어갈 것으로 예상했었나?

2. 다른 왕자들과 주인공의 차이점은 무엇인가?

3. 마녀는 실제로는 어떤 인물인가? 마녀에 대한 선입견은 무엇이었나?

4. 이 영화가 내게 주는 메시지는 무엇인가?

▷ 영화정보

★ 제목: 프린스 앤 프린세스(Princes and Princesses)
★ 제작국가: 프랑스
★ 제작연도: 1999년
★ 상영등급: 전체 관람가
★ 상영시간: 70분
★ 감독: 미셸 오슬로

◎ 줄거리: 마녀의 성에 들어가기 위해 모두 선입견을 갖고 무력으로 성을 무너뜨리려고만 한다. 이 모습을 계속 지켜보던 소년이 전혀 다른 방식으로 마녀의 성에 입성하게된다. 소년이 마녀의 성에 들어가게 된 방식은 무엇일까.

◎ 관람 포인트: 자살위기를 대처하기 위해 내적인 힘을 기르는 방법을 배울 수 있다. 비합리적 생각(경직된 사고, 과장된 해석, 흑백논리, 부정적으로만 판단)을 합리적 생각(유연한 생각, 있는 그대로 인정, 폭넓은 관점, 긍정적으로 판단)으로 전환하기 위해 영화를 활용한다.

연습활동 9-3. 타인과의 관계 보기 · 의사소통

▷ 영화정보

★ 제목: 우아한 거짓말(Thread of Lies)
★ 제작국: 한국
★ 제작년도: 2014년
★ 상영시간: 117분
★ 감독: 이한
★ 주연: 현숙, 만지, 천지

◎ **줄거리:** 영화 〈우아한 거짓말〉은 김려령 작가의 동명 소설을 원작으로 만든 작품이다. 마트에서 일하는 엄마와 '천지', '만지', 이렇게 세 식구가 살고 있다. 친구들에게 은밀한 따돌림과 보이지 않는 언어폭력으로 인해 자살에 이르게 된 천지와 그의 가족에 관한 이야기다.

◎ **관람 포인트:** 엄마에게 살갑게 대하고 마음을 잘 이해하는 천지가 아침 등교하기 전 뜬금없이 mp3를 사 달라고 말한다. 이때 엄마와 언니는 약간 퉁명스럽게 반응한다. 언어는 양날의 검처럼 사람을 살릴 수도, 죽일 수도 있다. 영화를 감상하며 타인과의 관계 맺기와 언어 패턴에 대해 상기하면서 살펴본다. 천지가 빨간 실타래 안에 남긴 말과 죽기 전 수행평가에서 '선입견'의 정의와 그 사례에 대해 발표를 했던 부분에 대해서도 음미해 본다. 영화 제목 '우아한 거짓말'이 무엇인지, 가해자와 피해자, 학교와 가정이라는 소우주에 대해서도 생각해 본다.

1. 영화 〈우아한 거짓말〉을 감상한다.
2. '내가 생각하는 친구란 _____ 이다'라는 문장을 완성한 후 서로 이야기를 나눈다.
3. 최근에 했던 거짓말에 대해서 떠올려 보고 적어 본다.

4. 누구에게도 진심을 털어놓지 못했던 천지는 빨간 털실 속에 그동안 하지 못했던 말을 넣어두었다. 나는 털실 속에 어떤 말을 넣고 싶은지 적은 후 조별로 토론을 한다.

5. 따돌림의 고통을 참거나 견딜 수 없을 때 문제해결 방안에 대해서 공유해 본다.

6. 천지는 언니 만지에게 묻는다. "친한 척하면서 사실은 괴롭히는 친구가 있으면 어떻게 해?" 만약 나에게 이렇게 묻는다면 뭐라고 답을 해 줄 것인지 생각해 본다.

[타인과의 관계 맺기]

타인과의 관계를 살펴보는 관계도이다. 이름으로 적고 싶지 않은 경우는 혼자만 알 수 있는 별칭이나 모양을 만들어 표시한다. (o, ★, ♪♫♩, ♡♡♡, 만두, 안경 등)

1. 어떠한 비밀도 없고 친밀한 관계이며 무슨 이야기든 다 공유할 수 있는 관계다.

2. 친하고, 좋아하기는 하지만 비밀은 이야기해 줄 수 없는 관계다.

3. 학교, 학원, 동아리 활동을 하면서 지내기는 하지만 속마음은 절대로 말하지 않는 관계다.

4. 친하게 지내고 싶지 않고, 얼굴도 보고 싶지 않지만 어쩔 수 없이 만나야 하는 관계다.

여성 · 가족 상담

제10장

이혜경 · 조원국

1. 여성주의 상담

1 가족구성원으로 여성과 모성 갈등

모성은 모든 시대에서 같은 형태로 나타나지 않고 사회문화적 이데올로기의 환경 안에서 모성으로 존재하게 된다. 모성을 중심 주제로 삼고 있는 영화들을 살펴보면 시대 상황이 반영된 한국사회의 가족구조와 모성의 변화가 드러나고 있다. 그리고 영화 안에 표현된 가족구조와 모성은 여성의 삶에 지대한 영향력을 미치고 고통과 갈등의 원천으로 그려지고 있다. 이러한 갈등이 현실의 모든 여성에게 해당하는 것이 아니라 하더라도 그것은 언제나 시대의 변화 속에서 다른 모습과 내용으로 잠재하고 있다. 그런 의미의 모성과 그와 관련된 갈등들은 모든 여성에게 현실적으로 다가온다.

가족 안에서 남녀의 성적인 페르소나는 과거 남성의 힘과 권위에서 고립되고 슈퍼맨 역할에 희생양이 되었다면 현대 우리나라 여성은 여성의 외모 지향성으로 가족 안에서 여성과 엄마로서의 두 역할 사이에서 갈등을 일으키는 사회적 환경이 되었다. 그러므로 모성이 갈등을 겪게 되면서 가족 내의 이슈는 달라진다.

영화에 나타난 여성을 역사적으로 들여다볼 때 몰리 하스켈(Molly Haskell)은 여성이 스크린 위에 표상되는 방식을 기술한 책 『숭배에서 강간까지: 영화에 나타난 여성상』(2008)에서 여성이 주체적이지 않고 숭배든 강간이든 보호 아니면 착취의 대상으로 보고 있으며 창녀 아니면 성모마리아 이분법에 여성을 가둬서 묘사하고 있다. 즉, 남성의 이율배반적 시선으로 여성을 성녀와 창녀로 영화에서 구체적으로 형상화하고 있다. 이 시선의 변화를 위해 여성은 주체적이고 행위의 주체자로 나타나는 영화가 나타나기 시작하는 시점이 1990년대로 전통적 가족윤리가 약화되면서 양성평등을 추구하게 되는 시점이다. 이때 모성 역할의 갈등과 가족 부재의 개인주의적 양상이 영화에도 많이 나타나기 시작했다.

그 후 2000년대에 이르러 점차 가족주의가 강화되면서 가족주의가 가진 문제점을 살피는 성찰적 시각들이 등장하기 시작했다. 2000년대는 가족해체를 재현하면서도 그 위기 속에서 가족과 모성에 대해 좀 더 관심을 가지고 다양한 가족형태를 통한 기존 모성의 모습이 변화되어 나타난다. 가족과 모성에 대해 다층적 재구성의 윤리가 시도되고 있다고 할 수 있다.

영화에서 재현되는 이러한 변화는 가족과 모성의 타자성과 복잡성에 민감한 공동체 윤리의 필요성을 강조하고 있다(최용성, 2007). 이 내용은 여자가 주인공으로 많이 나오는 차원을 말하는 것이 아니다. 단순히 누구의 엄마, 아내, 딸, 연인 그리고 성적 대상에서 벗어나 여성으로 주체적이면서 다양한 면모를 보여 주는 영화가 나와야 하며 남성의 시선으로 짜인 구조를 벗어날 수 있을 것이다.

2000년대에 개봉된 〈엽기적인 그녀(2002)〉, 〈친절한 금자씨(2005)〉, 〈도둑들(2012)〉, 〈암살(2015)〉, 〈미스 홍당무(2008)〉 등의 영화 속에 나오는 여성들이 주체적인 모습으로 그려진 부분이 있으나 몇몇을 빼고는 기괴하거나 삐뚤어진 욕망으로 그려진 여성들이다. 봉준호 감독의 〈마더(2009)〉에서 김혜자 또한 삐뚤어진 모성애를 보여 주고 있다. 이러한 여성묘사는 주체적 여성에 대한 오류를 양산할 수 있다. 한편으로는 〈아빠가 엄마를 좋아해(2009)〉에서는 아빠가 여자로 성전환을 했다는 무거운 주제를 그리고 있지만, 그 사실에 맞추지 않고 있다. 주인공 '지현'은 과거의 남성을 버리고, 여자로 선택한 삶을 당당하게 살아가는 인물로 그려지고 있으며 코미디 장르지만 민감한 주제를 가볍지 않게 다루고 있다. 여성이 가지고 있던 전통적인 모성이라기보다 성이라는 큰 테두리에서 여성과 모성을 다루는 시도로 볼 수 있을 것이다. 여성주의 상담은 남성과 여성을 이분화하는 고정관념을 벗어나 성차별을 배제하고 성평등에 기초하여 여성을 통합된 인간으로 보는 성평등 관점이다.

2 여성주의 상담의 특징

여성주의 상담은 여성이나 남성이 전통적인 성역할에서 벗어나 서로의 성을 차별하지 않고 독립된 인간존재로서 자신을 인식하는 여성주의 정체성을 바탕으로 한다. 여성주의 상담은 기본적으로 성차별 문제가 전통적인 성 역할의 고정관념이 중요한 원인이라고 본다. 그러므로 문제는 개인의 내적인 것뿐만 아니라 사회구조적인 문제에서 비롯됐다는 것을 깨닫도록 도와주는 것이다. 여성주의 상담은 여성뿐만 아니라 아동과 남성에게도 도움이 된다고 본다.

남성과 여성이 평생을 통해 성장, 발달하는 과정을 통해 사회적 또는 성적 발달, 자녀양육, 일 등에서 역할의 차이가 있음을 중시한다. 이를 위해서는 상담자는 내면화된 기존의 가치에 대해 스스로 의심하면서 새로운 시각을 갖는 것이 중요하다. 여성주의 상담자들에게 중요한 것은 왜 어떤 심리장애가 여성들에게 더 많이 발생하는 이유에 대해 사회·문화적인 관점에서 설명하는 것이다. 여성주의 상담은 사람들에게 성 역할과 힘의 차이가 사회생활에 미치는 영향을 이해하도록 돕는 한편 때로는 차별적이고 가해적인 사회제도를 변화시키도록 돕는다.

① 여성주의적 가치관을 가져야 한다.

기존의 여성주의 상담이 남성 중심의 시각과 규준으로 여성의 경험을 상담하는 경향이었다면 최근 여성주의 상담은 섭식장애, 강간, 성희롱, 성폭력, 아동기 성적학대, 가정폭력 등과 같은 주제에 있어 여성이 가진 경험을 존중하고 여성중심적 시각으로 가치를 재평가한다. 여성주의 상담에서는 심리적인 불편을 겪는 정신적 증상을 질병이라 생각하는 기존의 관점과 달리 양성평등이 이루어지지 못한 비인간적인 사회체제에 반응하는 의사표현 방법이라고 정의한다. 즉, 고통은 장애나 결함의 증거가 아니라 저항과 생존을 위한 기술이고 의지라고 본다(Worell & Johnson, 1997). 상담 목표는 내담자가 사회적 속박에서 벗어나 여성의 신체에 대해 알고 좋아하며, 사회적 기대가 자신에게 어떤 영향을 미치는지 자각하는 것이 주요 목표가 될 수 있다(Enns, 1997; 이지연, 2004).

② **내담자의 문제는 개인적이면서 정치적이다. 사회적인 변화를 추구한다.**

성의 사회적 의미를 재해석하는 것을 여성주의 상담에서 기본으로 하여 여성이 자신의 권한과 힘을 찾아서 다른 사람을 돕고 궁극적으로는 사회에 변화를 일으키는 것을 목표로 한다. 여성주의 상담에서 여성의 문제는 개인의 문제가 아닌 성 역할과 사회구조적 문제로 본다. 그러므로 문제의 근본적인 해결은 개인의 변화는 물론 사회구조적 변화가 함께 되어야 한다고 본다. 따라서 여성 자신의 문제에서 내부적, 외부적인 원인을 파악하는 능력을 키울 수 있게 하는 의식화는 필수적이다.

③ **내담자의 특정한 가치를 다루고 명료화한다.**

여성주의 상담은 상담을 통해 자신의 가치관을 내담자에게 분명히 밝히고 자신이 내담자에게 행동 모델로서 내담자에게도 그렇게 행동하도록 격려한다. 여성주의 상담은 가부장적 제도하에 억압받는 남성 내담자에게도 효과적일 수 있으며 사회를 변화시키는 데 기여할 수 있다(Brown, 1994). 남성들을 대상으로 친근감 향상을 위한 대화 방식 배우기, 정서 표현하기, 자기 드러내기와 같은 학습을 통해 내담자에게 자신의 정서를 표현함과 동시에 바람직한 행동 모델이 되는 것, 자신의 의식화 과정에 내담자를 참여시키기 등을 중요하게 생각한다. 이러한 상담 과정을 통해 성 역할과 관련된 가치들에 대해서 명료화한다.

④ **상담자와 내담자의 관계는 평등하다.**

여성주의 상담의 핵심은 권력에서 권한 찾기와 평등주의에 근거한다. 경직되고 위계적인 거리감을 두기보다 상담자와 내담자가 서로 보살펴 주고 협조하는 사이임을 강조한다. 여성주의 상담에서는 상담자 스스로가 의식화된 여성이어야 하며, 상담 과정에서 내담자에게 여성과 사회의 관계를 구조의 눈으로 볼 수 있도록 도와주어야 한다. 의식화를 통하여 내담자는 상담자를 한 인간으로 보게 되고, 내담자들이 사회에 한 발을 내디디려 할 때 새로운 세계를 앞서 살아가는 삶의 모델이 되어야 한다.

3 여성주의 상담에서 영화치료 적용 방법

여성주의 상담에 적당한 영화가 따로 있을까? 여성주의 영화로 자주 인용하는〈델 마와 루이스(Thelma & Louise, 1991)〉에서 델마는 남편 뒷바라지를 하는 전형적인 불안(혹 시나 해서 총과 전기등까지 챙긴다)이 높은 가정주부로 이틀의 여행계획을 남편에게 말하지 못하는 여성이다. 그러던 두 여자가 성추행범을 쏴 죽이고 도망하게 되면서 다시는 돌 아갈 수 없게 된다는 내용이다. 대개의 영화는 여성과 남성이 나오고 그 역할 안에서 문제의 요소를 가진 인물들이 영화를 이끌어 간다. 이 영화는 성 역할에 묶여 있던 델 마와 루이스가 세상과 부딪치면서 경험을 통해 성장해 가기 때문이다. 델마와 루이스 가 그들이 안고 있던 개인적인 문제가 세상과 접촉하면서 가부장적 가족제도에서 차 별받고 사회에서 여성으로 보호받지 못하는 법과 정치, 사회적인 문제를 우리에게 제 시한다.

그러므로 여성주의 영화는 여성주의적 관점에서 여성문제를 다룬 영화들을 말한다. 우 렐과 리머(Worell & Remer, 1992)는 여성상담의 구체적 목표를 다음과 같이 제시했다.

첫째, 여성과 남성이 가진 자기만의 고유한 경험을 신뢰하도록 돕는다. 생활환경 에서 자신의 의사를 자유롭게 표현하고 주장하도록 근원적인 해결 방법을 도와줘야 한다. 이것은 사회변화에 관여하여 적응이 아닌 변화하기를 선택한다. 둘째, 내담자가 여성이라는 정체성에 관한 가치관을 수용하도록 돕는다. 내담자가 지닌 문화적 다양 성을 중요하게 여긴다는 뜻으로 계층, 인종, 나이 등의 다양한 정체성을 인정하는 것이 다. 셋째, 여성이 자신을 스스로 돌보도록 지원한다. 자기의 욕구를 자각하는 것은 자 기양육의 한 측면이다. 자기존중은 외적인 자원에서 벗어나 자기 자신의 느낌을 존중 하는 것을 말한다. 넷째, 여성이 자신의 신체와 외모를 있는 그대로 수용할 수 있게 한 다. 자신의 신체와 자신의 성적 매력과 욕구를 그대로 수용하고 타인의 기준에 맞추어 자신을 비판하지 않도록 한다. 다섯째, 성적인 것에서 다른 사람의 요구가 아니라 자 신의 성적 선택을 정의하고 행동하도록 돕는다. 내담자들이 자신의 삶을 독립적이고 주체적으로 살아가면서도 타인과 의미 있는 관계를 발달시키며 나가려면 도구적인 능 력과 관계적인 능력 간의 균형을 맞추어야 한다. 대인관계에서 좀 더 적극적으로 되는 것과 친구나 가족을 보살피는 것은 개인적인 욕구를 희생하지 않아도 가능한 일이라는 것을 알게 한다. 여섯째 힘 북돋우기와 사회적 실천하기로 여성 차별적 대우를 받는 사회현실을 변화시키기 위해서는 여성 각자의 힘을 북돋워야 하고 사회적으로 실천해야 한다. 차별대우나 억압을 당하는 내담자를 지지하는 것은 여성주의 상담의 힘 북돋우기라는 목표와 일치한다. 이 목표들을 기준으로 여성주의 상담은 내담자가 겪고 있는 문제에 맞게 영화를 활용하여 상담을 진행한다.

영화를 활용하여 효과적인 여성주의 상담을 할 수 있는 기법으로 샤프(Sharf, 2000), 우렐과 리머(Worell & Remer, 1992), 엔스(Enns, 1993) 등이 기술하고 코리(Corey, 2003)가 정리한 것을 소개한다. 첫 번째, 내담자가 가진 성 역할 기대의 영향을 이해하기 위해서 사용하는 성 역할 분석, 성-역할 중재가 있다.

내담자가 지금까지 직·간접적으로 경험한 성 역할 메시지를 찾아서 그 내용이 긍정적인지 부정적인지를 알아보고, 그 메시지를 의식적으로 무의식적으로 어떤 방식으로 내면화해 왔는가를 탐색한다. '내면화된 메시지는 어떤 것인가?', '메시지 중 변화시키고자 하는 것이 무엇인가?'를 결정해서 변화를 위한 계획을 세운다. 여기에는 변화에 저항하는 반응에 대응하는 기술을 배우는 것도 포함된다. 영화 〈델마와 루이스〉에서 델마가 부부생활에서 남편에게 의존적이고 욕구 억제적인 모습과 친구 루이스에게 끌려다니는 모습을 통해 역할에 대해 메시지를 탐색한다. 남편과의 역할에서 성 역할에 대해 메시지를 탐색하고 내담자가 그 영상을 통해 얻게 되는 영향을 탐색한다.

두 번째, 내담자가 자신이 가지고 있는 권력과 접근할 수 있는 권력 등 다양한 권력의 종류에 대해 탐색해 내담자가 겪고 있는 힘, 권력 분석을 해 본다. 〈디어 한나(Tyrannosaur, 2011)〉에서 '조셉'은 남성이 여성보다 힘이 세다는 사회화로 아내를 잃은 슬픔을 술과 거친 폭력으로 표현하는데 '한나'와의 만남과 기도로 조셉은 평정심을 찾는다. 여성과의 관계에서 경쟁적이고 지배적인 것이 아니라 동료처럼 협력하는 법을 배울 수 있고 힘을 다양한 방법으로 이해하고 대안을 도출하는 법을 배울 수 있다.

세 번째, 주장성 훈련 통해 여성들은 힘이 없다고 생각하여 스스로 주장하지 않고 자기 삶의 통제를 포기해 버리지 않게 한다. 주장성은 다른 사람의 권리를 해치지 않고 자신의 권리를 주장하고 요구할 수 있는 것을 의미하며, 자신의 권리를 온전히 누리기 위해서는 주장성을 키우는 것이 중요하다. 여성주의 상담에서는 내담자가 주장적 기술을 배우도록 하여 우울함이나 화, 좌절감을 덜 느끼도록 도와준다. 주의해야 할 점은 내담자가 속해 있는 문화권에 알맞은 방법으로 표현 행동을 가르치고 촉진해야 한다는 점이다.

네 번째, 재구조화와 재명명화를 통해 내담자가 가진 한 개인의 행동을 바라보는 틀을 변화시켜야 한다. 문제의 원인을 파악할 때 내담자의 틀이 형성된 사회적 상황을 탐색하면서 내담자의 관점을 변화시킨다. 예를 들어, 내담자가 자신의 우울함이 '날씬한 여자에 대해 신문방송 보도 태도에 의해 화난 것'이라고 할 때 내담자에게 적용된 평가나 라벨을 바꾸도록 함으로써 억압적 환경에서 벗어나도록 해 주는 것이다.

4 여성주의 영화 상담에서 영화 선택 시 고려사항

효과적인 여성주의 상담의 효과를 거두기 위해서는

1. 내담자의 현재 상황과 수준에 맞는 내용의 영화를 선정한다.
2. 문제 상황이 여성주의 관점에서 해결점을 제시하는 영화를 선택한다.
3. 집단원 중에 남성이 참여하고 있다면 남성이 가해자로 느끼지 않게 배려해야 한다.
4. 성폭력 및 폭력 피해자일 경우 영화 선택에서 폭력 장면에 대한 주의가 필요하다.
5. 여성 문제를 다룰 때 사회성 강조를 위해 개인성을 소홀히 되지 않아야 한다.
6. 여성을 피해자로 몰아가는 것보다 여성으로서 사회적 힘을 북돋아 줄 수 있는 영화를 선택한다. 또한 영화를 통해 여성이 스스로 통찰과 카타르시스를 얻을 수 있으며 영화가 지지적 효과를 낼 수 있는 영화 선택이 필요하다.

2. 가족상담

1 가족의 의미

고등학교 영어교사 심 씨 가족의 무덤덤하게 살아가는 일상을 보여 주는 정윤철 감독의 영화 〈좋지 아니한가(Shim's Family, 2007)〉와 식료품 가게 점원 일을 하면서 가장의 굴레를 짊어지고 희망 없이 버거운 삶을 살아가는 청년 길버트 그레이프의 가족 이야기를 다룬 영화 〈길버트 그레이프(What's Eating Gilbert Grape, 1993)〉는 영화의 첫 장면부터 가족구성원을 소개한다.

〈좋지 아니한가〉에서는 심 씨 가족의 둘째 딸 '용선'이가, 〈길버트 그레이프〉에서는 주인공인 '길버트 그레이프'가 가족을 소개하는 장면을 시작으로 이야기와 사건이 전개된다. 가족을 소개하는 두 영화에서 공통으로 알 수 있는 것이 있다. 가족은 구성원이 몇 명 되지 않는 가장 작은 집단이지만 매우 이질적인 요소를 품고 있으며 허약함이 내재되어 있는 취약한 성질을 가지고 있다는 것이다.

가족이 내포하고 있는 취약성은 종종 가족을 휘감아서 헤어 나오기 어려운 소용돌이에 빨려 들어가게 하는데 가족상담에서는 취약성이 장애로 발전하지 않도록 도와주는 것이 가족상담자가 할 일이다. 그리고 가족에게 나타나는 역기능적인 문제를 상담을 통해서 기능적인 양상으로 변화할 수 있는 계기를 마련해 주는 것이 가족상담의 목표라고 할 수 있다.

가족은 두 사람이 만나서 부부관계를 맺음으로써 형성된다. 즉, 부부관계를 기초로 해서 부모와 자녀 관계, 형제자매 관계가 생겨나는 것이므로 가족은 소수의 사람을 중요한 구성원으로 해서 서로 깊은 정서적 끈으로 연결된 제1차적인 복지를 추구하는 집단이라고 정의할 수 있다. 가족구성원들은 서로에게 중요한 영향을 끼친다. 그러므로 한 가족의 구성원들이 각자 지니고 있는 서로 다른 에너지를 긍정적으로 모으는 순기능적인 정서의 결합인가, 부정적인 에너지로 서로 상처를 주고받는 역기능적인 정서의 결합인가는 매우 중요하다.

즉, 가족상담은 가족을 하나의 사회체계로 보고 그 체계 속에 있는 한 개인의 상호교류에 상담자가 개입하여 도와줌으로써 개인의 증상이나 행동에 변화를 가져오도록 추구하는 것이다. 여기에서 상담자들이 주목해야 할 것은 원인과 결과를 밝히는 것이 아니라 가족이 서로 영향을 주고받는 과정을 이야기해야 한다는 것이다. 한 사람 한 사람의 변화를 통해서 가족 개개인이 가지고 있는 에너지가 서로에게 힘이 되어 함께 만족스러운 생활을 할 수 있는 순기능으로 작용할 수 있도록 도와주는 것이 가족상담의 역할이라고 할 수 있다. 그 첫걸음이 아래와 같은 방법을 활용하여 내담자 스스로 가족구성원에 대해 어떤 마음을 가지고 있는지 차분하게 돌아보는 시간을 갖게 하는 것이다.

표 10-1 ● 가족 소개

활 동 내 용
영화 1. 〈좋지 아니한가(2007)〉 영화 2. 〈길버트 그레이프(1993)〉 ◎ **영화감상** 　가족을 소개하는 장면 클립 ◎ **다리놓기 질문 및 활동** ▶가족소개 시나리오 작성 　당신이 당신 가족을 소개하는 영화의 시나리오 작가가 된다면 어떤 내용으로 가족을 소개하겠습니까? ▶작성한 시나리오로 가족소개 동영상 촬영하기(휴대폰 활용) ▶촬영한 동영상을 보고 감정 나누기

2 남자와 여자, 그리고 결혼

여자란? 남자란?

생물학적뿐만 아니라 사회문화적으로도 여자와 남자는 많은 차이점을 가지고 있다. 이렇게 다른 것이 많은 남녀가 만나 여자는 아내, 남자는 남편의 역할을 하면서 한지붕 아래 살아간다. 영화〈해리가 샐리를 만났을 때(When Harry Met Sally..., 1989)〉는 남자와 여자가 서로 많이 다르다는 것을 보여 주는 영화이다. '해리'와 '샐리'는 대학을 졸업하면서 부푼 희망을 품고 성공을 위해 뉴욕으로 우연히 함께 가게 된다. 서로 안면이 없었던 두 사람이 뉴욕으로 가는 여정에서 발생하는 에피소드와 둘의 대화는 여자와 남자의 차이를 잘 보여 준다.

남자와 여자의 차이는 음식을 주문하는 일상적인 장면에서도 충분히 볼 수 있다. 식당에서 종업원이 주문을 받으러 오자 해리는 단순하게 "3번 주세요."라고 하는 반면 샐리는 "샐러드 주세요. 드레싱은 따로 주시고, 애플파이 알라모드도 주세요. 파이는 데워 주시고 아이스크림은 따로 주세요. 바닐라 말고 딸기로 주시고, 없으면 생크림으로 주시는데… 깡통에 든 거는 안돼요."라고 상세하고 구체적으로 주문을 한다. 샐리가 주문하는 모습을 본 해리는 마치 별나라에서 온 공주를 만난 표정을 지으며 입을 벌리고 멍하니 바라보고만 있을 뿐이다.

배가 고픈 남자들은 배를 채우는 것이 목적이기 때문에 무엇을 어떻게 먹느냐는 중요하지 않으므로 목적을 향한 3번 메뉴를 선택하는 것이다. 그러나 여자들은 배가 고프더라도 자신을 만족시키고, 자신을 존중해 줄 수 있는 음식을 섭취하길 바라기 때문에 자신의 욕구를 탐색한 후에 천천히 그리고 꼼꼼하게 주문을 한다.

남자와 여자의 차이는 섹스와 남녀관계를 바라보는 관점에서도 차이가 나는데, 해리와 샐리가 뉴욕을 향해 밤새도록 차를 달리는 동안 해리는 샐리에게 여관에서 함께 자자고 추파를 던지지만 샐리는 그럴 마음이 전혀 없다고 단호하게 거절한다. 그냥 친구로 지내자는 샐리의 제안에 "너와 나는 절대 친구가 될 수 없어. 섹스가 걸린 한 남녀관계에 친구관계란 없어."라고 해리가 말한다. 그러자 샐리는 "그렇지 않아. 난 섹스안 하고 지내는 남자친구가 많아."라고 하지만 해리는 "남자는 항상 섹스를 원하니까 매력적인 여자와 친구할 남자는 없어."라고 말한다. 과학적인 사실로 증명할 수 있는 것은 아니지만 섹스에 관하여 여자와 남자의 뇌구조는 많이 다르다는 것을 먼저 인정하는 것이 여자와 남자를 이해하는 데 편할 것 같다.

표 10-2 ● 여자와 남자의 차이

활동내용
◎ **영화감상 1.** 　〈해리가 샐리를 만났을 때〉(식당에서 음식을 주문하는 장면) ◎ **다리놓기 질문 및 활동 1.** 　남편이나 아내가 이해가 되지 않던 경험이 있나요? 있다면 구체적으로 이야기해 보세요. ◎ **영화감상 2.** 　〈해리가 샐리를 만났을 때〉(친구 결혼식에서 해리와 다툰 뒤에 맞는 크리스마스에서 트리용 전나무를 힘겹게 운반하는 샐리의 모습) ◎ **다리놓기 질문 및 활동 2.** 　'이런 일은 남자가 하는 것이 더 좋은데(또는 이런 일은 여자가 하는 것이 더 좋은데)'라고 생각해 본 적이 있나요?

　결혼식에서 주례가 성혼선언을 하면 신랑과 신부는 상대방의 약지에 예물 반지를 끼워 준다. 이것은 지구 상의 대부분의 문화권에서 볼 수 있는 공통점인데 우리는 왜 약지에 결혼반지를 끼는 걸까? 주먹을 쥐고 손가락을 하나씩 펴 보자. 엄지, 검지, 중지, 소지는 큰 어려움 없이 독립적으로 펼 수 있지만 약지는 혼자 펴는 것이 어렵다. 어떻게 펼 수 있을까? 왼손과 오른손 약지를 맞대고 같은 힘으로 밀어 주면 손쉽게 펼 수 있다. 아마도 결혼반지를 네 번째 손가락에 끼우는 이유도 여기에 있지 않을까? 여자와 남자가 서로의 차이를 알고, 잘할 수 있는 것을 인정하고, 부족한 것을 알고 채워 줄 때 시너지 효과가 발생한다.

　다른 것이 많은 여자와 남자가 만나 결혼을 통하여 부부가 되고 가족을 탄생시킨다. 여자와 남자가 서로 이해하지 못하고, 역기능적인 정서적 역동을 일으키면 파장은 부모, 형제자매, 자녀들에게 고스란히 전파가 된다. 그러므로 가족상담에서 가장 먼저 고려해야 할 것이 부부관계이다. 그러므로 청소년들에게 나타나는 학교폭력, 불안과 좌절, 반사회적인 문제행동의 해결은 가족에서 실마리를 찾기 시작해야 한다. 아내와 남편이 서로 이해하고 존중하는 것은 시너지 효과를 발생시키고 가족도 행복하고, 자녀들도 올바르고 긍정적인 마음으로 세상을 예쁜 시각으로 바라보게 된다. 우리는 좋은 아내와 남편이 되는 방법을 잘 모른다. 제대로 가르쳐 주는 곳이 없기 때문에 배우지 못했기 때문이다. 이러다 보니 상대방에게 씌워 놓은 콩깍지가 벗겨지는 때가 오면 성격차이 때문에 못살겠다고 다투고, 이혼을 하는 것이 아닐까?

통계청이 발표한 2018년 통계에 따르면, 연간 10만 9천여 쌍이 이혼을 했다고 한다. 이혼은 가정이 해체됨을 의미하며 그에 따른 여러 가지 사회적인 역기능을 발생시킨다. 그래서 여자는 남자를, 남자는 여자를 이해하고 배려하며 효율적인 의사소통을 할 수 있는 예비부부 교육이 절실하다.

3 영화 〈Story of Us〉로 열어 가는 가족생활주기

가족생활주기는 한 개인의 삶이 가정생활에서 경험하는 변화의 연속 과정이라 정의하는데, 가정형성기, 영아기, 유아기, 학동기, 청소년기, 자녀독립기, 중년기, 노년기로 구분할 수 있다. 영화 〈스토리 오브 어스(The Story Of Us, 1999)〉는 건강하고 귀여운 아들과 딸, 아름다운 집, 안정된 생활 등 겉보기에는 남부러울 것 없는 행복한 가정을 가진 결혼 15년차 중년부부의 결혼생활을 소재로 하고 있다. 소설가 남편 '벤'과 십자 퍼즐 출제자인 아내 '케이티'는 점점 대화가 줄어들고 매력적으로 보였던 상대의 버릇이나 성격이 단점으로 보이면서 부부관계가 시큰둥해지자 이것을 개선해 보려고 이탈리아로 제2의 허니문 여행을 다녀오는 노력까지 해 보지만 이미 벌어진 틈새는 좀처럼 좁혀들지 않는다.

표 10-3 ● 부부관계 탐색

활동내용
◎ 영화감상 〈스토리 오브 어스〉 클립(가족이 저녁식사하면서 결혼기념일에 대해 이야기를 나누는 장면) ◎ 다리놓기 질문 및 활동 ▶ 가장 행복했던 결혼기념일은 언제인가요? 그날 어떤 일이 있었나요? ▶ 기억하고 싶지 않은 결혼기념일이 있나요? 그날 어떤 일이 있었나요?

　　아이들에게 상처를 주는 것을 염려한 부부는 아이들의 여름방학캠프 기간을 이용해 별거를 해 보고 결혼생활을 지속할지 결정하기로 한다. 캠프를 마치고 자녀들이 돌아오는 날 아이들을 마중하러 가는 차 안에서 아내 케이티가 지난날을 회상하는 장면은 짧지만 가족생활주기를 쉽고 구체적으로 보여 준다. 사랑하고, 결혼하고 자녀를 출산하고 육아로 이어지는 가족생활주기는 부부 중심에서 자연스럽게 부모로서의 역할이 강조되는 시기로 옮겨 간다. 대화는 단절되고 자기중심적으로 변한 사고는 만족스럽지 못한 결혼생활을 상대의 탓으로 돌리기 바쁘다. 영화를 보면서 자신의 모습을 보는 것 같아 공감하면서도 마음이 불편할 부부들이 많을 것이다. 영화 〈스토리 오브 어스〉는 부부의 가사역할분담, 자녀양육, 부모봉양의 그림자를 드러내게 해 줄 수 있는 영화로 가족상담 장면에서 활용 가치가 높다.

　　가정형성기에서부터 노년기까지의 가족생활주기에서 부부관계는 어떠한가? 일반적인 부부관계의 곡선은 가족생활주기를 시간 순서대로 X축에 놓고, 만족도를 Y축에 놓은 함수그래프를 그린다면 아래와 같이 U자 곡선을 나타낸다.

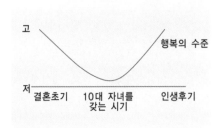

[그림10-1] **가족생활주기와 부부만족과의 관계(Cole, 1984; 성정현 외, 2004, 재인용)**

　모든 부부관계가 반드시 콜(Cole)이 제시한 그래프를 따라가는 것은 아니지만, 대부분은 결혼초기에 가장 최고점에 있던 부부 만족도가 청소년기의 자녀를 둔 시기에 최저점에 이르게 되고 이후 점차 상승하는 추세를 그리고 있다. 10대 자녀를 갖는 시기가 가장 낮은 시기인데, 청소년이 된 자녀와 의사소통이 점점 어려워지고, 직장과 가정에서 주어진 다양한 역할과 무거운 책임감으로 인한 스트레스로 부부의 신체적 정서적 친밀감에 틈이 생기면서 갈등이 높아질 위험이 도사리고 있기 때문이다. 그러나 중년기 중후반부터 부부간의 만족도는 서서히 증가하고 올라가는 추세를 보이면서 노년기에 가면 부부간의 만족도, 즉 행복의 수준이 다시 가정 형성기와 비슷한 수준으로 회복하는 것이 일반적인 부부 만족도, 행복 수준의 곡선이라 할 수 있다. 여러분의 현재 가족생활주기에서는 어떤 일이 일어나고 있는가?

표 10-4 ● **가족생활주기**

활 동 내 용

◎ **영화감상**

〈스토리 오브 어스〉 클립(아이들을 마중하러 가는 차 안에서 아내 케이티가 지난날을 회상하는 장면)

◎ **다리놓기 질문 및 활동**

아래 가족생활주기표에 해당하는 시기에 우리 가족에게 있었던 대표적인 사건을 기록하고 각 시기에 있었던 사건에 대해 이야기해 보세요.

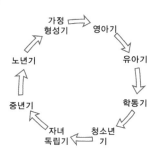

4 영화를 활용한 가족상담의 장점과 영화선택

드라마, 멜로, 판타지, 코미디, 스릴러 그리고 다큐멘터리에 이르기까지 영화의 모든 장르에서 가족 이야기가 빠지는 영화는 거의 없다. 상담 장면에서 영화라는 매체를 활용하는 것은 가족생활주기에서 발생한 사건을 기억에서 이끌어 내고, 가족구성원 간의 관계가 드러나게 되고, 가족의 정서체계를 파악할 수 있는 단서를 제공하기 때문에 겉으로 드러나지 않은 가족 간의 심리적인 역동과 의사소통 방법을 파악하는 데 유용한 도움을 준다.

가족상담에서 가족은 흔히 모빌(mobil)에 비유되기도 한다. 이것은 가족이 겪고 있는 문제가 한 사람의 개별적인 것이 아니라 가족체계 속에 혼재하고 있음을 의미하기 때문에 상담자는 가족 전체의 역동을 이해하는 것이 중요하다.

상담 장면에서는 내담자가 보이는 저항과 방어기제를 마주하게 되면서 어려움을 겪게 되어 상담이 답보 상태를 보이는 경우가 있다. 이때 영상과 영화를 활용하면 객관적 거리두기가 가능해지면서 가족들이 방어하는 마음의 문고리를 느슨하게 하여 저항을 최소화할 수 있고, 가족체계의 역동을 효과적으로 이해할 수 있게 된다. 또한 영화를 활용하여 상담자가 영화의 내용과 내담자가 꺼내 놓는 문제 사이에 다리를 효과적으로 놓는 경우[1] 내담자로 하여금 영화 속 등장인물의 이야기를 하듯 자신의 가족 이야기를 저항 없이 풀어놓도록 할 수 있다.

표 10-5 ● **부부관계 개선**

활 동 내 용
◎ **영화감상** 〈그 남자가 아내에게(今度は愛妻家, A Good Husband, 2009)〉 클립(아내의 죽음을 인정하기 힘든 남편 '스케'가 크리스마스 트리를 마련하여 아내 '사쿠라'의 환영과 마주하고 잘못을 빌고 사랑을 고백하는 장면) ◎ **다리놓기 질문 및 활동** 2시간이 지나면 당신의 아내를 영영 만나지 못할 수도 있다고 상상해 보세요. 만약 그렇다면 지금 아내에게 고백하고 싶은 마음속 이야기는 무엇인가요?

영화를 활용한 가족상담을 통해 가족의 문제를 사정하고 개입하여 가족의 역동을 이해하고 가족체계를 순기능으로 전환하게 하는 것은 경험이 많은 능숙한 상담자라 할지라도 그리 만만한 일이 아니다. 하지만 가족에게 도움을 주고자 하는 마음이 충분하다면 아래와 같은 준비를 통해 원하는 가족상담의 목표를 달성할 수 있게 될 것이다.

첫째, 부부상담을 할 때는 상담에 동참하는 것을 꺼리고 거부하는 남편들이 좋아하는 영화를 우선적으로 선정하여 활용함으로써 남편들이 상담실 문을 열고 들어오는

---

1 브리징(bridging) 기법: 마치 까마귀가 견우와 직녀 사이에 오작교를 놓듯, 영상영화상담 기법에서 영화내용과 내담자의 문제를 효과적으로 연결하는 기법이다.

발걸음이 무겁지 않도록 배려할 필요가 있다. 둘째, 가족상담을 할 때 IP[2]를 중심으로 영화를 선정하는 것이 바람직한 일이지만 가족구성원이 모두 볼 수 있는 영화를 선정하여 저항을 최소화할 필요가 있다. 셋째, 자녀가 상담에 동참하는 경우 자녀의 눈높이에 먼저 맞추어 영화를 선정하는 것이 좋다. 넷째, 가족 내에 충격적인 사건이나 외상 후 스트레스 장애로 인해 다루기 쉽지 않은 성폭력, 가정폭력, 구타나 학대 등의 문제가 있는 가족을 상담할 경우에는 가족과 상담자 그리고 가족들 서로 간에 신뢰관계가 형성되고, 트라우마를 직면할 수 있는 가족 에너지가 충분히 형성되었다고 판단될 때 직접적으로 사건을 상기시킬 만한 영화선정을 고려할 수 있다.

우리는 영화가 사실이 아니라는 것을 이미 알고 있다. 그러나 스크린에 영상이 비춰지고 배우의 말과 숨소리가 들리기 시작하면 자신도 모르게 빠져들어가 배우와 같이 울고, 웃고, 분노하고, 가슴을 졸이며 카타르시스를 느끼고 자신의 욕망과 소망을 가감 없이 스크린에 투사한다. 영화가 가지고 있는 투사와 전치 효과의 특성이 상담의 매개체로 활용되기 때문에 내담자의 저항을 줄이고 꼭꼭 걸어 잠근 마음의 문고리를 스스로 풀고 나올 수 있는 상황을 쉽게 조성할 수 있는 것이다.

영화를 활용한 상담은 오감 중에 가장 민감한 시각과 청각을 통해 인간의 무의식을 자극시키기 때문에 미술치료나 독서치료보다 더 효과적인 면이 분명히 있다. 그렇지만 상담자들이 명심해야 할 것이 있다. 영화가 상담을 효과적으로 이끌어 주는 것은 아니다. 영화는 영화일 뿐이다. 잘 훈련되고 인격적으로 성숙하고 진술한 상담자가 영화를 활용하여 온기와 숨결을 불어넣을 때 내담자에게 진정한 도움을 줄 수 있을 것이다. 그러므로 영상영화심리상담사는 영화를 활용한 상담 능력을 배양시키는 노력을 게을리하지 말아야 할 것이다.

가족상담 장면에서 영화를 감상한 뒤 내담자들에게 아래와 같은 질문들을 하면 내담자들이 자기 자신과 가족의 관계 역동, 역기능을 탐색하는 데 도움을 줄 수 있을 것이다.

  ◦ 영화 속 주인공들 중 불편했던 인물이 있다면, 가장 불편했던 인물은 누구인가요?
  ◦ 영화 줄거리에서 마음에 들지 않은 내용이 있다면, 어떤 내용인가요?

---

2   IP(Identified Patient): 가족 중 문제를 가지고 있다고 지목된 사람.

◦ 영화에 나오는 가족들의 관계에 대하여 점수를 준다면?

(1점 – 매우 나쁘다, 3점 – 대체적으로 나쁘다, 5점 – 보통이다, 7점 – 대체적으로 좋다, 10점 – 매우 좋다)

◦ 영화에서 당신의 가족 중 누군가의 행동과 닮은 사람이 있나요? 만약 있다면, 그 사람의 행동에서 당신이 느끼는 감정은?

◦ 영화 속 주인공들 중 가장 동일시되거나 공감되는 인물은?

◦ 영화 속 가족은 앞으로 어떤 생활을 하게 될까요?

조금 더 나은 가정을 만들기 위해 가장 노력해야 할 사람은 누구인가요?

◦ 영화 속 가정이 화목하기 위해서 가족 중에 먼저 변화해야 할 사람은 누구인가요?

◦ 영화에서 가족의 역할을 가장 충실히 하고 있는 사람은 누구인가요?

◦ 영화에서 가족의 역할을 하지 못하고 있는 사람은 누구인가요?

◦ 영화 속 가족 중에서 골칫덩어리는 누구이며 어떤 행동이 문제인가요?

◦ 영화 속 가족 중에서 어떤 사람이 힘을 가지고 있나요? 그 힘은 어디에서 왔을까요?

가족상담 장면에 활용하기 유용한 영상영화 목록

◎ **가족소개, 가족의 의미 탐색**
▶ 길버트 그레이프(미국, 드라마, 118분, 1993년)
▶ 좋지 아니한가(한국, 드라마, 114분, 2007년)
▶ 순환선(한국, 드라마: 옴니버스, 125분, 2012년)
▶ 가족의 탄생(한국, 드라마: 옴니버스, 113분, 2006년)
▶ 그렇게 아버지가 된다(일본, 드라마, 121분, 2013년)

◎ **남녀의 차이, 만남, 그리고 결혼**
▶ 해리가 샐리를 만났을 때(미국, 로맨스, 96분, 1989년)
▶ 재밌는 TV 롤러코스터 시즌1(한국, tvN 오락프로그램, 128부작, 2009년)
▶ 오만과 편견(프랑스, 영국, 로맨스, 127분, 2006년)
▶ 건축학 개론(한국, 로맨스, 118분, 2012년)
▶ 봄날은 간다(한국, 로맨스, 106분, 2001년)
▶ 브레이크업-이별후애(미국, 로맨스, 106분, 2006년)

◎ **가족 스트레스, 갈등**

▶ 넝쿨째 굴러온 당신(한국, KBS 주말드라마, 58부작, 2012년)

◎ **가족생활주기**

▶ 스토리 오브 어스(미국, 코미디, 94분, 2000년)

◎ **양육박탈**

▶ 마음이(한국, 드라마, 97분, 2006년)

▶ 집으로(한국, 드라마, 87분, 2002년)

▶ 아무도 모른다(일본, 드라마, 140분, 2005년)

▶ 오세암(한국, 애니메이션, 75분, 2003년)

◎ **장애를 가진 가족**

▶ 말아톤(한국, 드라마, 117분, 2005년)

▶ 날아라 허동구(한국, 드라마, 96분, 2007년)

▶ 나의 왼발(영국, 아일랜드, 드라마, 98분, 1990년)

▶ 블랙(인도, 드라마, 124분, 2009년)

▶ 닉부이치치 동영상

▶ 레나 마리아 동영상

◎ **새로운 동향의 가족**

▶ 스텝맘(미국, 코미디, 154분, 1999년)

▶ 완득이(한국, 드라마, 107분, 2011년)

◎ **섭식장애**

▶ 삼공일 삼공이(한국, 미스터리, 99분, 1995년)

◎ **가정폭력**

▶ 똥파리(한국, 드라마, 130분, 2009년)

▶ 빈집(한국, 로맨스, 88분, 2004년)

◎ **알코올 중독**

▶ 남자가 여자를 사랑할 때(미국, 드라마, 126분, 1994년)

◎ **상실**

▶ 그대를 사랑합니다(한국, 로맨스, 118분, 2011년)

▸ 친정 엄마(한국, 드라마, 107분, 2010년)

▸ 애자(한국, 드라마, 110분, 2009년)

▸ 그 남자가 아내에게(일본, 로맨스, 128분, 2010년)

◎ **치매**
▸ 세상에서 가장 아름다운 이별(한국, 드라마, 125분, 2011년)

▸ 그대를 사랑합니다(한국, 로맨스, 118분, 2011년)

▸ 노트북(미국, 포르투갈, 로맨스, 123분, 2004년)

◎ **경험적 가족상담**
▸ 우리들의 행복한 시간(한국, 드라마, 117분, 2006년)

◎ **구조적 가족상담**
▸ 길버트 그레이프(미국, 드라마, 118분, 1993년)

◎ **다세대중심 가족상담**
▸ 샤인(미국, 로맨스, 105분, 1997년)

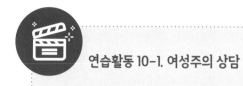

연습활동 10-1. 여성주의 상담

※ 영화 〈바그다드 카페: 디렉터스 컷(Bagdad Cafe, 1993)〉 중 야스민과 브렌다의 카페를 살리는 과정(통편집 상영시간 30분)를 관람하면서 작성해 보자.

1. '문슈테드 부인'에서 '야스민'으로 이름을 바꾼 것처럼 당신의 이름을 새롭게 지어(재명 명하기) 당신에게 지워진 사회적 짐 내려놓기를 시도해 본다.
2. 당신이 야스민처럼 지치고 힘들(었을) 때 찾아갔던(찾아갈) '바그다드 카페'는?
3. 카페에 활기를 불어넣은 야스민의 선택들은 무엇인가?
4. 당신이 여행을 떠난다면 여행 가방에 어떤 물건을 담을 것인가?

▷ 영화정보

★ 제목: 바그다드 카페(Out Of Rosenheim, Bagdad Cafe)
★ 제작국: 독일(옛 서독), 미국
★ 제작연도: 1987년
★ 상영등급: 15세 관람가
★ 상영시간: 108분
★ 감독: 퍼시 애들론
★ 출연: 마리안느 세이지브레트(야스민), CCH 파운더(브렌다)

◉ **줄거리:** 황량한 사막 한가운데 자리 잡은 초라한 '바그다드 카페'. 커피머신은 고장 난 지 오래고, 먼지투성이 카페의 손님은 사막을 지나치는 트럭 운전사들뿐이다. 게으르고 무능한 남편을 쫓아낸 카페 주인 '브렌다' 앞에, 미국 여행 중에 남편과 다투는 바람에 사막 한가운데 외톨이가 된 육중한 몸매의 '야스민'이 찾아온다. 옷차림만 봐도 이방인임을 알 수 있듯이 그녀가 할 수 있는 일은 막연히 걷는 일뿐이다.

◉ **관람 포인트:** 결혼은 했으나 남편까지 떠나버린 야스민과 경제적 빈곤과 불행한 가족관계 속에 있는 브렌다는 결핍을 가진 약자다. 두 여자는 인생의 최악의 상황에서 만났고 모든 것이 불편하기만 한 낯선 동거가 시작되었다. 그러나 둘은 야스민의 작은 마법으로 관계의 전환점을 맞이한다. 그 둘은 행복해지려는 노력과 꾸밈없는 자신의 가장 아름다운 모습들을 발견해 가면서 소중한 시간을 만들어 간다. 희망이 없어 보이던 바그다드 카페에 두 사람의 마법으로 활기를 찾아간다. 브렌다가 좌절에서 활기를 찾아가는 과정을 통해 브렌다의 이제까지 노력과 문제해결 방식을 탐색한다.

노인상담

제11장

이승수 · 조원국

1. 현대사회와 노인상담

1 노인상담의 개요 – 의미, 특징, 실태, 필요성

노인상담은 노인과 관련된 제반문제를 해결하거나 예방하고 지원하는 사회복지 분야의 활동이다. 노인상담은 상담을 통하여 잠재된 욕구를 표출하게 하여 문제의 근원을 파악하는 역할을 수행함으로써 상담 과정에서 제1차적인 노인들에게 사회관계망 역할을 해 주며, 노인 욕구충족을 위한 가족적 사회적 노력을 실천하도록 해 주는 역할을 수행한다(박현식 외, 2015).

노인 내담자는 경험의 폭이 넓고, 가족 및 보호자의 지지가 상대적으로 약한 특성이 있다. 또한 삶에 대한 의지가 약하고 죽음과 연관시키려는 경향이 강하다(이호선, 2012; 박차상 외, 2012).

노인상담의 영역은 노인이 겪는 네 가지 고통인 빈고(貧苦), 고독고(孤獨苦), 무위고(無爲苦), 병고(病苦) 등이 주요 배경이라고 할 수 있다. 노인의 경제적 능력 저하는 가족 내에서 관계를 위축시키고 갈등의 원인이 된다. 2014년 노인 실태조사에 따르면, 노후 생활 중에서 가장 불만족스러운 부분이 경제적인 부분이다(1위 경제문제, 2위 건강문제, 3위 여가활동 등). 건강 분야에서는 노인들 89.2%가 평균 2.6개의 만성질환을 경험하고 있는 것으로 나타났다. 노인이 되면서 가장 심각하게 느끼는 부분이 신체적인 변화이다. 건강문제는 일차적인 걱정과 스트레스와 우울의 원인이 되고 있다. 노인상담에서 절망, 우울증, 스트레스와 같은 증상에 대한 상담이 중요하다. 특히 우울증과 스트레스는 노인 자살로 연결되어 사회적인 문제로 발전할 수 있다. 노인들의 여가활동은 역할 상실

로 인한 극복의 방안으로 활용이 가능하며, 최근 평생교육 도입으로 복지관이나 평생
교육원의 참여율이 증가하고 있다(정관용, 2016).

2 노인상담과 영화치료

최근 노인상담 현장에서 영화치료가 각광받고 있다. 영화치료는 내담자가 영화를
통해 여러 가지 감각양식을 동시에 받아들이면서 영화의 다양한 상징, 은유, 치료적 양
식을 선택한다. 결국 이러한 과정을 통해 내담자는 삶의 의미를 회복하고, 자신의 행
동을 변화시키고 통찰을 촉진하며, 개인적인 이해를 심화한다(Wedding & Niemiec, 2003).

노인상담에서의 영화클럽의 길이는 상담이나 교육 시간 1시간 기준으로 20분 이상
관람하여 영화적 즐거움을 향유할 수 있도록 한다.

인간의 발달 과정에 관한 정신분석적 이론을 정립한 에릭슨(Erik H. Erikson)은 발달
과정을 8단계로 분류하고 각 단계마다 발달 과제가 있다고 하였다. 노년기는 인생의
마지막 단계로서 이 시기에는 신체적·사회적 상실에 대처해야 한다. 더 이상 자신이
사회에 필요한 존재가 아니며, 젊었을 때처럼 활동할 수 없다는 사실을 인식하면서 자
아통합(Ego Integrity)이라는 과업에 직면하게 된다. 자아통합이란 자신의 삶을 되돌아보
면서 자신의 인생을 수용하고 갈등, 실패, 실망 따위를 성공, 기쁨, 보람 따위와 함께
전체의 삶 속에 포함시키는 것으로 이것이 이루어져야 죽음을 두려움 없이 맞이할 수
있게 된다(최옥채 외, 2015).

노년기 자아통합에 대해 생각해 볼 수 있는 영화로 〈국제시장(2014)〉을 들 수 있다.
〈국제시장〉은 1950년대 한국전쟁 이후 현재에 이르기까지 격변의 시대를 살아온 '덕
수'(황정민 분)의 인생 이야기를 다뤘다. 그는 개인적으로 하고 싶은 것도, 되고 싶은 것
도 많았지만 평생 단 한 번도 자신을 위해 살아본 적이 없다. 월남할 때 헤어지며 남긴
아버지의 당부에 따라 오직 가족만 돌보며 험지에서 살았다. 그럼에도 그는 "이만하면
잘 살았다."라고 말한다.

다음은 통합을 이루지 못한 경우, 즉 절망을 다룬 영화다. 〈토토의 천국(Toto Le Heros, Toto The Hero, 1991)〉에서 주인공 '토토'(미셸 뷔케 분)는 자기가 막 태어났을 때 신생아실의 화재로 이웃에 사는 부잣집 아들 '알프레드'와 바뀌었다고 생각한다. 평생 알프레드가 자신의 운명을 빼앗아 버렸다는 생각을 버리지 못하고 산다. 노인이 된 토토는 자신이 살아온 인생을 다시 한 번 생각하게 되고, 재벌의 총수가 된 알프레드를 찾아간다. 토토는 그를 죽이기로 마음먹는다. 그러나 죽이지 못한다. 알프레드가 오히려 토토의 인생을 부러워했기 때문이다. 급기야 토토는 알프레드로 변장하고 아버지 초상화 앞에 서서 "안녕하세요, 아버지"라고 인사한 후 방아쇠를 당긴다. 토토는 가슴에 알프레드를 품은 채, 스스로 생을 마감한다.

국가유공자(대부분 85세 이상) 심신 안정 프로그램에서 가장 반응이 좋았던 영화가 〈국제시장〉이다. 주인공 덕수가 자신의 삶을 수용하는 자세는 노인들에게 따뜻한 느낌을 주었고, 노인들은 자신의 생생한 추억을 끌어내고 아쉬움도 여과 없이 토로했다. 한편 통합을 이루지 못한 영화 〈토토의 천국〉은 후회와 자기혐오로 점철된 인생이 어떤 의미가 있는지 생각해 보게 했다.

2. 영화를 활용한 노인문제 영역별 상담

1 노인치매와 영화치료

치매는 기억력 장애를 특징으로 뇌신경의 퇴행성 변화와 후천적 뇌혈관 손상에 의해 지남력, 실행기능, 사회적 기능이 손상되는 대표적인 퇴행성 질환으로 중중도로 진행됨에 따라 행동심리증상을 같이 동반한다. 행동심리증상은 반복, 착오, 불안, 배회, 공격성 등의 양상을 보이며, 다양한 문제들은 독립적인 일상생활 수행의 제한으로 영향을 미쳐 보호자의 부양 부담감에 영향을 주는 요인이 된다(전보라 외, 2019, 재인용).

통계청(2018)에 따르면, 2018년 기준 65세 이상 노인은 약 738만 명으로 전체 인구 중 14.3%를 차지한다. 우리나라는 2012년 치매관리법을 시행하고 중앙치매센터를 설치 및 확대하여 2016년에는 전국 17개 시도에 광역치매센터를 설치하였다. 한편 전국 252개 보건소에 치매안심센터를 개소하였다. 치매안심센터에서는 치매 노인에게 1:1 상담, 평가, 관리, 서비스까지 통합적인 서비스를 제공하고, 전문 인력으로는 간호사, 사회복지사, 심리상담사, 작업치료사로 구성되며 특히 작업치료사는 필수로 1명 이상 채용하고 있다. 작업치료사는 조기검진을 통해 치매를 예방하고 인지재활프로그램, 치매예방교실, 치매가족상담을 실시하는 역할을 한다.

1 영화로 보는 치매

치매유병률의 증가는 환자 당사자나 가족만의 문제가 아닌 사회적 문제로 대두되고 있는 게 현실이다. 치매 노출은 신체적, 심리적, 사회적 재정적 문제가 포함된 다차원적인 개념으로 부양부담, 사회적 지지 차원에서 접근해야 한다.

표 11-1 ● **치매를 다룬 영화**

연번	제목	연도	나라	관람 포인트
1	그대를 사랑합니다	2011	한국	치매 걸린 아내를 보살피는 남편의 태도와 행동
2	장수상회	2015	한국	치매에 걸린 할아버지가 기억을 잃어가는 과정
3	엄마의 공책	2017	한국	반찬가게를 하다가 치매에 걸린 엄마의 레시피 복원
4	로망	2019	한국	동반치매 부부의 솔루션
5	내일의 기억	2007	일본	알츠하이머에 걸린 한 직장남성의 아픔과 변화 수용 과정
6	소중한 사람	2012	일본	치매에 걸린 시어머니를 돌보는 며느리
7	러블리 스틸	2011	미국	치매에 걸려 가족도 못 알아보는 할아버지
8	어웨이 프롬 허	2006	캐나다	치매에 걸린 아내가 요양원에서 다른 세상을 만나는 모습을 지켜보는 남편

2 영화 〈소중한 사람〉으로 치매환자와 가족 돌보기

일본 영화 〈소중한 사람〉은 치매에 걸린 홀어머니를 지극정성으로 보살피는 며느리 이야기이다. 영화에서 시어머니의 은유는 매화(梅花)다. 매(梅)는 나무 목 변에 어미 모, 즉 엄마를 상징한다. 이 꽃이 치매에 걸렸으니 꺾어진 매화(오리우메)다. 며느리는 꺾어진 매화가지를 물에 담그면 꽃을 피울 것이라고 희망을 품는다. 영화는 기억을 잃어 가는 엄마의 증상과 부양자(아들, 며느리, 손자, 손녀)의 성숙한 대처 방법을 제시한다. 어머니는 음식 탐하기, 의심, 며느리 흉보기, 폭행, 길 잃어버리는 상황 등 증상이 나타난다. 이로 인해 가족 상호 간에 갈등이 발생한다. 대표적인 것이 몰이해다. 남편이 아내를, 올케가 며느리를, 손자가 할머니를 이해하려 하지 않는다. 다음은 방관이다. 누구도 선뜻 나서려 하지 않는다. 영화의 해법은 환자가 '스스로 하기'를 반복하라는 것이다. 바느질, 청소, 빨래 널기, 놀이, 식사 등. 이를 반복하는 과정에서 엄마가 그림에 재능이 있다는 사실이 밝혀지고 엄마는 화가가 되어 호숫가에서 사생화를 그리며 행복해 한다.

이야기 전개 중 집단상담 장면이 나오는 영화 〈소중한 사람〉은 집단상담 형태의 치료 세션(매 2시간)에서 의미 있는 상담의 효과를 줄 수 있다.

노인 우울 · 자살과 영화치료

우울증은 노화와 더불어 나타나는 증상 중 하나다. 2014년 보건복지부 자료에 의하면 조사대상인 10,452명 중에 33.1%가 우울증상을 가지고 있어 노인에게 보편적으로 나타나는 질병 중 하나이다. 우리나라 노인우울증의 발생 특징은 연령이 높을수록, 소득이 낮을수록, 여성노인이 우울증상이 높게 나타났다. 노인우울은 노인자살의 중요한 원인으로 작용하고, 보건기관 이용의 증가 등 사회적 비용을 초래하게 된다(M. Waern et al., 2003; S. Wiktorssonet al., 2010).

자살은 스스로 생을 마감하는 행위이다. 뒤르껭(E. Durkheim, 1951)은 "그 행위의 결과가 어떠한 결과를 초래할지 알면서 자신이 긍정적이건 부정적인 행위를 함으로써 직접적 또는 간접적으로 행하는 죽음"이라고 정의하였다. 세계보건기구(WHO)에서는 "죽음에 대한 의지를 지니고 자신의 생명을 헤쳐서 죽음이라는 결과에 이르는 자멸행위"라고 정의하고 있다. 헨리(A. Henry, 2004)는 자살에 대한 일련의 과정을 다음과 같이 정리하였다(정관용, 2017, 재인용).

[그림11-1] **자살에 이르는 과정**

노인우울증에 대한 상담 방법으로 노인의 자아존중감을 높여 주는 지지적 치료, 개인의 대인관계 개선에 도움이 되는 대인관계치료, 과거에 대한 회상을 통하여 삶을 재조명하는 회상치료가 있다. 최근 가장 널리 활용되는 인지치료는 노인의 부정적 인지를 변화함으로써 행동과 태도를 변화시키는 상담 기법이다. 노인상담의 경우 개별상담보다 집단상담이 널리 활용되고 있다(Hartford, 1980: 826-906).

Solomon(1995)은 영화가 부정적인 감정에 도전하고, 사고, 감정과 행동을 연결시키는 동안 관객을 즐겁게 하며, 참가자에게 혼자 문제를 지니고 사는 것은 아니라는 위로를 준다고 하였다.

영화치료에 참가한 내담자들은 영화를 보면서 등장인물들의 여러 가지 행동들을 관찰하고, 평가하며, 자기 자신의 사고나 감정을 투사하면서 자신의 가능한 행동들에 대해 생각하고 적용해 볼 수 있는 기회를 얻게 된다(김준형, 2004; Wedding & Boyd, 1997).

문제는 노인불안이 상담이나 치료를 받는 데 저항하게 만든다는 것이다. 다시 말해 불안은 상담사를 만나러 가기도 주저하게 만들고, 호소하는 것도 힘들게 한다. 새롭게 생각하고, 새로운 시도를 하는 것은 더욱 어렵다. 무엇보다 우울이 불안을 동반한다는 것이 현장의 특징이다(이장호 외, 2013).

▣3 노년의 부부관계와 성(性), 황혼이혼

중·노년기 이후는 노화에 따른 신체적 변화는 물론, 환경의 변화로 인해 부부간에도 많은 변화가 온다. 실직과 은퇴로 인해 남성들이 가정에서 보내는 시간도 증가하며, 노후에 대한 심리적 불안감이 증가한다. 가까운 친지나 친구들의 죽음이 가져오는 상실감이나 두려움, 자녀들이 독립한 후 심리적 변화에 따른 빈집 증후군(Empty Nest Syndrome: Raup & Myers, 1998), 우울감 등 다양한 문제로 자칫 부부관계가 소원해지고, 불협화음이나 갈등을 초래할 수가 있어 노년기로 갈수록 부부관계가 더 중요함을 강조해야 한다. 조혜숙(2012)은 중·노년기 결혼만족도에 영향을 미치는 부부관계 요인으로 부부간의 헌신과 책임(commitment), 애정관계(affection), 여가공유(sharing leisure), 의사소통(communication), 가사분담(sharing household affairs)을 강조하였다.

한국사회에서 노인의 성 연구는 활발하게 진행되었고, 다수의 논문이 생산되고 있다. 이 연구들은 노인들이 표면적으로 성에 대한 보수적인 태도를 보여 준다 하더라도, 실제로 성에 대해 많은 관심을 갖고 있고 다양한 성생활을 하고 있다는 내용을 담고 있다. 성 연구들은 다음과 같은 특성을 보여 준다. 첫째, 성은 노인남성에게 중요한 의미가 있고 삶의 만족도와 자아성취감과 연관되어 있다. 둘째, 노인남성들은 성을 살아 있는 증거, 남성다움과 힘으로서 의미화하고 있다. 셋째, 노인남성들은 온갖 수단을 동원해서 성욕을 해결하고 있는 현실을 기술하고 있다. 요컨대, 이 연구들은 남성 중심적인 노인 성담론을 구성하는 데 일조하고 있다(이동욱, 2011, 재인용).

다음은 황혼이혼이다. 이 단어는 일본에서 처음 사용되었고, 단카이 세대(일본의 베이비부머 세대로서 1947~1949년 사이에 출생한 사람) 부부들이 은퇴 시기에 이혼을 하면서 나온 신조어다. 우리나라에서는 통상 20년 이상 결혼생활을 했던 부부들의 이혼을 말한다. 우리나라의 이혼건수는 2009년에 124천 건 이후 2010년 116.9천 건, 2011~2012년 114.3천 건, 2014년 115.5천 건으로 파악되었다(박훈 외, 2017). Balswick(1995)은 이혼 과정을 4단계로 구분하고 있는데, 1단계 별거이전의 기간에는 감정적 이혼이 이루어지고 사랑이 식어가는 단계, 2단계 실제적인 별거시점에서는 협상, 좌절, 분노, 동요, 죄책감, 후회를 경험한다. 3단계 별거와 법적인 이혼사이의 기간에는 법적 문제들, 재산분배, 애도, 자녀양육 문제의 결정, 생활방식에 대한 새로운 방향 설정, 자신의 정체성이나 감정적인 기능 발휘에 대하여 초점 맞추기 등이 포함된다. 4단계 적응기간엔 새로운 목표나 활동이 포함되어 이 단계는 자신의 삶을 재구성하는 개인적 회복기라고 하였다(유순희, 2016, 재인용).

1 영화로 보는 노년의 부부관계와 성(性), 황혼이혼

최성수(2019)는 『영화 속 인간 이해』에서 '노년, 문제인가 주제인가'라는 화두를 제시했다. 문제냐 주제냐에 따라 전혀 다른 결론이 도출될 것이란 전제하에서다. 지금껏 우리의 관점이 문제였는지 주제였는지 생각해 보자. 영화 〈사랑 후에 남겨진 것들(Kirschbluten - Hanami, Cherry Blossoms - Hanami, 2008)〉은 노부부의 사랑과 노년기의 삶과 죽음을 다룬다. 〈날아라 펭귄 (2009)〉은 은퇴한 남편의 무기력증, 아내의 자존감 회복 과정에서 겪는 노부부의 갈등을 그린다. 〈경축! 우리 사랑(2008)〉은 50대 기혼여성의 성과 사랑 그리고 가족에 대한 정의를 그린다. 〈죽어도 좋아(2002)〉는 한국사회에서 노인의 성을 노골적으로 표현한 초유의 작품이다. 〈죽여주는 여자(2016)〉는 종로 일대의 '박카스 할머니'를 소재로 하였다. 〈환상의 그대(You Will Meet A Tall Dark Stranger, 2010)〉에는 잃어버린 청춘을 되찾겠다는 환상에 젖어 40년 동안 함께 살아온 조강지처와 헤어지는 '알피'라는 노인이 나온다.

이동욱(2011)은 '영화에서 재현된 노인여성의 성과 사랑'에서 20편의 영화를 분석하여 영화 속 노부부의 관계는 평생 동반자라는 환상 속에서 성별 분업의 폐해를 드러내고 있으며, 노인남성의 성적 욕망이나 실천에 대해서는 관용적이고 연민의 시선을 보이면서도 여성들은 성 규범에 순응하는 피해자, 성적으로 수동적인 존재로 재현되고 있다고 주장하였다.

▶2 영화 〈날아라 펭귄〉으로 보는 노년의 부부관계

〈날아라 펭귄〉은 국가인권위원회가 제작을 지원한 영화다. 4개의 에피소드로 구성되었는데 네 번째 에피소드가 노년의 부부관계 이야기다. 권위를 잃어가는 퇴직 가장 '권 노인'(박인환 분)과 더 이상 엄마나 아내라는 이름이 아닌, 자신의 이름으로 살고 싶어하는 노년 여성 '송 여사'(정혜선 분)의 일상을 담았다. 차츰 가정 내 주도권을 내놓는 권 노인이 측은하기까지 한데, 어쩌면 이 시대 늙은 아버지의 자화상이 아닌가 싶기도 하다. 영화의 길이도 적당(33분 정도)하고 공감되는 부분이 많아 어느 집단에서 사용해도 좋다.

▶3 영화 〈죽여주는 여자〉로 보는 노인의 어긋난 성, 〈환상의 그대〉의 황혼이혼

〈죽여주는 여자(2016)〉는 종로 일대의 '박카스 아줌마'를 소재로 한다. 주인공 '소영'(윤여정 분)은 호구지책으로 몸을 판다. 영화제목은 중의적 의미이다. 만나는 사람에게 최고의 서비스를 제공하며 종반부에서는 자기를 거쳐 간 병약한 노인들을 죽여주는 일도 한다. 급기야 법의 심판을 받게 된다.

〈환상의 그대(2011)〉는 영화의 주제로 흔치않은 황혼이혼을 다뤘다. 제2의 청춘을 찾고 싶은 '알피'(안소니 홉킨스 분)는 조강지처 '헬레나'를 버리고 어린 삼류 여배우와 결혼한다. 행복도 잠시, 젊은 아내의 이해할 수 없는 행동(과소비, 바람기, 유흥 등)을 보고 크게 실망한다. 급기야 알피는 헬레나를 찾아가 빌면서 다시 시작하자고 하지만 헬레나는 "나는 새 삶이 있어요. 과거는 잊었다고요."라고 응대한다. 오갈 데 없는 알피에게 무슨 해법이 있을지 막막하다.

4 은퇴

1 은퇴를 준비하기

지금 당신은 은퇴를 했는가? 은퇴를 했다면 지금 현재의 삶에 얼마나 만족하고 있는가? 만약 머지않은 미래에 은퇴를 앞두고 있다면 지금 당신의 마음은 어떤가? 은퇴를 한다는 것은 기대와 염려가 공존하는 일인 것 같다. 은퇴에 대한 기대감도 있지만 노인 차별과 노화에 대한 부정적인 인식, 점점 더 의미 있게 느껴지는 일과 돈의 부족으로 어려움이 찾아오기도 한다. 가수 조영남이 부른 '은퇴의 노래'에는 "왜 나만 은퇴를 걱정해야 되나요? 그건 댁의 사정도 그럴 겁니다."라는 가사가 나온다. 성공한 국민가수에게도 은퇴가 두려운 일이듯 누구에게나 다가오는 은퇴가 두렵지 않은 사람은 아마도 없을 것이다.

과거에는 수명이 짧아 은퇴 후에 살아가는 시간이 길지 않았다. 하지만 현재 81.5세인 우리나라 남녀 평균수명이 2050년에는 88세로 늘어난다는 연구 결과가 있다. 현재 평균 은퇴 연령이 55세라고 한다면 25년 정도의 삶을 은퇴한 시간으로 살아가야 하며 평균수명이 늘어나는 것만큼 은퇴 후의 시간도 늘어날 것이다. 은퇴는 누군가에게는 천국이 될 수 있고, 누군가에게는 지옥이 될 수 있다. 그러므로 은퇴 후의 삶의 질은 자신이 어떻게 준비를 하느냐에 달려 있으므로 계획적인 준비가 필요하다.

은퇴 후의 삶이 행복해지기 위한 필수 조건으로 한화생명은퇴연구소는 5F(Finance, Field, Fun, Friends, Fitness)를 든다. 1F(Finance, 재무)는 노후생활을 위한 생활비를 어떻게 조달할 것인가의 문제, 2F(Field, 일)는 소득을 올리는 일거리뿐 아니라 은퇴 후 남는 시간을 보람차고 재미있게 보낼 수 있는 소일거리, 3F(Fun, 재미)는 즐거운 취미생활과 삶에 행복을 주는 의미 있는 활동, 4F(Friends, 친구)는 마음을 나누고 의지할 수 있는 배우자와 자녀 그리고 좋아하는 벗, 5F(Fitness, 건강)는 은퇴 후의 생활리듬을 유지하는 데 적합한 신체적·정신적 건강이다.

노인의 삶을 스크린에 담아내어 우리 사회의 심각한 노인문제 이슈를 표면화시킨 영화 〈그대를 사랑합니다(2011)〉는 새벽에 우유배달을 하는 '김만석', 혼자 사는 '송이뿐', 주차장 관리를 하는 '장군봉', 그리고 치매에 걸린 군봉의 처가 등장한다. 엔진이 꺼진 오토바이를 끌고 언덕을 올라가는 체력을 소유하고 있고, 우유배달을 하며 스스로 용돈을 벌어 쓰는 김만석 할아버지는 함께 사는 가족들에게 호통을 치기도 하는 버럭 남이다. 호적신고를 하지 않아 이름이 없었지만 김만석의 도움으로 송이뿐이라는 이름을 얻게 되는 송 씨는 달동네 단칸방에 혼자 살면서 폐휴지를 모아 근근이 살아가는 독거노인이다. 택시운전을 하여 세 명의 자녀를 키워 낸 후 이제는 치매에 걸린 아내를 돌보며 살아가는 장군봉은 자신도 경제적으로 어렵지만 돈을 빌리러 온 딸의 손에 남은 돈을 아낌없이 쥐어 주는 아버지이다. 치매에 걸려 대소변 처리를 남편에게 의지해야 하고 사리분별을 하지 못해 추운 겨울날 길을 잃고 헤매기도 하는 군봉의 처는 설상가상으로 불치의 병까지 걸리게 된다.

사람들은 은퇴를 꺼리지만 누구나 피할 수 없는 것이 은퇴다. 은퇴를 앞둔 내담자의 막막함을 상담한다는 것은 쉽지 않은 일이다. 하지만 예비 은퇴자들이 스스로 부담감을 덜어 내고 은퇴를 설계할 수 있도록 도와주는 실제적인 상담이 필요하다. 은퇴를 앞둔 내담자를 상담할 때 가장 중요한 것은 은퇴 후 생활이 어느 정도 준비가 되어 있는지를 객관적으로 측정 가능해야 한다는 것이다. 이런 측면에서 영화 〈그대를 사랑합니다〉에 등장하는 네 명의 노인들의 상황을 5F 리스트에 따라 분석하는 것이 효과가 있을 것이다.

▷ 2 아름다운 시작

애틀리(Robert C, Atchley)[1]는 은퇴의 과정을 은퇴 전 단계, 은퇴 단계, 밀월 단계, 환멸 단계, 재지향 단계, 안정 단계로 구분한다. 은퇴 전 단계는 은퇴 계획을 세우고 은퇴에 대한 태도를 형성하고, 은퇴 단계에서는 보통 축하파티를 하고, 은퇴 후 몇 개월에서 1년 정도까지 자유롭고 편안하며 행복하다고 느끼는 밀월 단계가 지나면 실망과 슬럼프, 방황, 혼란, 무력감, 공허함이 밀려드는 환멸 단계가 찾아오고 은퇴의 삶에 적응하

---

1 Robert C, Atchley(1939~2018): 미국의 노인전문의 및 사회학자로 미국노화학회 회장을 역임하였고, 『노인 백과사전』 편집자이며 『현대노인학저널』의 창립 편집자였다.

여 상황에 보다 효과적으로 대처하는 재지향 단계를 거쳐서 새로운 일상을 창조하고 정착하는 안정 단계로 접어든다.

영화 〈인턴(The Intern, 2015)〉은 70세에 인턴사원으로 지원하여 새로운 일을 시작하는 노인 '벤'의 이야기이다. 영화는 주인공 벤이 자신의 현재 상황을 나지막이 읊조리는 독백대사로부터 시작하는데, 이 대사에 애틀리가 분류한 은퇴의 단계가 고스란히 담겨 있다.

프로이트는 말했죠. 사랑과 일, 일과 사랑. 그것에 인생의 모든 것이 있다고….

저는 은퇴했고, 아내는 죽었습니다. 당신이 상상할 수 있듯, 그로 인해 저에게 많은 시간이 주어졌어요. 제 아내는 3년 반 전에 죽었습니다. 저는 항상 그녀를 그리워합니다.

처음엔 은퇴자의 삶을 받아들였어요. 마치 해야 할 일을 뒷전으로 둔 채 땡땡이를 치는 느낌이었죠. 전 세계를 여행하는 데 그동안 모은 마일리지를 모두 썼어요. 문제는 여행을 다녀온 뒤였습니다. 마치 누군가에게 벽돌로 맞은 느낌이었어요. 이 모든 것을 해결하기 위해선 계속해서 움직여야 된다는 걸 깨달았습니다.

일어나서 집을 나서서 어디로든 갔어요. 어디든지요. 비가 오나 눈이 오나 아침 7시 15분엔 스타벅스로 향했어요. 설명하긴 어렵지만 마치 어딘가에 속해 있는 것 같은 느낌이 들었어요. 나머지 시간에는 무엇을 하냐고요? 골프, 독서, 영화, 카드놀이, 요가, 요리교실, 화초 재배, 그리고 중국어도 배웁니다. 물론 장례식장에도 가죠. 생각보다 자주요.

요즘 유일한 여행은 샌디에이고에 있는 아들집에 가는 것입니다. 아들네는 대단해요. 다들 사랑하는 가족들이죠. 그렇지만 솔직히 제가 필요 이상으로 그들에게 의지하는 것 같아요. 너무 이상하게 보진 마세요. 저는 불행한 사람이 아니랍니다. 사실 그 반대죠. 난 그저 내 삶에 난 구멍을 채우고 싶어요. 최대한 빨리요.

전화번호부 만드는 회사에서 평생을 일하고 은퇴한 벤은 처음에는 은퇴자의 삶을 받아들였지만 은퇴 전 단계에서 은퇴를 준비하지 않았던 벤은 자신의 삶에 구멍이 난 것 같은 느낌을 계속 받는다. 그 구멍을 메우고 싶은데 어디서 메워야 될지 몰라서 매일 아침 7시 15분에 직장인들로 북적이는 스타벅스에 앉아 사회에 소속되어 있는 것 같은 느낌을 받는 것으로 위로를 삼지만 벽돌로 맞은 것 같은 느낌은 사라지지 않는다. 벤이 자신의 삶에 난 구멍을 메우고 싶다는 말은 은퇴 단계 중 환멸 단계에 이르렀다는 것을 의미한다. 은퇴자들이 밀월 단계에서 환멸 단계로 넘어갈 때 우울, 불안, 무력감 등 다양한 심리적 어려움을 겪게 된다. 다행히 벤은 밀월 단계에서 환멸 단계로 갔을 때 뭔가를 다시 해야 되겠다는 의욕을 발견하고, 적극적인 움직임을 통하여 일흔 살의 나이에 인터넷 의류판매업체에 인턴으로 들어가게 된다. 골프, 영화, 요가, 중국어 배우기 등으로 은퇴 후 상황에 효과적으로 대처하는 재지향 단계에 만족하지 못했던 벤은 자신의 새로운 일상을 창조하고 정착하는 안정 단계를 만들어 낸 것이다.

노인들의 실제생활에서 은퇴 후의 행복한 삶을 성공적으로 이끌어 가는 좋은 모델(good model)을 찾는다는 것은 쉬운 일이 아니다. 그러므로 노인상담에서는 은퇴를 주제로 다룬 영화 속 등장인물의 삶에서 아름다운 시작을 하는 주인공의 행동을 대리학습하는 것을 통하여 계획성이 있는 은퇴 설계와 실천이 반드시 필요하다는 것을 통찰할 수 있도록 해야 한다. 그리고 은퇴 후의 생활에서 자신이 추구하는 삶의 가치를 잃지 않고 에너지를 유지할 수 있는 구체적인 방법을 찾아 실천함으로써 적극적인 동기를 스스로 부여할 수 있도록 탐색하는 기회를 제공하는 것이 필요하다.

▷ 3 노인장애

제13회 서울장애인인권영화제(2015년)에는 장애를 가진 노인의 이야기를 다룬 영화가 몇 편 선정되어 상영이 되었었다. 영화 〈할비꽃(5년 만의 외출)(2012)〉은 뇌졸중으로 쓰러진 뒤 혼자 힘으로 걷기 어려워지고, 소변을 보는 것도 불편하고, 언어장애로 소통이 원활하지 못해 사람들 만나는 것이 두려운 할아버지(한민상)와 그런 남편의 곁에서 옷을 입혀 주고, 이발을 해 주고, 목욕을 시켜 주고, 고물을 모아 생활비를 마련하는 보호자 역할을 단단히 해내는 할머니(금현자)의 이야기를 담고 있는 독립다큐멘터리 영화이다. 불편해진 몸을 이끌고 집 밖으로 나서는 순간 자신을 바라보는 사람들의 시선이 두려운 할아버지는 문밖으로 발을 내디디는 것은 엄두도 내지 못한다. 그래서 할아버지는 매일 창가에 장갑을 낀 손을 얹고 오로지 창문을 통해서만 세상과 만나고 대화를 한다.

　그런 할아버지가 어느 햇살 좋은 여름날에 용기를 내어 아내와 아들 그리고 손주와 함께 5년 만에 외출을 한다. 휠체어에 의지하여 싱그러운 공기를 마시고, 부축하는 아들과 함께 산책을 하는 숲길이 할아버지에게는 마지막 외출일지도 모른다. 외딴 구석에서 오줌 주머니를 잡고 어렵게 소변을 받아 내는 할아버지는 행복했을까?

　영화는 약혼 사진, 어린 아들을 안고 있는 젊은 아빠일 때 사진, 멋들어지게 헌병 제복을 입고 있는 군인일 때 사진, 패기 넘치는 중년의 사진, 그리고 병들고 힘이 없어 고개를 숙이고 있는 표정 없는 병든 노인의 모습을 자주 대비시킨다. 이 사진들은 어떤 말을 하고 싶은 걸까?

　노쇠한 몸에 뇌졸중이라는 질병을 가진 할아버지의 입을 다물고 있는 표정을 통해 '노인장애'를 어떻게 바라보고 수용해야 하는가에 대하여 관객들에게 진지한 화두를 던지는 영화 〈할비꽃〉은 유튜브를 통해 감상할 수 있다.

　장애노인이란 '장애인'이면서 '노인'으로 장애인 문제와 노인문제를 복합된 형태로 가진 취약계층이다. 2017년 장애인실태조사(보건복지부, 2018) 결과, 65세 이상 장애노인은 전체 장애인의 46.6%로 우리 사회가 점차 고령화사회로 접어듦에 따라 장애노인이 지속적으로 증가하는 경향을 보여 준다. 장애인구의 고령화 현상은 공공보건의 개선, 의료기술의 발전 등으로 장애가 노년기에 많이 발생하고 있기 때문으로 분석되며 지체장애, 청각장애, 뇌병변장애, 시각장애가 주를 이루고 있다.

　고령 장애인은 노인서비스와 장애서비스 영역에서 모두 관심을 받지 못하고 있다. 그러므로 고령 장애인에 대한 신체적 건강증진 사업과 건강인지증진을 위한 교육과정 개발 및 보급, 고령 장애인 동료 지지체계 구축, 고령 장애자 자조모임과 여가문화 활동 및 평생교육 활성화, 그리고 고령 장애인 가구소득 보장과 인권침해 예방사업 등 고령 장애인의 활기찬 노후를 위한 지원이 필요하다. 또한 장애노인의 장애특성 및 차별적 욕구를 고려한 서비스가 제공되어야 하며 나이가 들어가면서 필요성이 증가하는 장애노인에 대한 복지서비스가 행정편의에 의해 배제되는 현상이 발생하지 않도록 합리적인 방안이 수립되어 장애를 가진 노인이 온전한 삶의 권리를 누릴 수 있는 제도적인 장치가 필요하다.

한편, 제13회 서울장애인인권영화제(2015년)의 토론회 초청작 중에는 노인장애와 복지의 사각지대를 다룬 작품도 있었다. 영화 〈1등급이다(2014)〉는 아들과 둘이 사는 '김 노인'이 아들에게 짐이 되는 것이 염려되어 장기요양 등급심사에서 1등급을 받기 위해 치매에 걸린 것처럼 연기하는 비법을 절친 '박 노인'에게 전수받는 우울한 이야기가 전개되는 영화이다. 날짜와 시간을 모르는 척하기, 더운 날 겨울옷 걸쳐 입기 등 요양 1등급을 받기 위한 김 노인의 눈물겨운 노력은 애잔하기까지 하다. 관공서에서 요양등급 현장실사를 오는 날, 1등급을 받기 위해 냉장고에 있는 음식을 모두 먹고 치매에 걸린 노인처럼 보이려고 집을 난장판으로 만들어 놓은 김 노인은 결국 배탈이 난다. 공교롭게도 화장실에 가려는 순간에 실사단이 문을 열고 들어오고 김 노인은 1등급을 받기 위해 진땀을 흘리며 요동치는 복통을 참고 또 참는다. 그러다 김 노인은 결국 아들과 실사단 앞에서 그만 실례를 하고 마는데….

요양원에 들어가는 절친 박 노인을 먼저 떠나보내는 김 노인은 다른 사람들에게 자신의 정신이 온전하다는 것을 들키지 않으려고 작별인사도 제대로 하지 못한 채 말없이 허공을 바라보며 박 노인의 손을 꼭 잡는다. 가야만 하는 무거운 발길과 보내야만 하는 안타까운 손길은 스크린을 넘어 애잔함으로 다가와 슬픔으로 자리 잡는다. 요양등급 심사에서 1등급을 받기 위해서 연기를 펼쳐야만 하는 김 노인과 박 노인의 처지가 65세 이상의 노인들을 제대로 책임지지 않고 있는 노인복지의 현실을 말해 주는 것 같아 서글픈 마음이 든다.

▶4 노인인권과 학대

① 노인인권

우리나라의 고령화는 매우 가파르게 진행되고 있다. 2000년에 고령인구 7.2%로 고령화사회로 접어들었고, 2018년에는 고령인구가 14%를 넘는 고령사회가 되었다. 65세 이상의 고령인구가 총 인구의 20% 이상이면 초고령사회라고 하는데, 통계청에서는 이런 추세라면 지금으로부터 7년 뒤인 2026년에 초고령사회로 진입할 것이라고 예상하고 있다. 빠른 사회변화와 가속화 중인 고령화로 인해 세대 간 갈등이 깊어져서 틀니가 딱딱거리는 소리를 내며 떠든다는 의미의 '틀딱', 연금을 축낸다는 의미의 '연금충'

등 노인을 비하하고 혐오하는 혐오표현들을 인터넷 등에서 쉽게 볼 수 있다. 고독사, 치매, 학대를 당하는 노인 등 노인인권과 관련된 안타까운 사건 사고가 종종 보도되고 있지만 노인인권에 대한 인식은 미약하고, 노인인권을 향상시키는 대책과 방법을 연구하고 인프라를 구축하는 정책은 효과적으로 시행되고 있지 않다. 이러다 보니 젊은 세대들의 노인에 대한 공경의식은 점점 낮아지고, 사회발전에 기여한 노인들의 공(功)은 폄훼되어 노인은 그저 소외의 대상으로 치부되고 있을 뿐이다.

영화 〈수상한 그녀(2014)〉의 주인공 '오말순'은 일찍 남편을 잃고 홀로 되어 오로지 아들만을 바라보며 온갖 시련과 풍파를 견뎌 내고 아들 '반현철'을 교수(노인문제 전문가)로 성장시킨 70세 억척 노인인데 아들과 관련된 일이라면 어떤 일이라도 하는 아들바보 엄마이다. 하지만 정작 아들은 시어머니와의 갈등에서 오는 스트레스로 아내가 쓰러지게 되자 엄마를 요양원에 보내기로 결정한다. 노인문제 전문교수가 정작 자신의 어머니는 제대로 돌보아드리지 못하는 모순이 발생한 것이다.

영화 초반부에 노인문제 전문가인 교수 반현철이 학생들에게 "보통 노인을 떠올렸을 때 제일 먼저 드는 생각과 그 이유를 말해 볼 사람?"이라고 질문을 하자 주름과 검버섯, 탑골공원, 보일러, 해바라기, 거북이, 이상한 냄새, 자나 깨나 걱정 등 우리사회에 넓게 퍼져 있는 '노인편견과 혐오'에 해당하는 표현들이 쏟아져 나온다. 심지어 어떤 당돌한 여학생은 "저는 서른 넘으면 자살할 거예요. 뭘 구질구질하게 칠팔십까지 살아요?"라며 마치 노인은 살아갈 가치가 없는 것처럼 말을 한다.

영화 〈은교(2012)〉에서 소설가 '이적요'는 자신의 소설을 몰래 훔쳐 내어 '이상문학상'을 받게 된 제자 '서지우'의 시상식에서 "나 이적요는 늙었습니다. 늙는다는 건 이제껏 입어 본 적이 없는 나무로 만든 옷을 입는 것이라고 시인 로스케는 말한 적이 있습니다. 너의 젊음이 너의 노력으로 얻은 상이 아니듯이, 내 늙음도 내 잘못으로 받는 벌이 아닙니다."라고 말하며 나이 듦을 경시하는 문단에 뼈 있는 한 마디를 남긴다. 영화 속 주인공 이적요의 말처럼 모든 사람은 결국 노인이 되고, 입어 본 적이 없는 나무로 만든 옷을 입게 될 것이다. 이것은 노인이 잘못해서 벌어지는 일이 아니라 인간 생로병사의 자연스러운 과정이다. 이것이 우리가 노인인권에 관심을 가지고 공감하고 신경을 써야 하는 이유 아닌 이유이다.

② 노인학대

UN과 세계노인학대방지망(INPEA)은 노인에 대한 부당한 처우를 개선하고 노인학 대의 심각성을 널리 알리기 위하여 2006년부터 매년 6월 15일을 '세계노인학대인식의 날(World Elder Abuse Awareness Day)'로 정하였다. 노인학대에 대한 인식이 얼마나 부족했으면 일부러 인식의 날까지 제정을 했을까 싶어서 씁쓸해진다. 누구나 당연히 가지고 있듯 노인도 개인의 삶을 주체적으로 살아갈 권리를 가지고 있다. 노인들에게 필요한 것은 좋은 요양원이 아니라 꾸준한 사랑과 소통을 통해 노인들의 삶의 질을 높이고, 그들의 인권을 보호해 주는 것이다.

노인에 대하여 신체적 · 정신적 · 성적 폭력 및 경제적 착취 또는 가혹행위를 하거나 유기 또는 방임하는 것을 노인학대라고 한다(노인복지법 제1조2 제3호). 학대받는 노인들은 대부분 지나치게 의존적이며 치매, 퇴행성 질환 등 신체적 · 정신적 건강상태가 좋지 않고, 기본적인 생활유지가 어려워 경제적인 도움이 절실하고, 공격적이며 무절제한 행동을 보이고, 우울증에 빠지거나 체념을 잘하며 학대를 자신의 잘못으로 인식하는 경향이 짙다는 특성을 보인다. 노인학대는 노인차별, 노인에 대한 부정적인 고정관념, 사회보장 및 노인복지서비스의 결여, 효 사상과 가족주의 가치관의 약화와 같은 사회 구조적 특징이 주요 원인으로 일컬어지고 있지만 노인학대의 발생 원인은 복합적이고 다차원적으로 작용하는 경우가 많다.

노인학대가 발생되는 공간을 살펴보면, 노인과 동일가구에서 생활하고 있는 노인의 가족 구성원인 배우자, 성인자녀뿐만 아니라 노인과 동일가구에서 생활하지 않는 부양의무자 또는 기타 사람들에 의하여 행해지는 가정학대와 노인에게 비용(무료 포함)을 받고 제공하는 요양원 및 양로원 등의 시설에서 발생하는 시설학대로 구분할 수 있다. 노인을 학대하는 형태는 신체적 학대, 언어 · 정서적 학대, 성적학대, 경제적 학대(착취), 방임, 유기와 같이 아동학대와 유사한 형태를 보이고 있다. 그러므로 사회적 약자에 대한 적극적인 사회적 대응방안이 절실하다.

제69회 칸 국제영화제에서 황금종려상을 수상한 영화 〈나, 다니엘 블레이크(I, Dan-iel Blake, 2016)〉에서 심장질환으로 더 이상 목수 일을 할 수 없게 된 노인 '다니엘'은 정부에 실업급여를 신청하지만 노동 적합 판정을 받게 돼 질병수당이 아닌 구직수당을 받아야 될 상황에 처하게 된다. 까다롭고 복잡한 원칙과 절차에 매인 관공서의 꽉 막힌 행정은 노인 다니엘의 절박한 상황에도 아랑곳하지 않고 실업급여와 질병수당 지급을 거부한다.

생계 해결이 당장 급한 다니엘은 화를 누르고 참고 관공서의 요구를 받아들인다. 하지만 터무니없는 이유로 다니엘의 최소한의 자존심과 인간의 보편적인 존엄성을 무너뜨리는 관공서의 행태에 분노하여 결국 소송을 제기하고 관공서 벽에 자신의 실명을 새기며 저항을 한다. 관공서 직원이 지금은 디지털 시대라며 인터넷을 이용하라는 말에 "난 연필시대 사람이요. 그런 사람들 배려는 안 하나?"라고 정당하게 항변하는 다니엘의 행동은 노인을 존중하는 적합한 행정이 무엇인지, 그리고 어떤 것이 필요한지 잘 보여 준다.

3. 영화를 활용한 노인상담의 필요성과 유의사항

1 노인의 영화보기

2009년에 대한민국 최초로 노인들을 위한 '실버영화관'이 생겼다. 55세 이상 영화 관람료는 2,000원으로 경제활동을 못하는 노인들도 부담 없이 영화를 즐길 수 있다. 55세 이상 어르신과 자녀가 함께 오면 똑같이 할인된 2,000원의 요금을 적용받는데, 아껴진 영화비로 부모님들께 맛있는 음식을 사드리라는 것이 실버영화관 운영자의 마음이라고 한다. 실버영화관에는 추억더하기 카페에서 노인들이 기억 속 추억여행을 떠날 수 있고, 외모를 가꾸면서 동년배끼리 마음을 나눌 수 있는 이레 이발소, 뷰티살롱 등을 운영하고 있다고 한다. 점점 더 고령화되어 가고 있는 사회에서 마땅히 갈 곳이 없는 노인들이 서로 소통할 수 있는 문화공간으로 각광을 받고 있다고 하니 참 반갑다.

통계청의 2018년 고령자 통계에 따르면, 문화 활동 중에서 노인들이 가장 선호하는 것은 영화관람(75.9%)으로 나타났지만, 연령이 높아질수록 영화관람률이 낮아진다는 통계도 있다. 이는 노인들의 영화감상 활동이 감소하는 원인도 있겠지만, 이익만을 좇는 사업주들이 젊은 관객들의 취향에 맞춘 영화를 우선하고 노인들이 부담 없이 쉽게 관람할 수 있는 영화상영을 꺼리는 것도 중요한 원인으로 작용하고 있을 것이다. 따라서 각종 영화 이용자 조사 대상에서 제외되고 있는 59세 이상 관람자들의 영화관람 패턴을 파악하여 영화를 선정하는 자료로 활용하는 것이 필요하다. 노인들이 영화관람을 통하여 고된 영혼을 치유하고 마음을 정화하여 노년기를 아름답게 즐길 수 있도록 편안한 징검다리를 놓아 주어야 한다.

2 영화를 활용한 노인상담 장면에서 유의할 사항

영화치료는 대상에 따라 영화를 선정하는 기준이 다르고 상담 장면에서 유의해야 할 사항에 차이가 있다. 노인을 대상으로 영화치료를 하는 경우 무엇을 유의해야 하는지 살펴보자.

첫째, 활용할 수 있는 에너지의 정도와 신체적 조건에 맞추어 상담을 해야 한다. 신체적 기능이 점점 쇠퇴해 가는 노년기에 접어들면 일상생활을 하는 데 불편한 것이 하나둘씩 늘어간다. 그중에서도 눈은 가장 먼저 이상신호를 보내는 감각기관이므로 자막이 있는 영화는 자막을 따라가다가 장면을 놓치는 경우가 종종 발생한다. 그러므로 자막이 있는 영화는 가급적 피하는 것이 좋고, 우리말로 더빙된 것을 사용하는 것이 더 효율적이다.

둘째, 노인과 관계되는 장면을 통하여 노년기에 당면한 문제를 파악하고 극복하기 위한 작업을 할 수 있는 영화를 선정해야 한다. 그러므로 노인이 최대한 주도권을 갖도록 하여 통제력과 독립성을 유지하도록 도움을 주는 것이 필요하다.

셋째, 노인이 한 가지에 집중할 수 있는 시간은 길지 않은 경우가 많다. 그러므로 주의를 집중할 수 있는 시간을 고려하여 영화를 편집해야 하고 되풀이되는 호소에 대해 참을성 있게 대처해야 하며 충분한 시간적, 심리적 여유를 가지고 상담에 임해야 한다.

넷째, 노인은 아이와 같이 순수해서 보이는 것을 그대로 믿고 받아들이고 모방성이 강하기 때문에 구체적이고 현실적인 정보와 교육이 필요하다. 그러므로 영화치료를 위한 관람 전이나 후에 사실과 허구의 경계를 충분하게 알려 주는 것이 필요하다.

다섯째, 노인이 되면 듣는 기능이 현저히 떨어지게 되므로 노인이 영화를 감상할 때 등장인물이 발음을 어눌하게 하거나 말을 속사포처럼 쏟아 내는 경우 행간을 읽는 것이 쉽지 않다. 그러므로 내용이 쉽고 대화 내용이 길지 않으며 언어전달력이 정확한 주인공이 등장하는 영화를 선정하는 것이 좋다.

여섯째, 영화감독들은 영화를 촬영할 때 관객에게 메시지를 강력하게 전달하고자 하는 목적으로 꽃, 물고기, 수석, 신발 등 다양한 메타포(metaphor)[2]를 사용한다. 영화를

---

2 메타포(metaphor): '은유'를 뜻하는 말로 숨겨서 비유하는 수사법을 지칭하는데, 은유를 넘어 더 넓은 상징을 나타내기도 하고, 작품 속에서 중심이 되는 정신을 의미하기도 한다.

많이 관람하는 영화광들에게도 다양하고 심오한 은유를 품고 있는 장면의 등장은 영화에 집중하는 것을 방해할 수 있다. 그러므로 노인을 대상으로 영화치료를 할 다양하거나 중첩되어 있는 은유가 자주 등장하는 영화는 가급적 피하는 것이 좋다.

일곱째, 노인들은 예절을 중시하고 웃어른을 공경하는 시대를 살아온 분들이다. 영화 속에 심한 욕설이나 폭행 장면, 걸러지지 않은 과도한 성적인 노출 장면은 상담을 할 때 자칫 세대 간의 가치관 논쟁으로 변질되어 상담의 초점을 흐릴 수 있으므로 세심한 점검이 필요하다.

여덟째, 삶의 질, 재활 및 기능향상에 초점을 두어야 하는 노인상담에서 질병으로 인한 고통과 죽음은 상당히 민감하여 다루기 어려운 주제이다. 그러므로 질병과 싸우는 고통스런 장면을 길게 연출하는 영화, 생명을 존중하지 않고 손쉽게 포기하는 주인공이 등장하는 영화는 삶의 의미와 생명을 경시할 수 있기 때문에 매우 부적절하다.

연습활동 11-1. 셀프 매트릭스

※ 영화 〈소중한 사람(Ori Ume, 2011)〉을 관람(25분)하면서 '셀프 매트릭스'를 작성해 보자.

1. 영화를 보는 동안 경험한 것을 아래 제시된 셀프 매트릭스 빈칸에 적어 넣는다.

2. 모둠별로 4분면 중 한 분면을 맡아, 영화에서처럼 치매가족이 치매환자를 보는 시각을 정리하여 공유한다.

3. 공유한 내용을 요약하고 발표한다.

4. 영화 속 등장인물을 통해서 자신이나 타인의 어떤 특성에 대해 새로운 발견이나 이해가 일어났는지 생각하고 나눈다.

[셀프 매트릭스 예시]

특징	가장 좋아하는	가장 싫어하는
자신이 잘 알고 있는	I. 지각된 장점 · 배려하는 마음 · 타인을 즐겁게 해 주는 배려 · 여러 사람과 어울리려는 개방성	II. 지각된 단점 · 모든 것을 다 갖추려는 무모함 · 길게 끌면서 결정을 내리지 못하는 우유부단함
자신이 완전히 알지 못하는	III. 투사된 장점 · 고민하지 않고 행동화함 · 잘못된 것을 빨리 인정함 · 감정을 솔직하게 표현함	IV. 투사된 단점 · 때로 상대방의 마음을 읽고 그것을 이용함 · 욕망하는 대로 실행함

▷ 영화정보

★ 제목: 소중한 사람(Ori Ume)
★ 제작국가: 일본
★ 제작년도: 2002년
★ 상영등급: 전체 관람가
★ 상영시간: 111분
★ 감독: 마츠이 히사코
★ 출연: 하라다 미에코, 요시유키 카즈코 외

◎ **줄거리:** 홀로 노년을 보내고 있던 '마사코'는 셋째 아들 내외의 제안을 받아들여 도시로 올라와 함께 산다. 원만한 부부관계를 유지하는 아들 내외, 할머니를 곧잘 따르는 손녀와 손자까지…. 그러나 즐거운 생활도 잠시, 갑자기 마사코의 행동이 이상해진다. 이유 없이 불같이 화를 내거나, 길을 잃기 일쑤이고, 건망증이 나날이 심해진다. 서서히 서로에게 상처를 주기 시작하는 가족의 삶은 악화 일로에 놓인다. 그러던 어느 날, 이들에게 새로운 희망이 찾아온다.

◎ **관람 포인트:** 마사코의 초기 치매행동과 치매가 차츰 중증으로 진행되는 가운데 가족이 갈등하는 모습. 날로 악화되는 상황에서 마사코를 성심껏 돌보는 가족(특히 며느리 '토모에'의 유연한 대응), 시설, 요양보호사의 대처방식. 마사코가 치매를 극복하기 위해 노력하는 눈물겨운 모습. 치매를 보는 사회적 시각 등

연습활동 11-2. 자동적 사고 측정하기

※ 영화 〈앵그리스트 맨(The Angriest Man in Brooklyn, 2014)〉을 관람한 후 자동적 사고를 기록해 보자.

1. 영화를 보는 동안 스쳐 지나간 생각과 감정을 아래 제시된 자동사고 기록지에 모두 적어 넣는다.

2. 모둠별로 공유하면서 자신이 경험한 '자동사고와 감정'(특히 화와 관련하여)이 다른 사람과 어느 부분에서 비슷하고 어느 부분에서 다른지 비교한다.

3. 공유한 내용을 요약하고 발표한다.

4. 영화 속 등장인물을 통해서 발견한 자신과 타인의 역기능적이거나(즉, 현실을 왜곡하는), 목표에 도달하는 능력을 방해하는 자동적 사고에 대하여 이야기한다.

[자동사고 기록지]

영화 〈앵그리스트 맨〉을 보는 상황	자동사고	감정

▷ 영화정보

★ 제목: 앵그리스트맨(The Angriest Man in Brooklyn)
★ 제작국가: 미국
★ 제작년도: 2014년
★ 상영등급: 15세 관람가
★ 상영시간: 83분
★ 감독: 필 알덴 로빈슨
★ 출연: 로빈윌리암스, 밀라쿠니스 외

◎ **줄거리:** 조울증을 앓는 '헨리'(로빈 윌리암스 분)는 세상에 싫은 것이 너무 많은 사람이다. 예컨대 개똥, 경적소리, 쌍둥이 유모차, 풍선껌, 쓰레기차, 뚱보, 비둘기, 일기예보 채널, 스타벅스, ATM 수수료 등. 그는 세상이 자신에게 남겨준 것은 분노뿐이라고 생각하고 있으며, 화(火) 안에서 모든 것이 이루어진다고 생각한다. 어느 날 의사 '섀런'이 헨리의 생이 90분밖에 남지 않았다는 사실을 통보한다. 시한부 선고하는 순간까지 분노를 터트리던 헨리는 이내 마음을 고쳐 잡고 남은 90분간 새로운 삶을 살기로 결심한다.

◎ **관람 포인트:** 헨리가 싫어하는 종목과 일이 내레이션으로 소개되고, 특별한 이유도 없이 불같이 화내는 장면이 많이 등장한다. 분노로 일관하던 헨리의 삶이 뇌동맥류 진단과 함께 달라지기 시작한다. 영화의 메시지를 따라가면서 자신의 자동적 사고를 인식한다.

연습활동 11-3. 5F 체크리스트

※ 영화 〈그대를 사랑합니다(2010)〉에서 김만석의 생활 장면, 송이뿐의 생활 장면, 장군봉과 군봉처의 생활 장면(*자살을 암시하는 장면 제외)을 감상하고 등장인물의 5F 체크하고 각 점수의 의미를 생각해 보자.

	김만석	송이뿐	장군봉	장군봉의 처
Finance(재무)	1 2 3 4 5	1 2 3 4 5	1 2 3 4 5	1 2 3 4 5
Field(할 일)	1 2 3 4 5	1 2 3 4 5	1 2 3 4 5	1 2 3 4 5
Fun(재미)	1 2 3 4 5	1 2 3 4 5	1 2 3 4 5	1 2 3 4 5
Friends(친구)	1 2 3 4 5	1 2 3 4 5	1 2 3 4 5	1 2 3 4 5
Fitness(건강)	1 2 3 4 5	1 2 3 4 5	1 2 3 4 5	1 2 3 4 5
총점				

1: 매우 나쁨, 2: 나쁨, 3: 보통, 4: 좋음, 5: 매우 좋음

1. 영화 속 등장인물 중 Finance(재무)상태가 가장 안정된 사람은 누구인가요? 다른 사람들은 어떤 상태인가요? 만약 불안정하다면 상태가 나아질 수 있는 방법은 무엇인가요?
2. 영화 속 등장인물 중 Field(할 일)상태가 가장 안정된 사람은 누구인가요? 다른 사람들은 어떤 상태인가요? 만약 불안정하다면 상태가 나아질 수 있는 방법은 무엇인가요?
3. 영화 속 등장인물 중 Fun(재미)상태가 가장 안정된 사람은 누구인가요? 다른 사람들은 어떤 상태인가요? 만약 불안정하다면 상태가 나아질 수 있는 방법은 무엇인가요?
4. 영화 속 등장인물 중 Friends(친구)상태가 가장 안정된 사람은 누구인가요? 다른 사람들은 어떤 상태인가요? 만약 불안정하다면 상태가 나아질 수 있는 방법은 무엇인가요?
5. 영화 속 등장인물 중 Fitness(건강)상태가 가장 안정된 사람은 누구인가요? 다른 사람들은 어떤 상태인가요? 만약 불안정하다면 상태가 나아질 수 있는 방법은 무엇인가요?

▷ 영화정보

★ 제목: 그대를 사랑합니다
★ 제작국가: 한국
★ 제작년도: 2010년
★ 상영등급: 15세 관람가
★ 상영시간: 118분
★ 감독: 추창민
★ 출연: 이순재, 윤여정, 송재호, 김수미

◎ **줄거리:** 입만 열면 까칠한 말투, 눈만 마주치면 버럭대는 까도남 '김만석'. 평생을 음지에서 이름도 없이 살아왔지만 따뜻한 미소가 어여쁜 독거노인 '송 씨'. 눈이 내리는 새벽녘 언덕길에서 우유배달을 하던 만석은 우연히 만난 송씨를 만나 설레는 사랑을 시작한다. 2남 1녀 자녀들을 모두 출가시키고 주차장 관리를 하면서 아내와 함께 단 둘이 살아가는 장군봉. 그에게는 치매에 걸려 아이다운 순진함만 남은 처를 돌봐야 하는 어려움이 있다. 아내와 평생을 함께 해 온 군봉은 아내 없는 삶을 생각할 수도 없는데...

◎ **관람 포인트:**

1. 가슴은 얼지 않는다. 사랑은 늙지 않는다.

2. 부부란 어떤 관계인가?

3. 치매를 앓고 있는 노인들을 돌볼 효과적인 사회보장제도는 무엇인가?

4. 사람은 외로움에서 벗어날 수 있는가?

연습활동 11-4. 행복한 노년을 보장받을 권리

◎ **영화감상**

영화 〈나, 다니엘 블레이크(I, Daniel Blake, 2016)〉에서 절박한 상황에 놓인 다니엘이 실업급여와 질병수당 지급을 받기 위하여 전화를 걸고 방문한 행정관청에서 사건이 일어나는 장면

1. 다니엘과 같은 절박한 상황에 놓인 적이 있나?

2. 영화 속으로 들어가 다니엘을 만날 수 있다면 어떤 것을 도와줄 수 있을까?

3. 당신이 다니엘이라고 상생하면서 행정관료들에게 하고 싶은 이야기를 종이에 적어보자.(*작성 후 발표)

4. 노인인권 감수성이란 무엇인가?

5. 노인인권의 특징에 대하여 알아보자.

6. 노인인권을 향상시킬 수 있는 환경과 인식을 만들려면 어떤 변화가 필요한가?

▷ 영화정보

★ 제목: 나, 다니엘 블레이크(I, Daniel Blake)
★ 제작국가: 영국, 프랑스, 벨기에
★ 제작년도: 2016년
★ 상영등급: 12세 관람가
★ 상영시간: 100분
★ 감독: 켄 로치
★ 출연: 데이브 존스, 헤일리 스콰이어

◎ **줄거리:** 평생을 성실하게 목수로 살아오던 '다니엘'은 지병인 심장병이 악화되어 일을 계속할 수 없는 상황이 된다. 실업급여를 받기 위해 찾아간 관공서에서 복잡하고 관료적인 절차 때문에 번번이 좌절한다. 그러던 어느 날 다니엘은 두 아이와 함께 런던에서 이주한 싱글맘 '케이티'를 만나 도움을 주고, 서로 의지하게 되는데...

◎ **관람 포인트:**

1. 실업급여를 받기 위해 신청해야 할 서류와 절차는 과연 누구를 위한 행정인가?
2. 다니엘과 같이 노년의 삶을 함께 하고 돌봐줄 사람이 없을 때 국가와 사회의 책임은 어디까지인가?
3. 행복한 노년을 보장받을 수 있는 가장 우선되는 사회보장제도는 무엇인가?

부록. 수록영화 활용가이드

연번	영화제목	연번	영화제목
1	가족의 탄생(Family Ties, 2006)	16	생일(Birthday, 2018)
2	국제시장(Ode to My Father, 2014)	17	세 얼간이(3 Idiots, 2009)
3	당갈(Dangal, 2016)	18	엑시트(Exit, 2019)
4	디어 미 (With Love from the Age of Reason, 2010)	19	오베라는 남자(A man called Ove, 2015)
5	디어 한나(Tyrannosaur, 2011)	20	원더(Wonder, 2017)
6	똥파리(Breathless, 2008)	21	월터의 상상은 현실이 된다 (The Secret Life of Walter Mitty, 2013)
7	라라랜드(La La Land, 2016)	22	월 플라워 (The Perks of Being a Wallflower, 2013)
8	라이온 킹(The Lion King, 2019)	23	은교(Eungyo, 2012)
9	로망(Romang, 2019)	24	일곱 번째 내가 죽던 날 (Before I Fall, 2017)
10	리틀 포레스트(Little Forest, 2018)	25	일 포스티노 (Il postino, The Postman, 1994)
11	마이 스키니 시스터(My Skinny Sister, 2015)	26	천국의 아이들 (Children of Heaven, 2012)
12	미라클 벨리에(The Belier Family, 2014)	27	키드(The Kid, 2000)
13	미스 리틀 선샤인 (Little Miss Sunshine, 2006)	28	터널(Tunnel, 2016)
14	뷰티풀 마인드(A Beautiful Mind, 2001)	29	토이스토리(Toy Story, 1995)
15	블라인드 사이드(The Blind Side, 2009)	30	프리 윌리(Free Willy, 1993)

가족의 탄생(Family Ties, 2006)

★ 장르: 드라마
★ 국가: 한국
★ 상영시간: 113분
★ 공식등급: 12세 이상 관람가
★ 핵심주제: 가족, 소통, 성역할
★ 주요등장인물: 문소리(미라 역), 고두심(무신 역), 엄태웅(형철 역), 공효진(선경 역), 김혜옥(매자 역)

◎ **줄거리:** 5년 만에 집으로 돌아온 동생 '형철'은 20살 연상녀 '무신'을 데리고 온다. 그 둘은 결혼했다며 집으로 들어와 어색한 동거를 시작한다. 여행가이드 '선경'은 유부남과 연애하여 아이까지 낳고 사는 사랑밖에 모르는 엄마 '매자'가 못마땅하다. 엄마의 뒤치다꺼리를 하는 선경은 이리저리 치인 기억으로 자신의 사랑마저 회의적이다. 위태로운 사랑을 하는 대학생 '경석'과 '채현' 커플은 넘치는 사랑을 주위 사람들에게 나누어 준다고 애정 결핍증에 걸리고 만 기구한 커플이다. 사랑과 스캔들 그리고 바람 잘 날 없는 이들의 미래는?

◎ **치료적 관람 포인트:** 모녀, 남매, 연인관계에 있는 등장인물이 각기 어떤 가족경험을 갖고 있는지, 그들의 경험이 현재 갈등상황에서 어떻게 드러나는지 관찰해 보자.

◎ **치료적 논의를 위한 질문:**
▶ 등장인물 중 특별히 마음이 가는 사람은 누구인가. 그 사람의 어떤 점에 마음이 가는지 생각해 보자.
▶ 가족 갈등이 완화되거나 해결되는 데 누구의 역할이 가장 컸다고 여기나?
▶ 자신의 가족경험을 떠올려 보자. 자신은 가족을 어떻게 정의할 수 있나?

◎ **추천 활동:** 〈가족사진 재현하기〉: 자신이 가지고 있는 가족사진을 찾아보거나 기억 속 가족의 모습을 떠올려 포즈를 취하고 촬영한다. 촬영된 사진을 바라보며 느껴지는 감정도 찾아보고 현재 자신이 가족에 대해 갖고 있는 생각이나 신념에 어떤 연결고리가 있는지 탐색해 본다.

국제시장(Ode to My Father, 2014)

★ 장르: 드라마
★ 국가: 한국
★ 상영시간: 126분
★ 공식등급: 12세 관람가
★ 핵심주제: 가족, 아버지
★ 주요등장인물: 덕수(황정민), 덕수부인(김윤진), 덕수 아버지(정진영)

◎ **줄거리:** 1950년대 한국전쟁 이후 현재에 이르기까지 격변의 시대와 정면으로 맞서 살아온 우리 시대 아버지 '덕수'(황정민 분). 그는 하고 싶은 것도 되고 싶은 것도 많았지만 평생 단 한 번도 자기 자신을 위해 살아본 적이 없다. "괜찮아." 하며 피식 웃으면 끝이었던 그다. 그러나 그에게도 자기가 없었던 것은 아니다. 숨어 울며 힘들어 했던 상황이 수도 없이 많았다. 오직 가족만을 위해 굳세게 살아온 그의 희생은 흥남부두에서 헤어질 때 남긴 아버지의 한마디에서 연유한다. "명심해 들으라우. 내 없으면 장남인 니가 가장인 걸 알지야. 가장은 어떤 일이 있어도 가족이 젤 우선이다. 알았지야?"

◎ **치료적 관람 포인트:** 어린 덕수가 흥남부두에서 아버지와 헤어지고 노년이 되기까지… 자신의 꿈보다 가족에 대한 책임감이 더 컸던 한 사람의 생애를 따라가 본다. '당신 인생인데 그 안에 왜 당신은 없냐구요.'라던 질문을 자신과 연결하여 보고 다른 가족구성원들의 역할과 기여에 대해 생각해 볼 수 있다.

◎ **치료적 논의를 위한 질문:**

▶ 덕수 인생에 덕수가 없다는데 이를 어떻게 생각하는가?
▶ 영자의 입장에서 바라본 덕수의 삶은 어떤가?
▶ 아버지 사진을 바라보며 "그런데 정말 힘들었거든요."라고 말하는 덕수, 그는 무엇이 가장 힘들었을까?
▶ 늙은 덕수는 자신의 생을 어떻게 통합하고 있는가?

◎ **추천활동:** 〈난화 그리기〉: 삶을 반추하며 난화를 그린다. 왼손을 사용하거나 눈을 감고 그려도 된다. 그림에서 찾은 형상을 심리와 관련하여 말하게 한다.

당갈(Dangal, 2016)

★ 장르: 드라마,액션
★ 국가: 인도
★ 상영시간: 161분
★ 공식등급: 12세 관람가
★ 핵심주제: 가족, 성장, 진로
★ 주요등장인물: 마하비르(아미르 칸), 기타(파티마 사나 셰이크)

◎ **줄거리:** '마하비르 싱 포캇'은 국가 대표로 발탁될 정도로 능력 있고 유망한 레슬링 선수였지만 아버지의 반대에 부딪혀 꿈을 접고 만다. 자신의 못 다 이룬 꿈을 아들이 태어나면 이루겠노라 마음먹지만 4명의 딸을 낳게 되고, 꿈은 현실로 이룰 수 없다고 절망하는 순간 첫째 딸 '기타'와 둘째 딸 '바비타'가 남자 아이들을 두들겨 팬 사건이 벌어진다. 아버지는 두 딸에게 강제적으로 새벽 다섯 시에 일어나게 한 후 당갈(레슬링)을 시키기 위해 혹독한 훈련을 시킨다. 훈련에 방해가 된다는 이유로 치마 대신 반바지를 입히고, 긴 머리는 아주 짧게 잘라버린다. 두 딸을 점점 더 엄하고 혹독하게 훈련시키는 아버지의 모습을 보며 이웃 사람들은 미쳤다고 비웃고, 기타와 바비타는 친구들에게 놀림거리가 되는데….

◎ **치료적 관람 포인트:** 자신의 꿈은 무엇이고, 그 꿈을 위해 도전하고 있는가? 가족 안에서 나는 어떤 존재인가? 가족들은 나에게 또 어떤 의미인가? 서로를 위해 무엇을 어떻게 해야 할지 생각해 보자.

◉ **치료적 논의를 위한 질문:**

▶ 아버지는 결승전을 앞둔 기타에게 "너의 금메달은 여자를 하찮게 보는 모든 사람들과 싸우는 것이다."라고 말한다. 내가 아버지라면 결승전을 앞둔 딸에게 뭐라고 이야기하고 싶은가?

▶ 결혼을 앞두고 있는 딸의 친구가 말한다. "여자로 태어나는 순간부터 요리와 청소를 가르치고, 가사 일을 하게 하잖아. 그러다 14살이 되면 생전 본 적도 없는 남자에게 넘겨주는 거야. 혼인시켜 버려서 짐을 벗어버리지. 그리고는 아이를 낳고 기르게 만들어. 여자는 그게 다야. 적어도 너희 아버지는 너희를 자식으로 생각하고, 온 세상과 싸우면서 그들의 비웃음을 묵묵히 참고 있잖아. 너희 둘이 미래와 삶을 가질 수 있도록 하려고. 아버지가 하시는 게 뭐가 잘못됐지?" 친구의 이 말을 듣고 어떤 생각이 드는가?

◉ **추천 활동:** 셀프 인터뷰하기 : 자신이 이루고자 하는 꿈이 이루어졌다고 가정한 후 셀프 인터뷰를 한다.
꿈이 이루기까지 실천했던 것들은 무엇이고, 장애물을 어떻게 극복했는지 등.

디어 미(With Love from the Age of Reason, 2010)

★ 장르: 코미디, 로맨스, 멜로
★ 국가: 프랑스, 벨기에
★ 상영시간: 90분
★ 공식등급: 12세 이상 관람가
★ 핵심주제: 성장, 내면아이, 자아통합
★ 주요등장인물: 마가렛(커리어우먼), 어린 마가렛

◎ **줄거리:** My name is '마가렛'! 나의 계획은 늘 완벽하다. 화려한 직업, 잘나가는 애인, 모두가 나를 부러워한다. 마리아 칼라스, 엘리자베스 테일러, 마리 퀴리, 마더 테레사! 그녀들처럼 되기 위해 나는 오늘도 1분 1초를 다툰다. 그런데 내 생일날, 변호사라는 사람이 찾아와 날 '마그릿'이라 부르며, 편지꾸러미를 전해 줬다. 7살의 내가 보낸 편지라나? 어린 시절 따위 기억조차 하고 싶지 않은데…. 게다가 첫사랑을 만나러 가라고? 아~ 유치해 죽겠네! 내 어릴 때 꿈은 딱 지금의 내가 되는 거였다. 고작 7살짜리가 뭐라고 완벽한 내 삶을 뒤흔들어? 그런데 우물에 묻었던 마지막 편지의 비밀은 무엇이었을까?

◎ **치료적 관람 포인트:** 상처받은 내면아이를 들여다봄으로써 '진정으로 원하는 나'와 '남들에게 보여주는 나'를 비교하고 자신의 욕구를 이해할 수 있고 통합된 자기가 되기 위한 방법을 찾아보자.

◎ **치료적 논의를 위한 질문:**

▸ 마그릿은 왜 마가렛으로 변하려고 했는가? 나도 마그릿처럼 다른 모습으로 변하려고 노력한 적이 있었는가? 그 이유는?

▸ 마그릿은 왜 과거 편지를 보고 오열했을까? 그녀가 편지를 통해 만난 것은 무엇이었나?

▸ 마그릿이 과거의 자신과 만나면서 깨닫게 된 것은 무엇이었나?

▸ 과거의 나를 만난다면 어떤 말을 해 주고 싶은가?

◎ **추천 활동:** 〈콜라주 작업〉: '현재의 내 모습'과 '어릴 때 정말 원했던 내 모습' 두 가지를 함께 콜라주로 표현한다. 두 가지 모습을 어떻게 잘 통합할 것인가에 초점을 맞춘다.

디어 한나(Tyrannosaur, 2011)

★ 장르: 드라마
★ 국가: 영국
★ 상영시간: 91분
★ 공식등급: 청소년관람불가
★ 핵심주제: 가족, 소통, 성역할
★ 주요등장인물: 조셉(피터 뮬란), 한나(올리비아 콜맨), 제임스(에디 마산)

◎ **줄거리:** 자신을 용서할 수 없는 '조셉'. 세상을 향해 저항하고 누구 하나 건드리면 터질 것 같은 위태로운 일상을 보낸다. 그는 어느 날 도망치듯 자선 가게에 숨어들게 되는데 그 가게에 있던 '한나'의 기도를 통해 고통을 위로받는다. 그녀의 온화한 미소에 폭언으로 답했던 조셉이지만 한나의 위로를 받고 싶어 다시 자선 가게를 찾게 된다.

◎ **치료적 관람 포인트:** 분노를 가진 조셉의 모습은 한나의 다른 모습일 수 있다. 자존감 파괴의 시작이 폭력에서 기인한 공포와 불안이었다면 자존감의 회복 역시 같은 처지를 위로해 주는 기도로부터 시작되었다. 한나의 위로는 자신을 향한 위로의 목소리가 아닐까? 고통에 시달리던 한나의 고통을 조셉이 알기 전까지 그 누구도 알지 못했다. 조셉은 죽은 아내에게 잘 대하지 못한 분노가 있고 한나는 남편으로부터 고통을 당한다. 한나와 조셉은 서로 같은 문제를 안고 있는 것이 아닐까?

◎ **치료적 논의를 위한 질문:**
▶ 가정생활에서 위협적인 남편의 폭력을 종교로 이겨 낸 한나를 보며 어떤 생각을 하게 되나?
▶ 자신에게 화난 것을 적절한 방법으로 해결하지 못하는 조셉의 분노는 어디서 기인하는 것인가?
▶ 분노한 조셉을 위로해 준 한나의 힘은 무엇일까?

◎ **추천 활동:** 〈분노 태우기〉: 영화의 여러 장면을 출력해 두고 그중에 자신이 분노감정을 자극하는 장면을 선택한다. 분노의 감정, 대상, 이유 등을 종이에 적고 내용을 참가자들과 나눈다. 지지해 주는 이야기와 해결책들을 듣고 그 종이를 둘둘 말아 소원을 빌고 불에 태운다.

똥파리(Breathless, 2008)

★ 장르: 드라마
★ 국가: 한국
★ 상영시간: 130분
★ 공식등급: 청소년 관람불가
★ 핵심주제: 가족
★ 주요등장인물: 상훈(깡패), 연희(여고생), 아버지

◎ **줄거리:** 동료든 적이든 가리지 않고 욕하고 때리며 자기 내키는 대로 살아 온 용역 깡패 '상훈'. 세상 무서울 것 없는 상훈이지만, 그에게도 마음속 깊은 곳에 쉽게 떨쳐내지 못할 상처가 있다. 바로 '가족'이라는 이름이 남긴 슬픔이다. 그러던 어느 날, 우연히 길에서 여고생 '연희'와 시비가 붙은 상훈. 자신에게 전혀 주눅들지 않고 대드는 깡 센 연희가 신기했던 그는 이후 연희와 가까워지고 그녀에게 묘한 동질감을 느낀다. 그렇게 조금은 평화로운 일상을 보내던 어느 날, 아버지가 15년 만에 출소하면서 상훈은 격한 감정에 휩싸이는데….

◎ **치료적 관람 포인트:** 가족이라는 이름으로 그 상처를 덮어두고 곪아가도록 내버려 두기보다 치열한 고통의 순간을 맞이하더라도 상처를 직시할 수 있는 용기를 가져 보자.

◎ **치료적 논의를 위한 질문:**

▶ 상훈의 상처는 무엇인가? 상훈이 원하는 아버지는 어떤 모습이었을까? 나에게 아버지는, 어머니는 어떤 사람인가?

▶ 연희가 가진 가족의 아픔은 무엇인가? 나는 어떤 아픔을 갖고 있는가? 삶에서 숨막힐 것 같은(breathless) 순간이 있었는가?

▶ 나는 세상(사람)과 어떻게 소통하고 있는가?

◎ **추천 활동:** 〈가족화 그리기〉: '나의 가족'을 떠올렸을 때 가장 상징적인 모습을 표현해 본다. 그 다음 내가 원하는 이상적인 모습이 있다면 다시 표현해 본다. 가족들 중 가장 변화되길 소망하는 대상은 누구이며 왜 그런지 탐색해 본다.

라라랜드(La La Land, 2016)

★ 장르: 로맨스, 멜로, 뮤지컬
★ 국가: 미국
★ 상영시간: 128분
★ 공식등급: 12세 이상 관람가
★ 핵심주제: 진로, 관계, 성장
★ 주요등장인물: 세바스찬(재즈피아니스트), 미아(배우 지망생)

◉ **줄거리:** 꿈을 꾸는 사람들을 위한 별들의 도시 '라라랜드'. 인생에서 가장 빛나는 순간 만난 두 사람 재즈 피아니스트 '세바스찬'과 배우 지망생 '미아'는 미완성인 서로의 무대를 만들어 가기 시작한다.

◉ **치료적 관람 포인트:** 자신의 꿈을 실현하기 위해 수많은 시행착오를 겪으며 포기하고 싶었던 순간과 내가 선택한 길이 맞는지 확신하지 못해서 방황했던 순간의 갈등을 함께 느끼며 공감하면서 나의 청춘을 돌아보고 위로하자. 지금 나는 내 꿈을 향해 잘 가고 있는지 점검하자.

◉ **치료적 논의를 위한 질문:**
▶ 세바스찬과 미아 중 누구에게 더 끌리는가? 그 이유는?
▶ 세바스찬과 미아는 서로에게 어떤 영향을 미치고 있는가?
▶ 마지막 장면에서 두 사람은 어떤 대화를 나누었을까? 대사를 적어 보자.
▶ 마지막 장면을 바꿀 수 있다면 어떻게 바꾸고 싶은가? 그 이유는?
▶ 과거로 되돌아가서 한 가지 변화를 줄 수 있다면 무엇을 바꾸고 싶은가?

◉ **추천 활동:** 〈협동 콘티뉴이티〉: 집단원들이 함께 선택한 영화 장면들을 재배열해서 새로운 영화 이야기를 만들어서 모둠별로 발표한다.

라이온 킹(The Lion King, 2019)

★ 장르: 애니메이션
★ 국가: 미국
★ 상영시간: 118분
★ 공식등급: 전체관람가
★ 핵심주제: 자기성장, 가족, 공동체
★ 주요등장인물: 심바(주인공 사자), 무파사(아버지), 스카(삼촌), 날라(친구), 그 외 품바, 티몬 등 친구들

◉ **줄거리:** 새로운 세상, 너의 시대가 올 것이다!

어린 사자 '심바'는 프라이드 랜드의 왕인 아버지 '무파사'를 야심과 욕망이 가득한 삼촌 '스카'의 음모로 잃고 왕국에서도 쫓겨난다. 기억해라! 네가 누군지.

아버지의 죽음에 대한 죄책감에 시달리던 심바는 의욕 충만한 친구들 '품바'와 '티몬'의 도움으로 희망을 되찾는다. 어느 날 우연히 옛 친구 '날라'를 만난 심바는 과거를 마주할 용기를 얻고, 진정한 자신의 모습을 찾아 위대하고도 험난한 도전을 떠나게 되는데….

◉ **치료적 관람 포인트:** 자신이 아버지를 죽음에 이르게 했다는 죄책감은 심바의 삶을 과거에 묶어둔다. 심바는 마치 형벌을 받고 있는 것처럼 위축되어 있다. 그의 곁에 나타난 친구들은 위축된 심바에게 친구가 되어 주고 변화를 위한 조력자가 되어 준다. 과거의 중대사건에서 헤어 나오지 못하는 주인공이 변화와 성장을 이루어가는 과정을 주목해 본다.

◎ **치료적 논의를 위한 질문:**

▶ 살던 곳에서 도망쳐 나온 심바는 세상을 떠돌면서 변화의 조력자가 되어 준 품바, 티몬, 날라 등 다양한 친구들을 만난다. 내 주변에도 그런 의미 있는 사람들이 있는가?

▶ 주변 사람들은 용기를 내라고 하지만 당사자 심바는 죄책감이 너무 커서 선뜻 힘을 내지 못한다. 심바처럼 죄책감을 느끼는 일이 있는가? 큰 용기가 필요한 일은 무엇인가?

▶ 심바가 용기를 얻게 된 결정적 계기는 아버지 무파사의 형상을 본 이후다. 심바에게 나타난 아버지의 형상처럼 머뭇거리거나 좌절에 빠져 있을 때 자신을 각성시키는 기억이나 좌우명이 있다면 무엇인가?

◎ **추천 활동:** 〈자기구성_ map〉: 나의 '이상적인 자기'는 어떤 모습인지, '현실적인 자기'는 어떤 모습인지 생각해 보고 이야기를 나누어 본다. 이 둘의 간극은 얼마나 큰지 살펴보고 나의 '가능한 자기모습'은 무엇인지 떠올려 보자.

로망(Romang, 2019)

★ 장르: 로맨스, 멜로
★ 국가: 한국
★ 상영시간: 112분
★ 공식등급: 전체 관람가
★ 핵심주제: 부부, 동반치매
★ 주요등장인물: 조남봉(개인택시 기사), 아내 이매자, 박사 아들

◎ **줄거리:** 75세 '조남봉'(이순재 분)과 71세 '이매자'(정영숙 분)는 45년을 함께 살아온 정 깊은 부부다. 남봉의 성격이 괴팍하여 오순도순 살지는 못했지만 속 하나는 깊어 장맛 같은 정을 나누며 살았다. 박사학위를 받은 아들 내외와 손녀 하나가 방울처럼 붙어 살아도 크게 문제될 것은 없다. 어느 날 매자에게 치매가 찾아오고 이 가족에 균열이 생긴다. 매자를 누가 어떻게 챙길 것인가를 놓고 의견이 갈린다. 어느 날 요양병원에 입원한 매자를 퇴원시켜 집으로 데리고 온 남봉. 부인을 알뜰살뜰 챙기겠다고 각오를 단단히 하지만, 어느 순간 자기도 치매가 진행 중이라는 사실을 알게 된다. 부부 동반 치매…. 이들이 치매를 극복하는 방법은?

◎ **치료적 관람 포인트:**

▶ 매자가 치매에 노출되는 과정과 남봉이 자신도 치매라는 사실을 인지하는 과정에서 박사 아들 내외가 치매 부모를 대하는 모습과 남봉이 매자를, 매자가 남봉을 각각 지극 정성으로 보살피는 모습을 비교해 보자.

◎ **치료적 논의를 위한 질문:**

▶ 영화 속 등장인물 중 가장 마음이 가는 인물은 누구인가? 그 이유는 무엇인가?
▶ 나 또는 가족이 오랜기간 아팠던 경험이 있는가? 내 삶에 어떤 영향을 미쳤는가?

◎ **추천 활동:** 20년 뒤 자신에게 보낼 영상편지 촬영하기

리틀 포레스트(Little Forest, 2018)

★ 장르: 드라마
★ 국가: 한국
★ 상영시간: 103분
★ 공식등급: 전체관람가
★ 핵심주제: 자기돌봄, 엄마, 진로
★ 주요등장인물: 혜원(취업준비생), 재하(친구), 은숙
(친구)

◎ **줄거리:** 시험, 연애, 취업… 뭐하나 뜻대로 되지 않는 일상을 잠시 멈추고 고향으로 돌아온 '혜원'은 오랜 친구인 '재하'와 '은숙'을 만난다. 남들과는 다른, 자신만의 삶을 살기 위해 고향으로 돌아온 재하, 평범한 일상에서의 일탈을 꿈꾸는 은숙과 함께 직접 키운 농작물로 한 끼를 만들어 먹으며 겨울에서 봄, 그리고 여름, 가을을 보내고 다시 겨울을 맞이하게 된 혜원. 그렇게 특별한 사계절을 보내며 고향으로 돌아온 진짜 이유를 깨닫게 된 혜원은 새로운 봄을 맞이하기 위한 첫발을 내딛는데….

◎ **치료적 관람 포인트:** 농작물을 재배하며 자신을 위해 정성껏 한 끼 식사를 준비하는 일련의 자기돌봄 과정을 모델링하고, 주인공과 엄마와의 미해결된 감정역동을 관찰하며 가족관계를 돌아보자.

◎ **치료적 논의를 위한 질문:**

▶ 등장인물 중 가장 나와 닮은 사람은 누구인가? 그 사람에 대한 마음은 어떠한가?

▶ 혜원이 교사가 되기 위해 치열한 시간을 보내다가 고향으로 돌아온 이유는 무엇일까? 무엇을 만나고 해결하고 싶었나? 나도 혜원처럼 만나고 해결하고 싶은 무언가가 있는가?

▶ 혜원은 허기가 져서 돌아왔다고 한다. 자기에게 밥을 지어 먹여 주는 일련의 자기 돌봄 과정에서 어떤 장면이 가장 인상적인가?

▶ 우리는 스스로를 아끼고 돌보는 시간을 갖는가? 자기돌봄을 위한 계획을 구체적으로(어떤 활동, 언제, 어떻게 할 것인지) 세워 보자.

◎ **추천 활동:** 〈푸드 테라피〉: 자기연민과 돌봄을 위해 하루에 한 번 음료나 식사를 예쁜 용기에 담아 정성껏 차려놓고 사진을 찍는다. 자신의 SNS 혹은 그룹에 함께 사진을 공유한다.

마이 스키니 시스터(My Skinny Sister, 2015)

★ 장르: 드라마
★ 국가: 스웨덴 외
★ 상영시간: 105분
★ 공식등급: 12세 관람가
★ 핵심주제: 소통, 자아 성장
★ 주요등장인물: 카티아(에이미 다이아몬드), 카린(애니카 할린)

◎ **줄거리:** 초등학생인 '스텔라'에게 날씬한 언니 '카티야'는 살아있는 롤 모델이다. 예쁜 피겨 스케이터로 부모의 관심과 학교에서도 주목을 받는다. 하지만 언니는 과도한 관심에 자신을 가두고 스케이터로서 예쁜 몸을 유지해야 한다는 경계가 강박으로 변하게 된다. 경쟁심이 불러온 스트레스로 식이장애를 겪고 있었다. 언니 주변 모든 것을 부러워했던 스텔라는 언니를 따라 스케이트도 배우고 언니의 예쁜 옷도 입어보지만, 쉽지 않다. 어느 날 가족 식사를 하다 화장실로 간 언니가 먹은 것을 강제로 토해 내는 장면을 보게 된다.

◎ **치료적 관람 포인트:** 두 자매 사이의 경쟁은 왜 생겼는가. 서로 부러워하는 점은 무엇인가. 언니 옷을 입어보는 스텔라의 모습에서 자신을 부인하고 다른 사람이 되고 싶어 하는 심리를 살펴보자.

◎ **치료적 논의를 위한 질문:**
▶ 스텔라와 카티아의 내면에는 각자 어떤 소망이 있나. 그 소망들은 어떤 점에서 받아들여지기 힘든가?
▶ 건강하지 않은 경쟁은 어린 세대에게 어떤 영향을 미치나? 자매의 경쟁이 부른 부정적인 영향을 찾아보자.
▶ '있는 그대로의 자신'을 드러내기 어려웠던 적이 있나? 그때의 감정과 생각을 떠올려 보자. 다시 그때로 돌아간다면 어떤 선택과 행동을 하고 싶나?
▶ 내가 경쟁심을 느꼈던 첫 기억은 무엇이었나?

◎ **추천 활동:**
▶ 가장 친밀하거나 좋아하는 형제자매는 누구이고 어떤 기억이 있는지 떠올려 보자.
▶ 시기하거나 부러워한 형제자매와의 기억도 나눠 보자.
▶ 형제자매가 없다면 사촌과 친인척까지 범위를 넓혀 볼 수 있다.

미라클 벨리에(The Belier Family, 2014)

★ 장르: 드라마
★ 국가: 프랑스, 벨기에
★ 상영시간: 105분
★ 공식등급: 12세 이상 관람가
★ 핵심주제: 가족, 청각장애
★ 주요등장인물: 폴라(장애인 가족), 가브리엘(전학생 친구)

◎ **줄거리:** 가족 중 유일하게 듣고 말할 수 있는 '폴라'는 파리 전학생 '가브리엘'에게 첫 눈에 반하고, 그가 있는 합창부에 가입한다. 그런데 한번도 소리 내어 노래한 적 없었던 폴라의 천재적 재능을 엿본 선생님은 파리에 있는 합창학교 오디션을 제안하고 가브리엘과의 듀엣 공연의 기회까지 찾아온다. 하지만 들을 수 없는 가족과 세상을 이어 주는 역할로 바쁜 폴라는 자신이 갑작스럽게 떠나면 가족들에게 찾아올 혼란을 걱정한다. 게다가 늘 사랑을 줬던 엄마의 속내를 알게 되면서 폴라는 급기야 오디션을 포기하게 되는데….

◎ **치료적 관람 포인트:** 가족 안에서 나는 어떤 존재인가? 가족들은 나에게 또 어떤 의미인가? 서로를 위해 무엇을 어떻게 해야 할지 생각해 보자.

◎ **치료적 논의를 위한 질문:**

▶ 폴라는 듣지 못하는 부모님과 남동생을 위해 어떻게 살아왔는가? 그런 폴라를 가족들은 어떻게 생각하는가? 나는 폴라에게 어떤 마음이 드는가?

▶ 나는 가족 안에서 어떤 존재인가? 폴라의 가족 중에 가장 나와 비슷한 사람은 누구인가?

▶ 가족을 떠나서 생활한 경험이 있다면 그때를 떠올려 보자. 어떤 점이 가장 그리웠나?

▶ 가족을 떠나서 생활하고 싶다고 생각한 적이 있다면 어떤점이 그런 생각을 하게 했나?

▶ 가브리엘과 '토마슨' 선생님은 폴라에게 어떤 존재인가? 그들처럼 내가 중요한 결정을 하는 데 영향을 미친 사람이 있는가?

◎ **추천 활동:** (기적이 일어난다면) 폴라벨리에가 오디션에서 선택한 노래는 가족에게 들려주는 자신의 이야기처럼 들렸다. 자신의 부모님이나 가족에게 들려주고 싶은 노래가 있다면 어떤 노래인지 찾아 들어보고 가사를 적어 보자.

미스 리틀 선샤인 (Little Miss Sunshine, 2006)

★ 장르: 드라마
★ 국가: 미국
★ 상영시간: 102분
★ 공식등급: 15세 이상 관람가
★ 핵심주제: 가족, 소통, 성역할
★ 주요등장인물: 프랭크(외삼촌), 드웨인(아버지가 다른 아들)

◎ **줄거리:** 올리버 가족의 가장인 '리차드'(그렉 키니어 분)는 대학에서 성공학을 강의하는 강사이다. 그는 본인이 절대 무패 9단계 이론을 연구 개발하여 팔려고 많은 시도를 하지만 그는 완벽주의적, 당위적 신념을 지닌 사람으로 거듭되는 실패로 화가 나 있다. 이 집의 막내딸 7살짜리 '올리브'(애비게일 브레슬린)는 또래 아이보다 통통한 몸매이지만 유난히 미인대회에 집착한다. 그러던 어느 날, 올리브에게 '미스 리틀 선샤인' 대회에 출전할 기회가 찾아온다. 딸아이의 소원성취를 위해 온 가족이 고물 버스를 탄다. 캘리포니아에서 열리는 어린이 미인대회에 참가하기 위해 무모한 1박 2일의 여행길에 오르게 된다.

◎ **치료적 관람 포인트:** 가족구성원들은 각자의 이유로 좌절이나 분노에 휩싸여 있다. 그들에게 좌절과 분노를 느끼게 하는 일이 무엇인가? 긴장을 유발하는 경쟁심리와 성공하지 않으면 패배자라는 왜곡된 사고와 태도를 찾아보고 긍정적 사고로 변화되는 과정을 주목해 보자.

◎ **치료적 논의를 위한 질문:**
▶ 드웨인은 색맹으로 비행기 조종사를 못하게 되었다는 것을 알게 되고 좌절한다. 드웨인에게 가장 위로가 되는 것은 무엇인가?
▶ 나에게도 올리브처럼 실패한 도전이 있었는가?
▶ 실패한 도전은 이후의 삶에서 어떤 의미가 되었나?

◎ **추천 활동:** (기적이 일어난다면) 참가자들은 각자 자신이 성공이라고 생각하는 것을 적는다. 가장 성공했을 때 하고 싶은 말을 돌아가면서 인터뷰(핸드폰 사용)한다. 한 명이 인터뷰 할 때 나머지 참가자들은 기자가 되거나 지지자가 된다. 인터뷰를 마치고 난 뒤 자신이 인터뷰한 내용을 보고 소감을 나눈다.

뷰티풀 마인드(A Beautiful Mind, 2001)

★ 장르: 드라마
★ 국가: 미국
★ 상영시간: 135분
★ 공식등급: 12세 이상 관람가
★ 핵심주제: 이상심리, 사랑
★ 주요등장인물: 존(수학자), 알리샤(존의 여자친구/아내)

◎ **줄거리:** 1940년대 최고의 엘리트들이 모이는 미국 프린스턴 대학원. 무시험 장학생으로 입학한 한 천재가 캠퍼스를 술렁이게 만든다. 너무 내성적이라 무뚝뚝해 보이고, 오만스러울 정도로 자기 확신에 차 있는 수학과 새내기 '존 내쉬'. 누구도 따라올 수 없는 뛰어난 두뇌와 멋진 용모를 지녔지만 괴짜 천재인 그는 기숙사 유리창을 노트 삼아 단 하나의 문제에 매달린다. 바로 자신만의 오리지널 아이디어를 찾아내려 하는 것이다. 어느 날 짓궂은 친구들과 함께 들른 술집에서 금발 미녀를 둘러싸고 벌이는 친구들의 경쟁을 지켜보던 존 내쉬는 섬광 같은 직관으로 '균형이론'의 실마리를 발견한다. 1949년 27쪽짜리 논문을 발표한 20살의 청년 존 내쉬는 하루아침에 수학계의 스타, 제2의 아인슈타인으로 떠오른다.

◎ **치료적 관람 포인트:** 영화는 조현병(Schizophrenia)의 증상을 이해하는 데 도움이 된다. 또한 증상을 극복하고 학문적인 성과를 이뤄 내기까지 주인공과 가족의 노력을 엿볼 수 있다. 실존인물을 그려낸 이야기를 통해 사랑과 믿음의 위대한 여정에 동참해 보자.

◎ **치료적 논의를 위한 질문:**

▶ 존은 계절이 바뀌는 것도 인지하지 못한 채 연구에 몰두한다. 자신도 시간도 잊은 채 무엇인가에 몰두한 적이 있나? 무엇이 그렇게 할 수 있는 에너지를 주었나?

▶ 아내 '알리샤는 조현병 증세가 심해지는 남편 존의 손을 가슴에 얹으며 "이것이 진짜 있는 것"이라고 사랑의 실체를 알려주고 싶어한다. 사랑의 힘을 가장 크게 믿게 되었던 때를 생각해 보자.

▶ 사랑은 어떤 고난도 이겨 낼 수 있는 힘을 준다고 믿는가?

◎ **추천 활동:** 세상에는 장애를 극복하고 위대한 성과를 이루어 낸 사람들이 있다. 어떤 사람들이 있는지 찾아보고 그들이 장애와 고난을 극복하는 과정에서 영향을 받은 사람이나 사건은 무엇이었는지 알아보자.

블라인드사이드(The Blind Side, 2009)

★ 장르: 드라마
★ 국가: 미국
★ 상영시간: 128분
★ 공식등급: 12세 이상 관람가
★ 핵심주제: 가족, 입양
★ 주요등장인물: 마이클(미식축구선수), 리 앤(법적 보호자)

◎ **줄거리:** 어린 시절 약물 중독에 걸린 엄마와 강제로 헤어진 후, 여러 가정을 전전하며 커가던 '마이클 오어'. 건강한 체격과 남다른 운동 신경을 눈여겨 본 미식축구 코치에 의해 상류 사립학교로 전학하게 되지만 이전 학교에서의 성적 미달로 운동은 시작할 수도 없게 된다. 급기야 그를 돌봐주던 마지막 집에서조차 머물 수 없게 된 마이클. 이제 그에겐 학교, 수업, 운동보다 하루하루 잘 곳과 먹을 것을 걱정해야 하는 날들만이 남았는데….

◎ **치료적 관람 포인트:** 평생 한 번도 가족을 가져본 적 없는 청년과 그에게 기꺼이 엄마가 되어 준 한 사람, 그들이 마음으로 만들어 낸 특별한 가족의 이야기를 통해 진정한 가족의 의미를 생각해 보자.

◎ **치료적 논의를 위한 질문:**
▶ 어떤 장면이 가장 인상적이었는가? 그 장면이 인상적인 이유는 무엇인가?
▶ 마이클에게 '앤'은 어떤 엄마인가? 앤에게 마이클은 어떤 의미인가?
▶ 앤의 가족들은 어떤 점에서 유사하고 어떤 점에서 다른가? 그전 유사성과 차이성은 가족의 전반적 분위기와 구성원들에게 어떤 영향을 주고 있나?

◎ **추천 활동:** 마이클은 다중지능검사에서 타인에게 공감하고 돌보는 대인관계지능이 가장 높게 나왔다. 내가 만일 하워드가드너의 다중지능검사를 받게 된다면 어떤 부분에게 가장 높은 점수를 받게 될까. 그 점수가 높을 수 있었던 데 끼친 영향은 무엇일지 알아보자.
〈참고〉 하워드가드너의 다중지능 8영역
1) 언어지능 2) 논리수학지능 3) 공간지능 4) 음악지능 5) 신체협응지능/신체운동지능
6) 대인관계지능 7) 자기성찰지능 8) 자연친화지능/자연탐구지능

생일(Birthday, 2018)

★ 장르: 드라마
★ 국가: 한국
★ 상영시간: 120분
★ 공식등급: 전체 관람가
★ 핵심주제: 상실, 애도, 기억
★ 주요등장인물: 정일(설경구), 순남(전도연)

◎ **줄거리:** '2014년 4월 이후…. 남은 우리들 이야기'
세월호에 탔다가 세상을 떠난 아들 '수호'에 대한 그리움을 가슴에 묻고 살아가는 '정일'과 '순남' 가족. 어김없이 올해도 수호의 생일은 돌아오고, 가족은 수호에 대한 그리움으로 아파한다.
수호가 없는 수호의 생일 날.
가족과 친구들이 한자리에 모여 서로 간직했던 특별한 기억을 선물하기로 한다.
1년에 단 하루. 널 위해 우리 모두는 다시 만날 거야.
"너를 영원히 잊지 않을게."

◎ **치료적 관람 포인트:** 영화는 세월호에서 아들을 잃은 부모와 주변 사람들에 관한 이야기다. 참담한 사건으로 가족을 잃은 사람들이 처한 상황과 슬픔의 감정에 동참하고 관람자로서 진심 어린 위로를 전하는 영화적 경험을 해 보자.

◎ **치료적 논의를 위한 질문:**
▶ 영화 전체에서 특별히 슬픔의 감정이 많이 느껴지는 장면을 떠올려 보고 어떤 점이 자신에게 특별한 슬픔을 느끼게 하는지 생각해 보자.
▶ 우찬이 〈엄마, 나야〉라는 시를 낭독하는 장면에서 수호의 엄마와 가족에 대한 사랑은 무엇인지 생각해 보자.
▶ 친구들은 주로 언제 수호가 생각난다고 하는가? 만일 자신에게 상실의 경험이 있다면 그 사람이 생각나는 때는 언제인가?

◎ **추천 활동:** 〈슬픈 감정 처리 경험 나누기〉: 지나간 일 혹은 현재 당면하고 있는 문제와 관련하여 참을 수 없는 슬픔을 느꼈는지 떠올려 보자. 그리고 어떻게 슬픔의 감정을 처리했는지 이야기해 보자.

세 얼간이(3 Idiots, 2009)

★ 장르: 코미디
★ 국가: 인도
★ 상영시간: 131분
★ 공식등급: 12세 이상 관람가
★ 핵심주제: 진로, 우정, 성장
★ 주요등장인물: 란초(아미르칸), 파르한(마드하반), 라주(셔먼조쉬) 외

◎ **줄거리:** '알 이즈 웰'을 외치던 유쾌한 세 남자가 돌아왔다!

천재들만 간다는 일류 명문대 ICE, 성적과 취업만을 강요하는 학교를 발칵 뒤집어 놓은 대단한 녀석 '란초'! 아버지가 정해준 꿈, 공학자가 되기 위해 정작 본인이 좋아하는 일은 포기하고 공부만하는 파파보이 '파르한'! 찢어지게 가난한 집, 병든 아버지와 식구들을 책임지기 위해 무조건 대기업에 취직해야만 하는 '라주'! 친구의 이름으로 뭉친 세 얼간이! 뻐딱한 천재들의 진정한 꿈을 찾기 위한 세상 뒤집기.

◎ **치료적 관람 포인트:** 진로탐색과 결정에 있어서 주인공이 되지 못한 라주와 파르한은 불행한 대학생활을 보낸다. 남들은 부러워하지만 정작 자신의 미래를 혼란스러워하는 그들의 처지와 고민에 공감해 보자. 또한 란초라는 친구와의 만남을 통해 자기 삶의 당사자로 변화되는 과정은 진로에 대한 다양한 고민에 처해 있는 학생과 청년들에게 의미 있는 메시지가 되어 줄 것이다.

◎ **치료적 논의를 위한 질문:**

▶ 라주와 파르한이 갖고 있는 불안과 두려움의 원인과 대처 과정은 어떠한가?

▶ 란초는 어떤 학생이며 그에게서 어떤 점을 배울 수 있나?

▶ 나는 등장인물 중 어떤 사람에 가까운가? 어떤 점이 그런가?

　내가 만일 학창시절의 어느 시점으로 돌아간다면 무엇을 바꾸고 싶나?

▶ 세 사람은 서로의 삶에 긍정적인 영향을 주고받는다.

　나의 친구관계를 떠올려 보고 우리는 서로 어떤 영향을 주고받았는지 생각해 보자.

◎ **추천 활동:** 〈과거의 나에게 편지쓰기〉: 과거의 어느 시점에 해결되지 못한 일이 있다면 그때의 나를 떠올려 보자.

성장한 지금의 나가 그때의 나에게 해 주고 싶은 말을 편지글의 형식으로 작성해 보자.

엑시트(Exit, 2019)

★ 장르: 액션, 코미디
★ 국가: 한국
★ 상영시간: 103분
★ 공식등급: 12세 이상 관람가
★ 핵심주제: 카타르시스, 정서적 재경험
★ 주요등장인물: 용남(조정석), 의주(윤아)

◎ **줄거리:** '용남'(조정석)과 '의주'(윤아)는 대학시절 산악동아리 선후배 사이다. 졸업 후 몇 년째 취업 실패로 눈칫밥만 먹던 용남. 어머니 칠순잔치에 갔다가 연회장 팀장으로 일하는 '의주'를 만난다. 어색하고 난처한 재회도 잠시, 의문의 연기로 잔치판은 아수라장이 되고 만다. 연기인즉 독가스였던 것. 가스는 시내 전역으로 퍼지며 수많은 인명 피해를 내기 시작한다.

용남과 의주는 대학시절 로프 타기 기술을 십분 발휘하여 가족과 주변 사람들을 탈출시킨다. 가스가 없는, 조금이라도 높은 곳을 향하여 안간힘을 다해 달려가는 이들의 모습을 보며 관객은 놀람, 조바심, 절망, 안도, 짜릿함 등 여러 가지 정서를 경험하게 된다.

◎ **치료적 관람 포인트:** 위기를 맞이하고 극복하는 순간마다 변하는 감정과 대처방식을 주목해 보자. 평범한 삶을 사는 용남과 의주가 재난상황에서 용감성을 발휘하는 과정에서 그들의 내면에 어떤 가치가 빛나고 있는지 생각해 보자.

◎ **치료적 논의를 위한 질문:**
▶ 취업에 거듭 실패하며 위축된 시간을 보내던 용남은 사람들을 구조하는 과정에서 존재감이 커진다. 일상생활에서 자신이 존재감을 크게 느꼈던 때는 언제인가?
▶ 용남은 "여기서 나가면 저런 높은 빌딩에 취직할 거야."라고 한다. 높은 빌딩의 상징처럼 자신이 오르고 싶은 곳은 어떤 의미인가?
▶ 용남과 의주는 대학시절 산악동아리 경험을 살려 구조에 힘을 발휘한다. 직업과 직업이 연관되지 않더라도 삶에서 도움이 되었던 경험을 생각해 보자.

◎ **추천 활동:** 〈상징화 작업〉
: 아래로부터 차오르는 가스 - 자신이 불안이나 위협을 느끼는 것들
: 빌딩 - 자신이 오르고 싶은 욕망이나 기대
: 로프 - 자신이 안정된 곳으로 이동하기 위해 필수적으로 건너야 하는 것

오베라는 남자(A man called Ove, 2015)

★ 장르: 드라마
★ 국가: 스웨덴
★ 상영시간: 116분
★ 공식등급: 12세 이상 관람가
★ 핵심주제: 삶의 의미, 공동체, 새로운 가족
★ 주요등장인물: 오베(롤프 라스가드), 오베 부인(소냐),
   이웃 아낙네

◎ **줄거리:** 쉰 아홉 살 '오베'(롤프 라스가드)는 상처하고, 직장에서도 잘리고 홀로 외롭게 산다. 그의 하루를 보자. 아침에 일어나 마을을 순찰하며 전날과 다른 점을 체크한다. 마을로 진입하는 차가 있으면 무조건 가로막는다. 마을 도로는 통행금지이기 때문이다. 자전거를 정해진 위치에 대지 않으면 창고에 던져버리고, 아무데나 오줌을 누는 개와 주인을 향해 고래고래 고함을 지른다. 아내가 잠든 공동묘지에 가기 전에 꽃집에 들린다. 차례를 지키지 않는 사람에게 불같이 화를 낸다. 순찰이 끝나면 방에 들어가 천정에 멘 올가미에 목을 집어넣는다. 아내 곁으로 가기 위해서다. 그러나 시도는 항상 불발로 끝난다. 되는 것 없는 오베. 고집불통, 까칠남 오베의 하루는 그러다 저문다.

◎ **치료적 관람 포인트:** 오베가 화를 내는 상황과 이유, 자살 행동의 동기 등을 찾아보자. 삶에 대한 생각의 전환을 이루는 과정을 통해 트라우마의 회복과 공동체적 삶에 대해 생각해 보자.

◎ **치료적 논의를 위한 질문:**

▶ 오베가 매사에 화를 내는 이유는 무엇인가. 그의 어떤 경험이 지금의 오베가 되게 했나?

▶ 오베의 삶에서 어떤 사건이 가장 큰 영향을 미쳤다고 생각하나? 그 사건으로 돌아가 오베에게 도움을 준다면 어떤 방법이 있나?

▶ 오베는 이웃과의 관계에서 삶에 대한 새로운 생각을 갖게 된다.
   자신이 생각의 전환을 이룬 경험이 있다면 영향을 준 사람이나 계기는 무엇인가?

◎ **추천 활동:** 부정적 감정이나 충동 조절이 어려웠던 나의 상황을 상기해 보고 그런 상황에서 어떻게 대처했는지 돌아본다. 새로운 시도를 한다면 어떤 변화를 주고 싶은가?

원더(Wonder, 2017)

★ 장르: 드라마
★ 국가: 미국
★ 상영시간: 113분
★ 공식등급: 전체 관람가
★ 핵심주제: 가족, 학교, 관계, 성장
★ 주요등장인물: 제이콥 트렘블레이(어기 풀먼), 줄리아 로버츠(어기 엄마 이자벨), 오웬 윌슨(어기 아빠 네이트), 이자벨라 비도빅(어기 누나 비아)

◎ **줄거리:** 선천적으로 안면기형을 가지고 태어나 27번의 성형수술을 할 정도로 평범하지 않은 '어기'는 헬멧을 쓰고 세상을 살아가고 있다. 남들과는 다른 외모 때문에 집에서 엄마와 함께 홈스쿨링으로 공부를 하다가 10살이 되어서야 처음으로 학교에 다니게 된다. 어른과 달리 보이는 것들을 아무렇지 않은 척 숨기지 못하는 아이들로 인해 어기는 수없이 부딪히고, 상처 받으며 학교생활을 이어간다. 표정을 숨기지 못하는 아이들의 시선과 태도 때문에 매우 힘들어 한다.

◎ **치료적 관람 포인트:** 편견과 차별이 가득 찬 세상에서 나는 누구인가, 자기 자신과 마주한다는 것은 어떤 의미인가, 타인과 관계를 맺을 때 어떤 것들에 주안점을 두는가, 가족, 사회, 세상과 마주할 때 중요시해야 하는 것은 무엇인가 생각해 보자.

◎ **치료적 논의를 위한 질문:**
▶ 옳음과 친절함 중에 하나를 선택해야 한다면 어떤 선택을 하고 싶은가? 그 이유는 무엇인가?
▶ 나는 학창시절에 어떤 학생이었는가? 학창시절 나의 고민은 무엇이었는가?
▶ 어기의 누나인 '비아'는 자신을 알아주던 유일한 친구 '미란다'가 거리를 두자 힘들어한다. 그럼에도 자신의 힘듦보다 동생 어기를 생각하는데 비아에게 한마디 해 준다면 뭐라고 해 주고 싶은가?
▶ 은유적으로 내가 벗어버리고 싶은 나에게 헬멧은 무엇인가?

◎ **추천 활동:** 〈가면 기법〉: 가면 앞면과 뒷면에 그림을 그려본다(세상에 보여주는 얼굴, 세상에 보여 주지 않는 얼굴, 또는 의식과 무의식의 상태의 얼굴). 가면에 두 가지 표정을 담아 보자. 내면 세계와 세상에 비치는 자신의 모습은 어떻게 다른가?

월터의 상상은 현실이 된다
(The Secret Life of Walter Mitty, 2013)

★ 장르: 드라마
★ 국가: 미국
★ 상영시간: 114분
★ 공식등급: 12세 관람가
★ 핵심주제: 소통, 자아 성장
★ 주요등장인물: 벤 스틸러(월터 미티), 크리스틴 위그
 (셰릴 멜호프), 숀 펜(숀)

◎ **줄거리:** '라이프' 잡지사에서 16년째 근무 중인 '월터 미티'. 반복되는 일상이지만 상상을 통해 특별한 순간을 꿈꾸는 그에게 폐간을 앞둔 라이프지의 마지막 호 표지 사진을 찾아오는 임무가 생긴다. 평생 국내를 벗어나 본 적 없는 월터는 문제의 사진을 찾아 그린란드, 아이슬란드 등을 넘나들며 평소 자신의 상상과는 비교할 수 없는 거대한 모험을 시작한다. 미티 성격과 그의 사회적 태도, 대인관계는 그의 옷차림과 사람들과 만나 인사하는 태도 그리고 행동으로 알 수 있다. 그의 사회적 적응도는 그의 연애에서도 순탄하지 않다.

◎ **치료적 관람 포인트:** 미티는 이성과의 교제, 특히 인간관계에서 부적절할 정도로 자신의 마음을 행동으로 옮기는 데 미숙하다. 미티는 지나치게 실패를 두려워한 나머지 일을 망치게 되고, 그럴 때마다 멍때리기를 통한 상상으로 그런 상황을 피한다. 사진가 숀을 찾으러 가는 장면에서 그의 사물에 대한 태도와 인간관계의 태도를 보여 준다. 미티는 '숀'의 필름을 찾으러 가면서 '셰릴'에게 연락처를 부탁하는 행동으로 한결 마음이 편해지고 관계도 더 돈독해졌다.

◎ **치료적 논의를 위한 질문:**
▶ 월터 미티가 두려움을 갖게 된 이유는 무엇일까?
▶ 내가 두려움을 느끼는 대상이나 상황을 떠올려 보고 그것이 무엇에서 기인하는지 찾아본다.
▶ 월터 미티가 유년시절 꿈꾸었던 것을 회상하는 것처럼 자신도 유년의 소망을 떠올려 보자.

◎ **추천 활동:** 유년시절 꿈꾸었던 소망을 떠올리고 그림으로 시각화한다. 그 꿈의 조각들이 현재에 실현된 것이 있는지, 잠재되어 있는지 혹은 어떤 장애물을 만나 포기하게 되었는지 기록해 본다.

월 플라워(The Perks of Being a Wallflower, 2013)

★ 장르: 드라마
★ 국가: 미국
★ 상영시간: 102분
★ 공식등급: 15세 이상 관람가
★ 핵심주제: 학교, 관계, 성장
★ 주요등장인물: 로건 레먼(찰리), 엠마 왓슨(샘역), 에즈라 밀러(패트릭)

◎ **줄거리:** 말 못할 트라우마를 안고 자신만의 세계에 갇혀 있던 '찰리'는 고등학교에 입학해서도 친구들과 어울리지 못한 채 방황한다. 그러던 어느 날, 타인의 시선 따위는 신경 쓰지 않고 삶을 즐기는 '샘'과 '패트릭' 남매를 만나 인생의 새로운 전환을 맞이한다. 멋진 음악과 친구들을 만나며 세상 밖으로 나가는 법을 배워가는 찰리. 자신도 모르는 사이 샘을 사랑하게 된 그는 이제껏 경험한 적 없는 가슴 벅찬 나날을 보낸다. 하지만 불현듯 나타나 다시 찰리를 괴롭히는 과거의 상처와 샘과 패트릭의 걷잡을 수 없는 방황은 시간이 흐를수록 세 사람의 우정을 흔들어 놓기 시작하는데….

◎ **치료적 관람 포인트:** 찰리의 성장통을 함께 느끼고 공감하면서 나의 학창시절을 돌아보고 위로하자. 그리고 나는 사람들과 어떤 관계를 맺으며 살고 있는지 돌아보자.

◎ **치료적 논의를 위한 질문:**
▶ 찰리는 어떤 학생인가? 찰리의 두려움은 무엇인가?
▶ 찰리가 파티에서 춤추러 나가는 장면(두려운 세상에 용기 내어 한 발 내딛는 순간)처럼 나에게 그런 순간은 언제였는가?
▶ 나는 등장인물 중 어떤 사람에 가까운가? 어떤 점에서 닮았는지 기록해 본다.
▶ 나는 어떤 학생이었는가? 학창시절 나의 고민은 무엇이었는가?
▶ 찰리는 변화를 위해 어떤 도전을 했는가?

◎ **추천 활동:** 영화의 마지막 장면에는 '데이빗 보위'의 'Hero'가 흐른다. 자신의 청소년 시절에서 가장 많이 듣고 흥얼거렸던 노래가 있다면 가사를 적어 보자. 그 음악 또는 노래의 무엇이 가장 마음에 들었나.

은교(Eungyo, 2012)

★ 장르: 드라마
★ 국가: 한국
★ 상영시간: 129분
★ 공식등급: 청소년 관람불가
★ 핵심주제: 사랑, 질투, 성장
★ 주요등장인물: 박해일(이적요), 김무열(서지우), 김고은(은교)

◉ **줄거리:** 시를 좋아하는 17살 소녀 '은교', 70세 노인이 된 천재 작가 '이적요'. 은교에게 이적요는 문학적인 동경의 대상이고 이적요에게 은교는 현실에서 가질 수 없는 젊음이다. 노인은 사랑을 주기엔 너무 늙었고, 소녀는 사랑을 알기에 너무 어리다. 재능이 없는 이적요의 문하생 '서지우'는 스승의 원고를 훔쳐 '이상문학상'을 수상하게 된다. 자신의 욕망을 사랑이라고 포장해 낼 수밖에 없었던 늙은 작가의 가질 수 있는 아름다움에 대한 절절함은 결국 파국으로 치닫는데….

◉ **치료적 관람 포인트:**
▶ 노인의 사랑과 순정에 가까운 욕망
▶ 가질 수 없는 현실을 보면서 느끼는 절망, 다른 이가 갖는 걸 보며 느끼는 분노

◉ **치료적 논의를 위한 질문:**
▶ 영화에서 가장 인상적인 대사는 무엇인가?
▶ 스승의 원고를 훔쳐내는 제자 서지우의 행동을 보고 어떤 감정이 올라왔나?
▶ 은교가 내면의 상처를 치유하도록 도울 수 있는 책은 어떤 것이 있을까?
▶ 영화 속에는 주인공 이적요가 자신의 몸을 바라보는 장면이 자주 등장한다. 그는 어떤 생각을 하고 있을까?
▶ 은교가 나의 몸에 헤나를 그려준다고 한다면 어느 곳에 어떤 모양을 넣고 싶은가?

◉ **추천 활동:** 자신의 관점에서 세상에 가장 아름답다고 여기는 것을 주제로 시 또는 산문을 써 보자.

일곱 번째 내가 죽던 날(Before I Fall, 2017)

★ 장르: 드라마
★ 국가: 미국
★ 상영시간: 99분
★ 공식등급: 15세 이상 관람가
★ 핵심주제: 자기성장, 친구관계
★ 주요등장인물: 조이 도이치(샘), 로건 밀러(켄트), 엘레나 캠푸리스(줄리엣), 할스톤 세이지(린제이), 제니퍼 빌즈(엄마)

◉ **줄거리:** 6시 30분, 알람이 울리고 '샘'은 상쾌한 기분으로 잠이 깬다. 오늘은 장미꽃을 주고받는 '큐피드 데이'이자 사랑하는 남자친구와 특별한 일을 계획하고 있는 설레는 날이기도 하다. 기대하지 않았던 사람으로부터 장미꽃을 받고 친구들과는 신나는 파티까지, 완벽했다고 생각했던 그날 밤 샘은 갑작스런 교통사고로 목숨을 잃는다. 그러나 시간은 다시 아침 6시 30분, 샘은 알 수 없는 이유로 큐피드 데이가 무한 반복되고 있음을 깨닫게 된다.

◉ **치료적 관람 포인트:** 분명히 교통사고를 당했는데 다음 날이면 사고가 일어난 아침으로 돌아온다. 주인공은 상황을 바꿔보려고 노력하지만 어떤 시도도 소용이 없다. 주인공이 일주일의 같은 날을 반복하면서 이전에 발견하지 못했던 친구의 모습, 엄마와의 관계 등을 새롭게 만나게 된다. 주인공의 상황에 공감해 보고 자기 자신에게도 유사한 질문을 해 볼 수 있다. 자기다운 삶을 산다는 건 어떤 건지에 대해.

◉ **치료적 논의를 위한 질문:**
▶ 주인공 샘은 알 수 없는 이유로 똑같은 하루를 반복한다. 갇혀 있는 시간으로부터 탈출하고자 다양한 시도를 하지만 다음 날이면 어김없이 똑같은 하루가 시작된다. 삶에서 어떤 변화를 일으키고 싶은 생각을 한 적 있는가, 그때 어떤 시도들을 했는가?
▶ 샘은 어린 시절부터 알고 지낸 '켄트'의 방에서 'Become who you are(너다운 사람이 되어라)'라는 글귀를 발견하고 한참을 생각에 잠긴다. 자신의 모습으로 산다는 것은 어떤 것일까, 당신은 어느 때 가장 자기다운 모습이라고 느끼는가?

추천 활동:

▶ 어제와 같은 일곱 번째 날, 주인공은 '무엇을 해야 할지 알 것 같다'라고 생각한다. 그리고 실천에 옮긴다. 만일, 오늘 하루가 당신에게 남은 마지막 날이고, 누군가를 위해 하루를 써야 한다면 누구와 어떤 일을 하고 싶은가. 계획한 일을 일주일 내에 실천해 보자.

일 포스티노(Il postino, The Postman, 1994)

★ 장르: 드라마
★ 국가: 이탈리아, 프랑스, 벨기에
★ 상영시간: 114분
★ 공식등급: 15세 관람가
★ 핵심주제: 영성, 자아성장, 의미 있는 타인
★ 주요등장인물: 네루다(필립 느와레), 마리오(아시모 트로이시)

◎ **줄거리:** 우정과 사랑, 성장을 담은 한 폭의 시. '시가 내게로 왔다.'
작은 섬 '칼라 디소토'에 오게 된 시인 '네루다'. 어부의 아들 '마리오'는 그의 도착으로 인해 불어난 우편물량을 소화하고자 우체부로 고용된다. 로맨틱 시인 네루다와 가까이 지내면서 섬마을 여자들의 관심을 끌고자 했던 마리오는 그와 우정을 쌓아가면서 시와 은유의 세계를 만나게 되고, 아름답지만 다가갈 수 없을 것만 같았던 베아트리체 루쏘와 사랑을 이루게 된다. 그리고 그의 내면에 자라고 있던 뜨거운 이성과 감성을 발견하게 되는데….

◎ **치료적 관람 포인트:** 작은 섬에서 어부의 아들로 살아가던 마리오가 세계적인 시인 파블로 네루다를 만나고 은유(메타포)를 배우면서 삶에 어떤 변화가 일어나는지를 보여 준다. 시와 문학을 통해서 자신이 경험하는 세계가 확장된다는 것의 의미를 생각할 수 있고, 인생에서 중요한 사람과의 만남이 많은 변화를 일으킬 수 있다는 것을 생각하게 한다.

◎ **치료적 논의를 위한 질문:**

▶ 마리오는 멋진 연애편지를 쓰고 싶어서 네루자의 전속 우체부로 자원했다가 인생의 중요한 변곡점을 맞이하게 된다. 나는 어떤 희망이나 목표를 위해 누군가를 찾아가거나 어떤 경험(교육이나 여행 등)에 참여해 보았나? 그 경험이 자신에게 어떤 의미가 되었나?

▶ 네루다와 마리오가 나누는 일상적인 관계에서 인상적인 장면은 무엇인가?

▶ 네루다가 칠레로 돌아가고 섬에 남은 마리오의 삶은 어떻게 전개되는가? 중요한 영향을 준 사람이 떠났지만 삶에서 변화를 일구어가는 마리오에게 주목해 보고 영화의 결말에 대해 자신의 느낌과 생각을 정리해 보자.

▶ 메타포(은유)는 마리오의 삶을 보다 풍부하게 그려낸다. 자신이 평소 좋아하는 시나 노래가 있다면 가사를 음미해 보고 자신의 세계와 경험을 표현하는 단어를 찾아보자.

◎ **추천 활동:** 〈당신이 있는 곳을 자랑해 보세요.〉

시인 네루다가 마리오에게 주문한 것을 자신에게 적용해 보자. 자신이 주로 놓여 있는 일상공간을 주의 깊게 둘러보고 '있는 그대로 스케치'하거나 그곳에 있을 때 들리는 소리를 녹음기(또는 휴대전화의 녹음기능)에 담아 보자.

이 작업을 진행하면서 새롭게 알게 된 것은 무엇인지 적어 보자.

천국의 아이들(Children of Heaven, 2012)

★ 장르: 드라마
★ 국가: 한국
★ 상영시간: 107분
★ 공식등급: 12세 관람가
★ 핵심주제: 학교, 관계, 성장
★ 주요등장인물: 유진(유다인), 정훈(박지빈), 성아(김보라)

◎ **줄거리:** 학교에 등교할 때마다 매번 지각을 하거나 수업시간에는 잠만 자고 스스럼없이 담배를 피우는 등 반항적인 행동을 하는 중학생들이 있다. 이 학교 교장선생님은 동아리를 담당하는 선생님에게 이들과 방과 후 활동을 통해 제발 사고를 치지 않게 해 달라고 지시한다. 폭력사건으로 축구부에서 제명이 된 '정훈', 길에서 담배와 돈을 뺏는 '성아'를 비롯해 여러 아이들과 동아리 활동을 하는 일은 그리 쉬운 게 아니다. 자신의 미래에는 관심이 없고 동아리 활동의 의미도 전혀 없는 이들과 '유진' 선생님은 한마당 장기자랑을 목표로 뮤지컬 연습을 시작해 활동을 이어가던 중 성아가 폭행 사건에 휘말리게 된다.

◎ **치료적 관람 포인트:** 교복 단추를 풀고 입는 것은 기본이고 짙은 화장을 하고 아이들의 돈을 망설임 없이 뺏고 못살게 괴롭히는 이 아이들. 반항적 행동을 하는 이유를 찾아보자. 또한 모두에게 아픈 기억이나 말 못할 이야기가 있을 텐데 굳게 닫혀 있던 마음을 어떻게 열게 할 수 있을까? 기회라는 것을 최소한 아이들에게는 무한정 줘야 한다고 믿는 유진 선생님의 시선으로 영화의 흐름을 따라가 보자.

◉ 치료적 논의를 위한 질문:

▶ 성아의 아픔은 무엇인가? 성아의 이야기를 들어주는 사람은 누구인가?

▶ 성아는 "선생님 제발 제 말 좀 믿어 주세요."라고 한다. 이 대사를 듣는다면 뭐라고 이야기해 주고 싶은가?

▶ '지빈'에게 축구는 어떤 의미인가?

▶ 살아가면서 진심으로 자신의 이야기를 들어주는 사람은 있는가?

▶ 기회라는 것, 최소한 아이들에게는 무한정 줘야 한다고 생각한다는 선생님처럼 내가 만약 이 말을 한다면 누구에게 해 주고 싶은가?

◉ 추천 활동:

▶ 천국 세상 그리기: 천국을 떠올려 보고 그곳을 상상으로 그려 본다.

▶ 동아리 활동 정하기: 동아리 활동을 한다면 어떤 활동이 좋을지 서로 토론을 해 본다.

키드(The Kid, 2000)

★ 장르: 코미디, 드라마
★ 국가: 미국
★ 상영시간: 104분
★ 공식등급: 12세 이상 관람가
★ 핵심주제: 부정적 신념, 자기성장
★ 주요등장인물: 성인 러스(브루스 윌리스), 어린 러스
　(스펜스 브레슬린)

◎ **줄거리:** '러스'는 40대의 성공한 이미지 컨설턴트인데, 어느 날 신비스럽게도 8살의 자신과 만나게 된다. 이 땅딸막한 소년은 어른이 된 자신의 모습(개를 키우고 있지 않고, 비행기를 조종하지도 못하고, 아내도 없는)에 크게 실망하고, 자신이 되고 싶은 미래상을 어른이 된 러스가 배울 수 있도록 도와준다. 이 과정에서 러스는 정작 커야 할 사람은 소년이 아니라 자기 자신임을 깨닫게 되고, 자신이 잃어버렸던 것들, 즉 가족, 재미, 꿈을 되찾게 된다.

◎ **치료적 관람 포인트:** 우리는 어떻게 어른이 되는 걸까. 한 사람이 성인으로 자라나는 과정에서 크고 작은 상처를 경험하는데 때로는 적응적으로 대처하기도 하고 때로는 감당하기 힘든 기억으로 내면 어딘가에 웅크리고 있기도 한다. 영화 속 등장인물의 대사처럼 '어린 시절의 자신을 만난다는 건 엄청난 보물창고를 발견하는 일'이라는 의미를 생각해 볼 수 있다. 주인공 러스가 어린 시절의 자신을 만나면서 알게 된 진실, 꿈, 상처를 공감적으로 이해한다면 관람자인 자신도 유년의 꿈과 상처를 대면할 수 있을 것이다.

◉ **치료적 논의를 위한 질문:**

▸ 마흔 살의 러스는 유능하고 유명한 컨설턴트지만 스트레스 상황에 놓이면 되풀이하는 행동이 있다. 그것이 무엇인지 찾아보고 자신에게도 질문해 보자.

▸ 마흔 살 러스는 여덟 살 러스를 못마땅하게 여긴다. 어떤 점이 그런지, 무슨 이유로 자신의 어린 시절 모습을 싫어하는지 알아보고 자신에게도 질문해 보자.

▸ 러스는 어린 시절의 자신을 만난 후 원망했던 아버지를 이해하게 되고 삶의 목표를 재구성한다. 자신이 어린 시절에 가졌던 꿈을 떠올려 보고 현재와 미래를 위해 어떤 점을 재구성하고 싶은지 생각해 보자.

◉ **추천 활동:** 〈가족 앨범 작업〉: 어린 시절부터 현재까지 자신의 가족 앨범을 찾아보고 자신에게 의미 있다고 여기는 사진을 연도별로 배열해 보자. 각 시기마다 떠오른 기억, 감정, 중요한 사람에 대한 메모를 통해 성장과정에서 자신에게 영향을 미친 사건과 사람을 현재의 시점에서 돌아본다. 이 작업을 통해 새롭게 알게 된 것이나 깨닫게 된 것은 무엇인가?

터널(Tunnel, 2016)

★ 장르: 드라마
★ 국가: 한국
★ 상영시간: 108분
★ 공식등급: 12세 관람가
★ 핵심주제: 두려움 극복
★ 주요등장인물: 하정우(자동차 영업사원 정수), 배두나
　(정수의 아내 세현), 오달수(소방관 대경)

◎ **줄거리:** 자동차 영업대리점 과장 '정수'는 고액 계약 건을 앞두고 딸아이 생일을 맞아 케이크를 준비하여 기분 좋게 퇴근길에 오른다. 하지만 터널이 무너지고 그 안에 갇히고 만다. 주변은 콘크리트 잔해와 온몸을 집어삼킬 듯한 분진뿐. 가진 것은 휴대폰(배터리 78%), 생수 두 병, 그리고 생일파티하려고 준비한 케이크가 전부다. 칠흑 같은 어둠 속에서 구조가 안 되어 죽을지도 모른다는 두려움과 맞서 싸우는 정수는 과연 생존할 수 있을 것인가?

◎ **치료적 관람 포인트:** 재난상황에서 두려움을 용기로 승화시키는 주인공들과 소방대원의 모습을 관찰한다. 포기하거나 멈추지 않고 마침내 활로를 찾는 그들을 통해 삶의 가치를 찾아본다.

◎ **치료적 논의를 위한 질문:**
▶ 정수의 두려움을 용기로 승화시키는 에너지는 무엇인가?
▶ 정수에게 '세경'은, 세경에게 정수는 각각 어떤 존재인가?
▶ 재난 구호현장에서 늘 이런 아픔과 마주하는 소방관의 트라우마는 무엇인가?
▶ 내가 만약 정수처럼 터널에 갇혔다면 어떻게 행동했을까?

◎ **추천 활동:**
▶ 재난상황을 다룬 영화를 찾아보고 목록을 만들어 본다.
▶ 재난을 극복하는 영화 속 등장인물에게서 어떤 공통된 특성을 찾을 수 있는지 살펴본다.

토이 스토리(Toy Story, 1995)

★ 장르: 애니메이션
★ 국가: 미국
★ 상영시간: 77분
★ 공식등급: 전체 관람가
★ 핵심주제: 상상력, 우정, 다툼과 화해
★ 등장인물: 우디(카우보이 장난감), 버즈(우주전사 장난감), 미스터 & 미스 포테이토(감자 장난감), 슬링키 (개 장난감), 렉스(공룡 장난감), 햄(돼지 저금통), 앤디(장난감 주인), 씨드(장난감 파괴자)

◎ **줄거리:** '우디'는 6살짜리 남자아이 '앤디'가 가장 아끼는 카우보이 인형인데, 어느 날 접었다 폈다 하는 날개와 레이저 디지털 음성을 가진 최신 액션 인형 '버즈'가 나타나자 그의 위치가 흔들리기 시작한다. 모든 장난감들의 최고의 공포는 새로운 장난감들에 의해 밀려나는 것이다. 우디의 염려에도 불구하고 버즈가 앤디의 가장 좋아하는 인형으로 자리를 잡게 되자 우디는 버즈를 없앨 계획을 세우지만 둘은 바깥세상에서 서로의 힘을 합치지 않으면 살아남을 수 없는 상황에 처하게 된다.

◎ **치료적 관람 포인트:**

▶ 버즈를 질투하여 죽이려던 우즈와 우월감과 자만심에 가득 차 있던 버즈가 화해하고 힘을 모으는 과정을 눈여겨보자.

▶ 버즈가 느끼는 감정을 주의 깊게 살펴보자.

◉ **치료적 논의를 위한 질문:**

▶ 만약 내가 우즈처럼 누군가에게 사랑받다가 버려진다면 심정이 어떨 것 같은가?

▶ 버즈처럼 주변 사람들에게 사랑과 관심을 받는다면 어떤 생각과 느낌이 들 것 같은가?

▶ 우디가 앤디에게 바라는 것은 무엇일까?

▶ 우디와 버즈의 관계처럼 화해하고 친해지고 싶은 친구가 있는지 떠올려 보고 어떻게 하면 좋을지 방법을 찾아본다.

▶ 내가 버즈처럼 나의 참모습을 깨닫게 되려면 무엇이 필요할까?

◉ **추천 활동:**

▶ 만화 그리기: 인상적인 장면을 만화로 그리고, 느낌을 이야기 나눈다.

▶ 모둠 역할극: 각자 특정한 장난감이 되어 장난감의 입장을 말해 본다.

▶ 토의 활동: 사랑받다가 잊힌 장난감이 되면 어떤 심정일지 이야기 나눈다.

프리 윌리(Free Willy, 1993)

★ 장르: 가족, 모험, 드라마
★ 국가: 미국
★ 상영시간: 112분
★ 공식등급: 전체 관람가
★ 핵심주제: 상상력, 우정, 다툼과 화해
★ 등장인물: 제이슨 제임스 리처(제시), 케이코(고래 윌리), 마이클 매드슨(양아빠 그린우드), 제인 엣킨슨(양엄마 애니), 로리 패티(수족관 여자 직원 래 린들리), 오거스트 쉘렌버그(수족관 남자 직원 랜돌프), 마이클 아이언 사이드(사장 다니얼)

◈ **줄거리:** 어머니로부터 버림을 받은 후, 거리에서 방황하며 살아가는 12세 소년 '제시'는 양부모와 함께 살며 항상 불만으로 가득하다. 거리에서 좀도둑질을 하며, 경찰서를 드나들던 제시는 어느 날 마을에 있는 수족관에 들어가 벽에 낙서를 한 것이 발각되어, 두 달 동안 수족관 청소를 하는 처벌을 받게 된다. 제시는 하루 종일 수족관의 유리와 벽을 닦는 일을 하다가 이 수족관의 최고의 스타이자 신비에 싸인 고래 '윌리'와 뜻하지 않은 우정을 느끼게 된다. 둘은 비록 동물과 사람이라는 장벽이 있지만 뗄 수 없는 애정을 서로에게 느끼게 된다.

◉ **치료적 관람 포인트:** 윌리가 인간에게 포획되는 장면과 제시가 방황하는 장면이 교차되는 지점을 눈여겨보자. 제시는 왜 윌리에게 동일시되었는지, 왜 양부모의 호의를 무시하는지 제시에게 공감해 본다.

◎ **치료적 논의를 위한 질문:**

▸ 양부모님이 따뜻하게 대해 주는 데도 제시가 거리에서 방황하는 이유는 무엇일까?

▸ 윌리는 왜 지나치게 긴장하여 쇼를 망쳤을까? 나를 가장 자극하는 것은 무엇인가?

▸ 제시의 하모니카는 어떤 의미가 있을까? 나를 위로해 주는 것은 무엇인가?

◎ **추천 활동:**

▸ 영화포스터 만들기: 자유를 찾은 윌리를 표현하고, 문구를 만들어 쓴다.

▸ 역할놀이: 바다로 탈출하는 윌리와 제시의 마음 표현하기. 제시는 격려의 말, 윌리는 감사의 말을 준비하여 동작과 함께 표현해 본다.

참고 문헌

곽금주(2008). '한국의 왕따와 예방 프로그램', 『한국심리학회지』, 14(1), 225-272.

교육부 보도자료 교육부 공식블로그 https://if-blog.tistory.com

권석만(2012). 『현대 심리치료와 상담이론』, 학지사.

_____(2014). 『현대 심리치료와 상담이론』, 학지사.

김소영(2003). 『운명의 손-역사적 트라우마와 한국의 남성성』, 문학과 지성.

김수지(2005). '대인관계향상을 위한 상호작용적 영화치료의 효과', 고려대학교 박사학위논문.

김수지(2013). '자기조력적 영화치료와 상호작용적 영화치료의 효과 비교', 「영화연구」, 55, 83 - 126.

김용규(2009). 『영화관 옆 철학카페』, 이론과 실천.

김유숙(2006). 『가족상담』, 학지사.

김은지(2009). 『시네마치료프로그램 워크북(테마III)』, 한국시네마치료연구소.

_____(2011). 『시네마치료프로그램 워크북(아동,청소년I)』. 한국시네마치료연구소.

김은하 외(2016). 『영화치료의 기초』, 박영스토리.

김종로(2010). '기획된 영화 감상이 행복감 증진에 미치는 영향', 인문과학연구, 25, 369-388.

김준형(2004). '영화 집단 프로그램이 자아실현과 영성에 미치는 효과', 서울불교대학원대학교 석사학위논문.

_____(2010). '중년여성의 죽음 의미 발견을 위한 영화치료 프로그램 개발 및 효과검증', 서울 불교대학원대학교 박사학위논문.

김현숙, 김수진(1997). '영화 속의 모성, 영화 밖의 모성', 「사회와 역사」, 52(1), 231-257, 한국 사회사학회.

김혜숙(2004). 『가족치료 이론과 기법』, 학지사.

대니 웨딩 외(2010). 『영화와 심리학(원제: Movies and Mental Illness)』, 곽호완 외 역, 학지사, 2012.

리처드 샤프(2012). 『심리치료와 상담이론-개념 및 사례(원제: Theories of Psychotherapy and Counseling-Concepts and Cases)』, 천성문 외 역, Cengage Learning, 2014.

린다 셀리그만(2006). 『상담 및 심리치료의 이론(원제: Theories of Counseling and Psychotherapy)」, 김영혜 외 역, 시그마프레스, 2011.

문승숙(1990). '민족공동체 만들기', 「위험한 여성」, 57.

박경애(1998). 『인지·정서·행동치료』, 학지사.

박상우(2011). '사진과 19세기 신경정신의학', 「미술사학연구회」, 37, 11(12), 79-116.

박성영(1997). "'영화'를 통한 상담 가능성 연구－정신분석학적 영화보기를 통하여', 감리교신학
　　대학교 석사학위논문.

박소현(2004). '사진치료의 이해와 실제 가족사진을 통한 사진치료 연구', 이화여자대학교 디자
　　인대학원 석사학위논문.

박종한, 이여신(2017). 『사진으로 들어간 사람들』, 예문당.

박차상, 김옥희, 엄기욱, 이경남, 정상양, 배창진(2012). 『한국노인복지론』, 학지사.

박태영(2003). 『가족생활주기와 가족치료』, 학지사.

박현식, 이윤정, 이선형, 배지연, 권경주(2009). 『고령화 사회사업과 복지 경영의 이해』, 양서원.

박훈, 윤현경(2017). '황혼이혼과 사별의 과세문제', 「서울법학」, 25(1), 379-382.

배정우 외(2006). 『상담심리학의 이론과 실제』, 학지사.

백상빈(2005). '영화치료의 정신분석적 요소', 「라깡과 현대 정신분석」, 7(2), 113-137.

비르기트 볼츠(2006). 『시네마테라피』, 심영섭 외 역, 을유문화사, 2009.

상담센터 사이(2012). 『사진치료 워크샵 4단계』, 심영출판사.

서정임(2006). '영화치료프로그램이 중학생의 양성평등의식과 성 고정관념에 미치는 영향', 경
　　성대학교 교육대학원 석사학위논문.

소희정(2018). 『예술심리치료의 이해와 적용』, 박영스토리.

심영섭(2010). 『영화치료 1단계 워크북(12th Ed.)』, 한국영상응용연구소.

심영섭(2011). 『영화치료의 이론과 실제』, 학지사.

심영섭, 백영묘, 정윤경 공역(2019), 『디지털시대의 사진치료』, 학지사.

아리스토텔레스(1976). 『시학』, 문예출판사.

영화진흥위원회(2019). 『2018년 영화소비자 행태 조사』, 영화진흥위원회.

유순회(2017). '황혼이혼 결정과정에 관한 연구', 울산대학교 박사학위논문.

윤민향(2018). '치유적 관점에서 본 공자의 '수양적 인간론' 연구-'감정 억압' 문제를 중심으로-',
　　경희대학교 박사학위논문.

이강화(2006). '임상철학에 대한 인문학적 접근', 「철학논총」, 43, 233-255.

이동욱(2008). '영화에 재현된 노인여성의 성과 사랑', 「한국여성커뮤니케이션학회 미디어, 젠

더 & 문화」, 20, 139-143.

이민용(2010). '인문치료의 관점에서 본 은유의 치유적 기능과 활용', 「카프카연구」.

이상록, 김은경, 윤희선(2015). '청소년의 행복감이 청소년 발달에 미치는 영향', 「사회과학연구」, 26(4). 413-438.

이선형(2012). '예술치료를 한 '은유'의 개념과 기능에 한 소고', 「드라마연구」.

이윤주, 양정국(2007). 『은유와 최면』, 학지사.

이장호, 손영수, 금명자, 최승애(2013). 『노인상담의 실제』, 법문사.

이현정(2003). '위기적 남성성 재현에 관한 연구: 90년대 후반 한국 영화를 중심으로', 연세대학교 석사학위논문.

이형득(1998). 『집단상담의 실제』, 중앙적성출판사.

이혜경(2002). '청소년 인성교육에 있어 영화 상담 적용 방법 연구', 중앙대학교 석사학위논문.

이호선(2012). 『노인상담』, 학지사.

장-클로드 르마니, 앙드레 루이예(2003). 『세계사진사 증보판』, 정진국 역, 까치, 원서출판 1987.

전보라, 김덕주(2019). '치매환자의 가족 부양자 중재프로그램에 대한 체계적 고찰', 「치매작업치료학회지」 13(1), 51-52, 청주대학교 특수대학원.

정관용(2017). '고령사회의 노인상담이 우울 감소와 자살예방에 미치는 효과 예측에 관한 연구', 서울벤처대학원대학교 박사학위논문.

정성훈(2011). 『사람을 움직이는 100가지 심리법칙』, 케이앤제이.

제레미 테일러(2006). 『꿈으로 들어가 다시 살아나라』, 고혜경 역, 성바오로출판사.

조원국(2017). 『영화로 열어가는 가족상담』, 박영스토리.

조혜숙(2013). '중 · 노년기 부부관계가 결혼만족도에 미치는 영향과 자아탄력성의 조절역할', 「생애학회지」, 3(2), 2-5.

주디 와이저(2012). 『사진치료기법』, 심영섭 외 역, 학지사.

차승민(2016). 『아이의 마음을 읽는 영화수업』, 에듀니티, Kuriansky, J., Ortman, J., DelBuono, J., & Vallarelli(2010). *Cinematherapy: Using movie metaphors to explore real relationship in counseling and coaching.*

천성문(2015). 『상담심리학의 이론과 실제』, 학지사.

청소년보호위원회(2002). '청소년폭력 예방 및 지도대책', 「비행 및 폭력분과 위원회 정책보고서」.

최성수(2019). 『영화 속 인간 이해』, 동연.

최영희, 김은정(2009). '영화를 활용한 분노조절 프로그램이 중학교 남학생의 공격성에 미치는 효과', 「한국심리학회지: 상담 및 심리치료」, 21(3), 625-641.

최옥채, 박미은, 서미경, 전석균(2015). 『인간행동과 사회환경』, 양서원.

최인진(1999). 『한국사진사 1631－1945』, 눈빛.

최혜림(2013). '청소년의 낙관성과 안녕감의 관계에서 방어기제 유형의 조절효과', 서울여자대학교 석사학위논문.

쿠엔틴 바작(2004). 『사진 빛과 그림자의 예술』, 송기형 역, 시공사, 원서출판 2002.

크리스토퍼 볼라스(2005). 『자유연상』, 최정우 역, 이제이북스.

프랑수와 를로르, 크리스토프 앙드레(2008). 『내 감정 사용법』, 위즈덤하우스.

한국영상응용연구소(2010). 『사진치료 워크샵 1단계』, 심영출판사.

한상철(2003). '청소년폭력의 원인과 대처방안', 「2003 폭력분과위원회 정책보고서」, 청소년보호위원회, pp. 94-112.

한성우(2012). 『적극적 상상과 글쓰기』, 오늘의 문학사.

허길수(2015). '적극적 상상의 개념을 통한 길먼의 글쓰기 전략. 「누런 벽지」와 「허랜드」를 중심으로', 중앙대학교 석사학위논문.

홍명신(2010). '노인복지와 영화, 제2회 노인미디어 심포지엄: 서울노인영화제를 말하다'.

홍성례(2014). 『사회복지실천기술론』, 교문사.

홍소인(2003). '문예영화에서의 남성성 연구: 1966-1969년까지의 한국영화를 중심으로', 중앙대학교 석사학위논문.

David A. Semands(1995). 『어린아이의 일을 버리라』, 윤병하 역, 두란노.

Durkheim, E(1951). *Suicide, A Study in Sociology*, New York: Free Press. Henry, O., & Ai -Vym C., & Cunningham, C., & Brian A.L(2004). 'Recent Developments: Suicide in older people', *British Medical Journal*, 329(16), 895-899.

Giorgio Agamben(2010). 『세속화 예찬』, 김상운 역, 서울: 난장.

Haidt, J.(2003). *Elevation and Positive Psychology of Morality. Flourishing: Positive Psychology and the life well-lived.* APA. Washington.

Hartford, M. E.(1980). 'The use of group method for work with the aged Handbook of Mental Health and Aging', 826-906.

Helmut and Alison Gernsheim(1965), A concise *History of Photography*, London: Thames and

Hudson, p. 27.

Hyde, Magg(2002). 『융』, 방석찬 역, 김영사.

James W. Kalat, Michelle N. Shiota(2010). 『정서심리학』, 시그마프레스.

Jerry L. Fryrear and David A. Krauss(1983). *Phototherapy Introduction and Overview, Photo-Therapy in mental health.* Springfield, IL: Charles Thomas. p. 3.

John Bradshaw(2016). 『상처받은 내면아이 치유』, 오제은 역, 학지사.

J.H.Wright & M.R. Basco & M.E. Thase(2017). 『인지행동치료』, 김정민 역, 학지사.

Marsick, E.(2009). 'Cinematherapy with Preadolescents Experiencing Parental Divorce: A Collective Case Study', *Doctor of Philosophy*, LESLEY UNIVERSITY.

Nancy L Murdock(2019). 『심리상담 이론과 실제』, 이은경 역, 시그마프레스.

Nancy McWilliams(2018). 『정신분석적 심리치료』, 학지사.

Portadin, M. A.(2006). 'The use of popular film in psychotherapy-Is there a "Cinematherapy"?' *Doctoral thesis, Massachusetts School of Professional Psychology.*

Powell, M. L. & Newgent, R. A. (2010). Improving the empirical credibility of cinematherapy: A single—subject interrupted time—series design. *Counseling Outcome Research and Evaluation*, 1(2), 40—49.

Rosen, S. (Eds.)(1982). *My voice will go with you: A teaching seminar with milton.* H. Erickson. New York: Norton.

Ryan M. Niemiec, Danny Wedding(2011). 『영화 속의 긍정심리』, 서울: 학지사.

Smiezek, M.(2019). Cinematherapy as a part of the education and therapy of people with intellectual disabilities, mental disorders and as a tool for personal development, *International Research Journal for Quality in Education*, 6(1), 30—34.

Solomon, G.(1995). *The motion picture prescription: Watch this movie and call me in the morning.* Santan Rosa, CA: Aslan.

Solomon, G.(1995). *The Motion Picture Prescription: Watch this movies and call me in the Morning*, Santa Rosa: Aslan publishing.

Waern, M., & Rubenwitz, E. & Wilhelmson. K.(2003). 'Predictors of suicide in the old elderly', *Gerontology*, 49(5), 328-333.

Wedding, D. & Niemiec, R. M.(2003). The Clinical Use of Films in Psychotherapy. *Journal of clinical psychology*, 59(2), 207-215.

Wedding, Danny and M. Boyd(1998). Movies & *Mental Illness: Film to Understand Psychopathology*. New York: McGraw Hill Higher Education.

◎ Web site

http://www.healingcinema.co.kr

http://www.spectrovisio.net/etusivu/engspectrocards.html

https://www.etymonline.com/search?q=photograph

http://phototherapy-center.com

www.salto-youth.net

미국 드라마 매드 맨(Mad Men Season 1 Episode 13)

「학교폭력 예방 및 대책에 관한 법률」(2012. 1. 26개정, 2012. 7. 27 시행).

한국영상영화치료학회 소개

한국영상영화치료학회(Korea For Image-Cinema Therapy)는 상담과 심리치료의 한 분야로 영화치료에 관한 학술적 연구와 교육 및 연수를 통해 영상영화심리상담사를 양성하고 대중성과 전문성을 함양하기 위해 2008년에 설립한 학회입니다.

본 학회의 주요활동 내용을 살펴보면, 학회의 모태가 된 연구회에서 〈시네마테라피(심영섭, 김준형, 김은하 역)〉를 번역 출간하면서 국내에 처음으로 영화치료를 알렸습니다. 학회 출범 이후 〈시네마테라피〉 저자인 비르기트 볼츠(Birgit Wolz)를 비롯하여 국내외 영화치료 전문가를 초청하여 학술심포지엄을 개최하고 있습니다. 아울러 매년 '영화마당'을 열어 유명 감독과의 대화를 통해 영화의 다양한 의미와 메시지를 폭넓게 이해하는 자리를 만들고 있으며, 공개사례발표회를 통해 영상영화심리상담사의 전문성 제고와 자질 향상에 힘쓰고 있습니다. 이러한 학회의 주요 활동들이 영화 및 사진 치료를 국내외에 널리 알리고, 나아가 영화치료의 학술적, 임상적 발전에 기여할 것으로 기대합니다.

한국영상영화치료학회는 또한 서울(경기·인천), 부산(경남), 대전(충청·세종), 대구(경북), 광주(전남), 울산, 전주(전북), 강원, 제주에 지회를 두고 지역기반의 활동을 수행하고 있습니다. 힐링시네마, 사례모임, 상담연수, 교육 및 지역 특성과 연계한 행사 등의 개최로 영화치료의 저변확대를 위해 지속적으로 노력합니다.

본 학회에서 수여하는 '영상영화심리상담사' 자격증은 현재 한국직업능력개발원에 등록된 민간자격증으로 수련감독자, 1급, 2급, 3급의 4단계로 이루어져 있습니다. 자격증 취득에 관심이 있거나 지회 활동에 동참하고 싶은 분은 언제든지 학회 홈페이지(www.cinematherapy.co.kr) 또는 각 지회에 문의하시면 됩니다.

"영화는 영혼에 놓는 주사다"라고 말한 '스튜어트 피쇼프(Stuart Fischoff)' 교수의 말처럼 본 학회는 많은 이들에게 도움을 줄 수 있는, 상담·심리치료·교육의 한 분야로 자리매김하기 위해 최선의 노력을 다하겠습니다. 영화치료의 전문화와 대중화를 위해 뜻있는 분들의 많은 참여를 원합니다.

감사합니다.

저자 약력

김은하
단국대학교 교육대학원 교육학과 교수

김은지
경성대학교 학생상담센터 교수

방미나
나우심리상담센터·나우영화치료연구소 대표

배정우
한마음상담센터·오메가영화치료연구소 대표

소희정
마음과공간 예술심리연구소 대표

이승수
한국영상영화치료학회 회장·단비심리상담센터 대표

이혜경
동래심리상담센터·심상영화치료연구소 대표

조원국
담쟁이심리상담연구소 대표

주순희
한국영상영화치료학회 수련감독자

제2판

영화치료의 기초

초판발행	2016년 1월 25일
제2판발행	2021년 5월 21일

지은이	김은하·김은지·방미나·배정우·소희정·이승수·이혜경·조원국·주순희
펴낸이	노 현

편 집	황정원
기획/마케팅	노 현
디자인	BEN STORY
제 작	고철민·조영환

펴낸곳	(주) 피와이메이트
	서울특별시 금천구 가산디지털2로 53, 한라시그마밸리 210호(가산동)
	등록 2014. 2. 12. 제2018-000080호
전 화	02)733-6771
f a x	02)736-4818
e-mail	pys@pybook.co.kr
homepage	www.pybook.co.kr
ISBN	979-11-6519-018-7 93180

copyright©김은하 외, 2021, Printed in Korea

* 파본은 구입하신 곳에서 교환해 드립니다. 본서의 무단복제행위를 금합니다.
* 저자와 협의하여 인지첩부를 생략합니다.

정 가 16,000원

박영스토리는 박영사와 함께하는 브랜드입니다.